◎　国家社科基金重大项目
　　"开放经济条件下我国虚拟经济运行安全法律保障研究"
　　（批准号：14ZDB148）成果

◎　重庆市"十四五"重点出版物出版规划项目

虚拟经济运行安全法律制度的立法后评估：以中国为样本

范卫红　刘　骏◎著

重庆大学出版社

图书在版编目（CIP）数据

虚拟经济运行安全法律制度的立法后评估：以中国
为样本 / 范卫红，刘骏著. -- 重庆：重庆大学出版社，
2023.5

（虚拟经济运行安全法律保障研究丛书）

ISBN 978-7-5689-3941-6

Ⅰ.①虚…　Ⅱ.①范…②刘…　Ⅲ.①虚拟经济—经
济法—立法—研究—中国　Ⅳ.①D922.290.4

中国国家版本馆 CIP 数据核字（2023）第 095937 号

虚拟经济运行安全法律制度的立法后评估：
以中国为样本
XUNI JINGJI YUNXING ANQUAN FALÜ ZHIDU DE LIFA HOU PINGGU：
YI ZHONGGUO WEI YANGBEN

范卫红　刘　骏　著

策划编辑：孙英姿　张慧梓　许　璐
责任编辑：陈　力　　　版式设计：许　璐
责任校对：刘志刚　　　责任印制：张　策

*

重庆大学出版社出版发行

出版人：饶帮华

社址：重庆市沙坪坝区大学城西路 21 号

邮编：401331

电话：(023) 88617190　88617185（中小学）

传真：(023) 88617186　88617166

网址：http://www.cqup.com.cn

邮箱：fxk@ cqup.com.cn（营销中心）

全国新华书店经销

重庆升光电力印务有限公司印刷

*

开本：720mm×1020mm　1/16　印张：19　字数：266 千

2023 年 5 月第 1 版　　2023 年 5 月第 1 次印刷

ISBN 978-7-5689-3941-6　定价：98.00 元

作者简介

————————

　　范卫红,四川泸州人,法学硕士,重庆大学法学院副教授,硕士生导师,中国法学会、重庆法学会会员,重庆财税法学研究会理事,重庆大学虚拟经济法治研究中心研究人员。

　　刘骏,湖北鹤峰人,法学博士,西南政法大学经济法学院讲师,硕士生导师,重庆大学虚拟经济法治研究中心研究人员。

总　序

_____

必然是长期孕育的,但必然总是需要偶然来点亮的。

20 世纪与 21 世纪之交,由中国一些土生土长的经济学家如刘骏民、成思危教授所创制的"虚拟经济"概念,尤其是将传统市场经济重新解读为"实体经济与虚拟经济二元格局"的学说,像夜空中划过的一道亮光,照亮了许多人的眼睛。虚拟经济理念自此便在中国的大地上逐渐兴起。可惜隔行如隔山,与大多数行外人一样,当时的我知之甚少,更谈不上明了其中所蕴含的时代意义了。

在博士论文选题时,考虑到硕士学的是民法,博士学的是经济法,我便准备在经济法基本理论方面下些功夫,试图寻找一个能跨越民法与经济法,类似于"贯通民法与经济法的人性精神"之类的选题,要将民法与经济法的共生互补以及这两者对人类经济社会发展的不可或缺,彻底地研究一番,以弥合两个学科间长期的对立,缓和学者们喋喋不休的争论。就在即将确定题目之前,好友杨泽延与卢代富来家小坐,听了我的想法后,反倒建议我最好务实一些,先从具体问题着手,选一个既以民法规则为基础又以经济法国家干预手段为寄托的题目,比如"证券内幕交易法律规制问题研究",以后再俟机扩大研究范围,进而深耕经济法的基本理论。

或许是太出乎意料了,这一题目竟然直戳我的心窝。突然,我想起来了:1992 年我正读硕士,其时中国股市刚建立不久,普通百姓还一头雾水,我却受人仓促相邀,懵懵懂懂地参加了《中国股票债券买卖与法律实务》的编写。莫非两位好友的这个题目,恰好将我潜意识中留存的有关股票、债券的一点点余烬给重新点燃? 我几天睡不着觉,天天跑书店和图书馆,去追寻带有"内幕交易"的所有纸张与文字,还特意托好友卢云豹夫妇联系台湾的亲朋帮忙查寻相关资料。最后,提交给导师李昌麒教授审核的题目自然就是"内幕交易及其法律控制研究"了。好在,该选题不仅得到了恩师的首肯,还获得了国家社科基金项目的资助,论文也顺利通过了答辩,并被评为重庆市优秀博士论文,获重庆市第四届优秀社科成果二等奖。

2002 年博士论文业已完成,但一些超越该论文范围的根本性问题却持续困扰着我。直到有一天,当"虚拟经济"这四个字不经意地溜进眼帘时,我的眼睛竟然放出光来。由于证券是最典型的虚拟经济交易品,因而它不能不让我怦然心动,甚至也让我豁然开朗——似乎那些缠绕在我心中多年的许多困惑瞬间冰消雪融。我觉得太亲切了,相见恨晚,激动之余再也止不住去搜集有关虚拟经济的论著。尽管经济学中的数学计算、模型推演等很难看懂,但这并不妨碍我从其论说的字里行间去领悟那背后所隐含的意蕴,于是义无反顾地埋头研习。

什么是虚拟经济? 一个人基于投资获得了一个公司的投资凭证——股票,钱物投进公司让公司花去了,可持有股票的这个人,因某种原因不想继续当股东分红利,而别的投资者恰好又看好这家公司的前景想挤进投资者行列,当这两人进行了该股票的买卖时,他们就完成了一次虚拟经济交易。实践中,能作为虚拟经济交易品的,除股票外,还有债券、期货、保险及其他金融衍生工具。当这些偶发的、个别的交易一旦普遍化、标准化和电子化,虚拟经济市场之繁荣与发达也就再也无法阻挡了。

之所以说它"虚拟",是与传统实体经济的商品交换相对而言的:因为包含劳动价值的财产已移转给公司占用了,此处用以交换的股票,本身是不包含人类劳动价值的——说到底,它仅仅是记录投资的证明或符号而已。也就是说,从旨在实现劳动价值与获得使用价值的传统商品交换演变到纯粹没有价值的"符号交换",这就意味着市场已经从实体经济迈向了虚拟经济。

本来,传统市场经济是以实体经济为主的经济,在这样的经济格局中,虚拟经济不过是实体经济的副产品,也是实体经济运行所借用的一种工具。但令人惊奇的是,20世纪末中国的一些经济学家发现虚拟经济的发展速度已经超越了实体经济,且其规模足以与实体经济相媲美。也就是说,市场经济已经由原来的实体经济独霸天下,不知不觉地进入了实体经济与虚拟经济平分秋色的"二元经济时代"。

在现代市场经济体系中,虚拟经济确实有其积极作用,它可以促进实体经济的飞速发展,甚至有"现代经济的中枢""现代经济的核心""市场经济的'发动机'"等美誉。不过,虚拟经济背后也潜藏着巨大的风险:在人类历史上发生的历次金融危机中,人们已经真切地感受到了它给实体经济带来的反制、威胁,甚至破坏。

徜徉于这崭新的经济学理论之中,累却快乐着。到2007年,以"虚拟经济概念"及"二元经济时代"审视我国的经济法及其理论,我完成了《虚拟经济及其法律制度研究》一书的写作。此时恰逢北京大学吴志攀教授组织出版"国际金融法论丛",吴教授阅过书稿之后,当即同意将其纳入他的丛书,恩师李昌麒教授也欣然命笔为该书作序,最后由北京大学出版社付梓出版。就我本人而言,该书只是一个法学学者学习经济学并思考经济法的一些体会,它未必深刻,却是国内将虚拟经济理念引入经济法领域并对经济法的体系结构和变革方向做出新的解读的第一部法学著作。特别是该书提出的"虚拟经济立法的核心价值是安全"的论述,不幸被次年波及全球的美国次贷危机所反证,也使得这本书多少露出了些许光华。也许是出于这些原因吧,在2009年的评奖中,该书获得教育部优秀人文社科成果三等奖和重庆市第六届优秀社科成果二等奖。乘此东风,我又组织团队申报了教育部人文社科规划项目"中国预防与遏制金融危机对策研究——以虚拟经济安全法律制度建设为视角",领着一群朝气蓬勃、年轻有为的博士,于 2012 年完成书稿,并由重庆大学出版社出版发行。

然而,实践是向前的,也是超越既有理论预设的。随着改革开放的不断推进,虚拟经济也飞速发展。在创造经济奇迹的同时,我国经济也出现了更加纷繁复杂的问题和矛盾。其中虚拟经济的"脱实向虚"及其与实体经济之间的冲突,衍生出了现代市场经济发展中一个全新的、具有重大时代意义的命题——虚拟经济治理及其法治化。但作为一个经济学上与实体经济相对的概念,即使在经济学界也未获得普遍认可的情形下,寄望于法学界的广泛了解与大量投入,暂时是不太现实的。也就是说,将其引入法学界容易,但要得到法学学者们的广泛认同,并调动法学学术资源对其展开研究,还需要更为漫长的时间和更为艰难的历程。虚拟经济安全运行的法治化治理,至今仍然是经济学界和法学界远未解决的重大历史课题。

在前几年的研究项目申报中,尽管由母校西南政法大学资助并由法律出版社出版的拙著《人性经济法论》已经获得了教育部优秀人文社科成果二等奖,但在民法学与经济法学的争论尚未了结而民法学已然成为显学的年代,要获准经济法基本理论方面的选题依然是困难重重。因接连受挫,不免有些怅然若失。于是,我索性决定放弃中小项目的申报,直接冲击国家社科基金重大项目。物色选题时,约请几位博士生一同前来商讨,提出的建议选题有好几个,且都很有价值,只是未能让我动心。最后当一位博士生提出"开放经济条件下我国虚拟经济运行安全法律保障研究"这一选题建议时,我顿觉像当年偶遇"虚拟经济"这几个字时一样地怦然心动。我拍着桌子跳了起来,挥着这个题目,激动地用方言大声说:"啥都甭说了! 就是他娃娃了!"意思是:什么都别说了,就认定这个宝贝疙瘩了!

在商请合作者的过程中,北京大学的彭冰教授、中国人民大学的朱大旗教授、中国政法大学的刘少军教授、华东政法大学的吴弘教授、武汉大学的冯果教授对此选题很是赞同,欣然同意作为子课题负责人参与项目的申报。

在课题的进程中,他们不仅参与论证、发表前期成果,自始至终给予支持,彭冰教授和冯果教授还建议,推荐年轻人出任主研,将子课题负责人让位给重庆大学杨署东教授和靳文辉教授。

不仅如此,在之后的研究中,许许多多校内外的专家学者都给予了我们无私的支持和帮助。像北京大学的吴志攀教授,中国政法大学的时建中教授,华东政法大学的顾功耘教授,西南政法大学的李昌麒教授、谭启平教授、岳彩申教授、盛学军教授和叶明教授,西北政法大学的强力教授,中国人民大学的涂永前教授,西南财经大学的高晋康教授,重庆大学的冉光和教授、刘星教授、刘渝琳教授、周孝华教授和黄英君教授等等,都为课题的论证、前期成果的产出和课题的推进与完成,做出了重要贡献。

当然,在研究进程中,我自己的团队,甚至法学院经济法学科的博士生和硕士生们,自课题立项以来,都不同程度地参与了课题研究的工作,还发表了一些阶段性成果;而来自社会各界的众多朋友,也都以各种方式关心课题的进展,给予了我们热情的鼓励与帮助……在此,我们谨向参与、关心和支持过本课题研究的所有人,表达最诚挚的谢意!

谁知课题获批后不久,身体就和我开了一个小小的玩笑,是家人的呵护、亲友的关爱、弟子们的陪伴,让我对未来充满了信心。不过,课题多少还是受了些影响,曾一度进展缓慢。然而,团队的力量是巨大的:课题组里的资深专家就是定海神针,而课题组中活跃着的一批充满活力并在学术界崭露头角的年轻教授和博士,则勇挑重担、冲锋陷阵,成了课题研究的主力。

早在之前的课题申报过程中,写作班子就将申请书打造成了一份内容扎实、逻辑严谨、格式规范的文件,近20万字,不是专著却胜似专著;在课题研究的推进中,每当遇到各种困难和烦恼时,课题成员们总是互相鼓励,互相支持,使我们的研究能够持续,我们的理论能够得到校正;特别是在近几年最终成果的打造过程中,本丛书十部著作的作者们,不畏艰辛,秉承"上对得起重大项目,下对得起学术良心"的信念,克服重重困难,使得丛书最终得以出炉。这十多位年轻作者的才华与风采,也尽藏于本丛书的简牍之中。

本丛书十部著作并不是简单的罗列或拼凑,而是有其自身的内在逻辑,也就是说有一根红线贯穿始终。为了找到这根红线,课题组花了好几年的时间。我们认为,既然虚拟经济是虚拟的,它就必然带有人设的性质。正如没有人为预先设定且为游戏者公认并一体遵行的游戏规则就没有游戏一样,虚拟经济的运行需要规则先行。同时从治理的角度来看,即使游戏有了内在的规则,也还需要游戏的外部法律边界及法律监督:如游戏不得触犯禁赌法令,游戏不得扰民,游戏不得损害他人利益和社会公共利益等。尤其是虚拟经济呈现出的"弱寄生性""离心规律""高风险性""风险传导性"等,明确无误地表明其"有利有弊"的"双刃剑"特质,决定了追求公平正义的法律肩负着为其提供内部规则和外部边界的艰巨使命。具体而言,虚拟经济赋予法律的天职,就在于通过法律制度的设计,为虚拟经济的运行设定"限度",铺设"轨道",装置"红绿灯",进而为虚拟经济运行安全设定交通规则,作为虚拟经济运行、虚拟经济监管和虚拟经济司法的制度支撑。

基于上述基本认知,我们认为:所谓虚拟经济有限发展法学理论,是指根据虚拟经济自身运行规律,从法律自身的宗旨和价值出发,主张法律在保障虚拟经济发展的同时,为预防与克服其负面效应,保障其运行安全和可持续发展,而将其置于法律约束下的安全范围内运行的一种法学思想。

这一理论虽然是以虚拟经济运行的"双刃剑"规律和体现法律公平正义基本要求的安全价值为基础提出来的,但我们认为,它主要还是从法学,特别是从经济法学国家适度干预理论的角度提出来的,因而与纯粹的经济学理论有着明显的不同。不过,最大的疑问还不在此处。在研究过程中,一些热切关心我们课题的学者常常忍不住提出这样的疑问:为什么实体经济不需要"有限发展"而虚拟经济却要"有限发展"呢?这是问题的关键。对此,我们的回答主要有三条:其一,人类社会的基本生活(如衣食住行及娱乐)毕竟只能仰赖实体经济,实体经济提供的产品和服务,除了受生产力水平的约束和人类需求的制约外,就其品种、数量和质量来说,根本就不存在"有限发展"的问题。仅此一点,虚拟经济就难以望其项背。其二,虚拟经济毕竟是寄生于实体经济的,不论其寄生性的强弱如何,最终还是决定了它不能野蛮生长以至于自毁其所寄生的根基。其三,实体经济伴随人类的始终,而虚拟经济则是一种历史现象,它仅仅是实体经济发展到一定阶段的产物,而且其产生以后并不一定能与实体经济"白头偕老"。

虚拟经济有限发展法学理论的确立,让我们找到了解题的一把金钥匙。它昭示着这样一个最基本的道理:我们在草原上发现了一匹自由驰骋的骏马,但我们只有给这匹骏马套上缰绳,它才会把我们驮向我们想要去的"诗和远方"。

然而,学术是严谨、苛刻而精细的,也有它自身相对固化了的"八股"定式。要说清楚这一理论的来龙去脉、前因后果、内在机理、外部表征、政策制约、法律规范、理论影响和实践效果,就要以学术的方式加以展开和表达。本丛书的十部著作正是这种展开和表达的具象:它们以"虚拟经济有限发展法学理论"为主线,按其内在逻辑展开——总体为"1+9"模式,即 1 个总纲,9个专题。而这"1+9"模式具体又可分为以下相互关联的四个板块:

板块一也就是"1+9"中的"1",即《虚拟经济有限发展法学理论总说》,它既是整个研究的总纲,即总设计图或者总路线指引图,也是对整个研究成果的全面提炼和总结。不过,这一总纲与后面的九部专著各有分工,各有侧重,各有特色,虽构成一个系统,却不能相互取代。板块二是"虚拟经济有限发展法学理论及其证成",旨在立论和证明,包括《虚拟经济有限发展法学理论及其根源》《虚拟经济立法的历史演进:从自由放任到有限发展》和《近现代经济危机中虚拟经济立法的过与功——虚拟经济有限发展法学理论的例证》三部著作。它们分别从立论及其理论解析、历史归纳和典型案例证明的角度,提出并证明虚拟经济有限发展法学理论。板块三的主旨是"虚拟经济有限发展法学理论指引下的观念变革",主要包括《虚拟经济安全的法律塑造》《虚拟经济有限发展法学理论的法律表达：立法模式与体系建构》《虚拟经济运行安全法律制度的立法后评估：以中国为样本》三部著作。其特点在于，它既是虚拟经济有限发展法学理论的应用，又是虚拟经济有限发展法学理论的进一步证明，是介于理论证成与实践应用之间的一个板块，对我国虚拟经济立法的价值、原则、模式、体系及立法质量的提升与检测，具有重要的指导意义。板块四是虚拟经济有限发展法学理论的具体运用，包括《虚拟经济有限发展法学理论视角下的银行法律制度变革》《虚拟经济有限发展法学理论视角下的证券法律制度变革》《虚拟经济有限发展法学理论视角下的期货法律制度变革》三部著作，试图以此三个典型领域为例，揭示虚拟经济有限发展法学理论在银行、证券和期货立法方面的具体映射与应用。

这四个板块之间的关系，可参考下图：

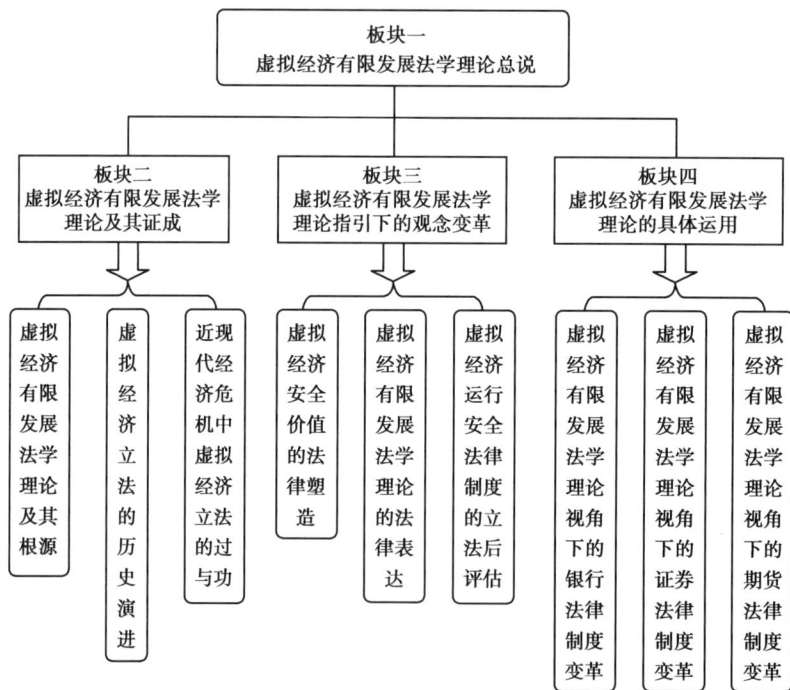

虚拟经济有限发展法学理论的论证与展开思路图

国家社科基金重大项目这一名称本身就体现出了它的分量。能在这一序列中获得"开放经济条件下我国虚拟经济运行安全法律保障研究"这一项目,既是偶然也是必然;既让我们有些激动和自豪,也让我们深感责任和压力。这几年,我们尽力做了,而且按"重大"之分量,踏踏实实地做了。至于成不成功,是否达到重大,就有待理论的佐证和实践的检验了。

我们处于一个大变革的时代,旧的事物陆续悄然退场,新的事物又在不知不觉中挤进我们的生活,甚至渐渐成为社会生活的一种主流。虚拟经济正是在这一历史巨变中膨胀,不断挣脱传统实体经济的束缚,而与实体经济分庭抗礼的。更有甚者,甚至到了反过来挟持、绑架、威胁实体经济的地步。正是这种二元经济格局的形成及两者之间的长期博弈和激烈冲突,给世界经济的发展以及各国政府的经济治理提出了前所未有的挑战。据我本人的揣测,在未来的几十甚至上百年里,如何看待和治理虚拟经济,不仅是中国面临的一大难题,也是世界面临的一大难题。

好在,越来越多的人正在逐渐看清虚拟经济脱实向虚的天性及其负面效应和可能的危害,有先见之明者已经着手强化监管、变革法治,竭尽趋利避害之能事,力图让虚拟经济助力实体经济,增进人民福祉。前几年我国着力扼制虚拟经济"脱实向虚",这几年我国高层对虚拟经济采取既更开放又更注重其监管的策略,即可看作是"虚拟经济有限发展法学理论"在实践中得到的初步印证。

世界上没有尽善尽美的东西,也没有绝对的真理和最后的真理,学术上存在不足就是学术本身可能自带的一种"秉性"。例如,本研究中原预想的交叉学科知识的运用,现在看来还很不成熟;有的问题,如保险及其他一些金融衍生品也未能辟专题来讨论等等,都是短时间内很难弥补起来的不足,需寄望于后续研究中的努力了。

我向来认为,学术的魅力不仅体现在努力创新的过程之中,更体现在学界从未停歇过的争辩、质疑和批判之中。任何致力于社会科学研究的学者,所提出的观点或理论,都不可能是尽善尽美的,而学术正是在这种不完美之中求得点滴的进步，从而得以蹒跚前行的。为此，我们热忱欢迎学界诸君提出批评与指正。

虚拟经济概念及市场经济"二元格局"理论的提出，看似偶然，却是必然。它拨云见日，让人们突然看清了自己所生活的这个时代的"庐山真面目"。然而，其意义可能被我们的社会公众严重地低估了。就我的感受而言，它带来的思想冲击与震撼，当不亚于 20 世纪 80 年代托夫勒掀起的《第三次浪潮》，也不亚于当下人们热议的区块链、人工智能、大数据以及元宇宙等。而法律，特别是始终站在市场经济历史洪流风口浪尖的经济法，随着经济理念及经济格局的不断变迁而不断革新，一定是势不可挡，也一定是不可逆转的。

我仍然坚信，必然是长期孕育的，但必然总是需要偶然来点亮的。

胡光志

2022 年 12 月 10 日

前　言

————

　　虚拟经济是指交易品本身没有价值,不参与生产与再生产过程,而通过交易可获得价值增减的经济运行方式,包括货币市场、资本市场(股票、债券交易)、期货买卖及新兴金融衍生品交易等。人类社会经济发展到今天已经由原来单纯的劳动创造价值(和使用价值)的实体经济形态进化为实体经济与虚拟经济同时并存的"二元"经济结构时代。由此可见,虚拟经济在现代社会中的重要性不言而喻,故而,虚拟经济的运行安全至关重要。正因为此,国家社会科学基金重大项目"开放经济条件下我国虚拟经济运行安全法律保障研究"(项目号:14ZDB148)课题组针对开放经济条件下法律如何保障虚拟经济的运行安全开展了系统性研究。

　　作为一项关乎我国法律制度保障功能的系统性研究,势必需要对我国现行法律制度的运行情况有一个全面和客观的了解,本书即在本课题中承担了这一任务,旨在通过立法后评估探讨我国虚拟经济运行安全法律制度的经验与教训,让读者对我国虚拟经济运行安全法律制度情况有一个宏观而全面的了解,以期为后续的制度完善提供参考。

　　立法后评估是一种旨在评估法律法规对经济、社会和环境的实际影响,评估社会执法、司法和守法的具体问题的方法和技术,并已经成为一种客观评价法律制度的技术和方法。为了深入探究虚拟经济运行安全法律制度的运行现状,本书拟借助立法后评估方法针对我国现有的虚拟经济运行安全法律制度展开评估,以期总结我国在虚拟经济安全运行方面的"中国经验"与"中国问题"。因此,本书的论证思路依照立法后评估的内在逻辑展开,具体从"评估的参照""评估的框架""评估的准备""评估的展开""评估的审视"五个部分展开。其基本的逻辑是:①通过具有指导性的虚拟经济有限发展法学理论构建科学的虚拟经济运行安全法律制度的基本框架,这是作为理想范本和应然坐标为立法后评估提供参考;②阐释立法后评估的主体、对象、方法和标准,并为具体的立法后评估的展开搭建一个基本的框架;③简要梳理既有的制度规范并根据前文明确的评估标准开展具体的立法后评估,这是本书的核心部分,分两个部分展开;④针对上文的评估结果作出总结和展望,此乃评估的现实意义所在。

因为我国的法律实践中尚不存在虚拟经济法或者虚拟经济运行安全法律制度的部门法,所以本书评估的对象并不是一个单一的制度文本,而是针对关涉虚拟经济运行安全的系列法律制度的类型化评估。本书通过立法后评估的理论与实践经验的总结构建起了包括文本质量评估和实施绩效评估两个分别涵盖法律制度规范性与实效性的评估标准。评估结果发现,我国虚拟经济运行安全法律制度着实存在文本质量不够好但在保障虚拟经济安全这一绩效目标上表现较好的情况,这也说明我国在应对开放经济条件下我国虚拟经济运行安全问题上已经具有一定的制度基础和制度实效,但也存在相应的改进与优化空间。

当然,本书所依赖的立法后评估技术在理论和技术上已经较为成熟,但其实践操作仍会受到实践发展的束缚和影响,尤其是相关数据的获取与支撑,加之本次评估所针对的对象是关涉虚拟经济运行安全的系列法律制度,其复杂程度和工作量都相对较大,也在很大程度上影响了本书的结论。同时,写作者水平有限,书中难免存在诸多错漏,恩请读者批评指正。

本书由范卫红与刘骏合作完成,相关分工如下:刘骏拟订了本书的写作框架,并负责本书的前言、第一章、第二章、第三章以及结语的写作,范卫红负责本书的第四章、第五章的写作,最后由范卫红和刘骏共同完成全书的统稿与修订。

目　录

导　论

本书是国家社会科学基金重大项目"开放经济条件下我国虚拟经济运行安全法律保障研究"(项目号:14ZDB148)的组成部分,根据课题组的写作安排,本部分将通过立法后评估探讨我国虚拟经济运行安全法律制度的经验与教训,重点是总结和归纳虚拟经济运行安全法律制度的"中国经验"和"中国问题",凸显出本课题的"问题意识"。有鉴于此,如此安排的缘故在行文之初作一个交代。

一、背景与意义：为什么要评估

虚拟经济是近十多年来经济学界根据虚拟资本概念创制出来的一个概念,它是指交易品本身没有价值,不参与生产与再生产过程,而通过交易获得价值增减的经济运行方式,包括货币市场、资本市场(股票、债券交易)、期货买卖及新兴金融衍生品交易等。显而易见,虚拟经济仅限于本身没有价值且不参与生产与再生产过程但可以通过交易获得价值增减的经济形态,这与宽泛意义上的网络经济、房地产经济等虚拟经济形态是有差别的。这一概念的创制过程,既具有鲜明的中国特色,也具有突出的时代特征。其意义主要表现在两个方面:第一,将以前分别看待、分别研究、分别立法的银行业、货币业、证券业、期货业、金融衍生品等统一起来,实现了概念的提升与整合,为统一、系统地研究和对待以上各行业提供了思维工具;第二,这一概念与传统的以劳动价值理论为基础的实体经济相比,使人们对人类社会历史上经济模式的演变以及当今社会经济格局的认识实现哲学化迈进：人类社会经济发展到今天已经由原来单纯的劳动创造价值（和使用价值）的实体经济形态进化为实体经济与虚拟经济同时并存的"二元"经济结构时代。

虚拟经济源于实体经济并为实体经济服务，但虚拟经济运行的相对独立性及其高风险性，使得它具有鲜明的"双刃剑"性质。20世纪以来的经济史业已证明，虚拟经济既是推动一国经济发展的重要力量，也是导致经济危机的最直接和最重要的原因。2013年，十八届三中全会审议的《中共中央关于全面深化改革若干重大问题的决定》提出了"构建开放型经济新体制""扩大金融业对内对外开放"的战略构想；2017年，全国第五次金融工作会议更是要求"要积极稳妥推动金融业对外开放，合理安排开放顺序，加快建立完善有利于保护金融消费者权益、有利于增强金融有序竞争、有利于防范金融风险的机制"；2019年，十九届四中全会通过的《中共中央关于坚持和完善中国特色社会主义制度　推进国家治理体系和治理能力现代化若干重大问题的决定》提出"建设更高水平开放型经济新体制"；2020年，十九届五中全会审议的《中共中央关于制定国民经济和社会发展第十四个五年规划和二〇三五年远景目标的建议》中要求的"推进金融双向开放"更是为近几十年的金融发展格局奠定了基调和指明了方向。2020年，二十大报告中进一步要求"推进高水平对外开放"。从实践来看，近年来，国家正在逐步落实扩大金融业的对外开放，自2018年4月大幅度放宽市场准入以来，中国金融市场推出包括大幅放宽外资金融机构准入在内的50多条具体的开放措施。[①] 2019年7月，金融委办公室发布了11条金融业对外开放的措施；2020年6月，国家发改委公布的《外商投资准入特别管理措施（负面清单）（2020年版）》中，金融业准入的负面清单已经正式清零。然而，扩大开放所面临的

---

① 更多详情可参见《近年来，我国宣布并推动实施了50余条金融业开放具体措施——金融业开放步伐明显加快》，搜狐网，访问日期：2020年12月24日。

潜在风险不容忽视,"加快建立完善有利于保护金融消费者权益、有利于增强金融有序竞争、有利于防范金融风险的机制"也显得十分迫切,正所谓"越开放越要重视安全,越要统筹好发展和安全,着力增强自身竞争能力、开放监管能力、风险防控能力"。近年来,中国的虚拟经济呈现了一种过度发展的态势,"脱实向虚"的倾向明显,系统性金融风险骤增。正是在这样的背景下,实业企业家大声疾呼要遏制虚拟经济的过度发展,①国家层面也积极倡导虚拟经济应该为实体经济服务,以至于2017年的全国金融工作会议和十九大报告都高度关注这一议题,全国金融工作会议将其视为重中之重,中共中央政治局还曾以"维护国家金融安全"为主题进行集体学习,提出"金融安全是国家安全的重要组成部分",足以可见虚拟经济的过度发展所带来的隐忧,改善治理是应对这一问题的必然路径,而这一过程急需法治的保障。故此,在构建开放型经济体制的过程中,一方面虚拟经济无疑扮演着十分重要的角色,另一方面其高风险性在世界经济平台的博弈中又会被极大地放大,并给我国的实体经济乃至整个国民经济带来威胁。尤其是随着我国对外开放步伐的加快,虚拟经济的国际化势在必行,我国虚拟经济的运行将面临更加复杂的国际国内矛盾以及前所未有的风险和挑战。因此,在开放经济条件下,如何从法律制度建设方面确保虚拟经济运行安全和健康发展,成为当下具有鲜明时代特征的重大课题。要回答前述问题,我们必须对我国当下关涉虚拟经济运行安全法律制度的经验与教训有一个全面而系统的了解。

第一,从理论上来看,任何法律制度和法治秩序都不是完美无缺的。诚如魏德士所言,"任何法律秩序都有漏洞。由于种种原因,没有漏洞的法律秩序是不存在的"。② 鉴于立法者的有限理性、"经济人"特征,③加上其他重

---

① 相关观点可参见宗庆后:《虚拟经济做过头了,把实体经济搞得乱七八糟》,观察网,访问日期:2020年12月24日。

② 伯恩·魏德士.法理学[M].丁晓春,吴越,译.北京:法律出版社,2013:343.

③ 有关"立法者的有限理性、'经济人'特征"的具体阐述可以参见胡光志,靳文辉.论法律的不完备性及其克服[J].理论与改革,2009(2):127-130.

重因素的影响,立法者所制定的法律多是"不完备的"。概言之,"法律会因为各种原因而不完备"。① 所以,没有一个国家或地区可以妄称自己的虚拟经济运行安全法律制度是绝对完备的,加上法律制度实施中所遭遇的张力,虚拟经济运行安全法律制度的运行情况也不可能没有漏洞。在此种意义上总结既有的经验和教训是推动制度完善和发展的应有之义。然而,纵观当下既有的研究中,尚未有针对这一问题的系统阐述,②本研究作为一项针对虚拟经济运行安全法律制度的法学研究,其研究展开的现实基点势必需要考虑我国现实语境中关涉虚拟经济运行安全的相关法律制度,进而在一个全面框架下审视既有的制度规范符合法治的内在要义,亦是理论研究的必由之路。

第二,从实践来看,虚拟经济的发展态势需要法治保障的跟进。众所周知,始于美国次级房贷危机而引发的全球性金融风暴是进入 21 世纪以来经济全球化所遭遇的一次重大挑战和危机,给美国、欧盟和日本等世界主要金融市场造成了极大的冲击和震荡,整个国民经济也深受影响。中国作为全球化的重要组成部分,也难免为此次危机所席卷,然而较为与众不同的是,中国在此次危机中受到的冲击较小并保持了经济的高速发展,这是否意味着中国的虚拟经济运行安全法律制度有着独特的制度优势呢? 此外,值得注意的是,人们在此次危机之后似乎并没有吸取教训,虚拟经济与实体经济的比例越发失调:据统计,2010 年底,全球虚拟经济总规模已经达到 2 000万亿美元,相对规模达到实体经济的 34 倍;2018 年底,全球 GDP 总量约 80多万亿美元,而人类的股票、期货、债券却超过了 3 000 万亿美元,即虚拟经

---

① PISTOR K,XU C G. Incomplete Law-A Conceptual and Analytical Framework and its Application to the E-volution of Financial Market Regulation[J]. *SSRN Electronic Journal*,2002(4):931-1013.

② 根据本书统计,总结虚拟经济立法或者金融法的经验与教训的著述并不多,主要有:胡光志,等.中国预防与遏制金融危机对策研究——以虚拟经济安全法律制度建设为视角[M].重庆:重庆大学出版社,2012:173-180;张伟.当代美国金融监管制度实施效果的实证研究[J].国际金融研究,2012(7):39-48 页;刘骏.小额贷款公司法律制度的立法后评估[D].重庆:西南政法大学,2016:25-41.

济的规模是实体经济的 37.5 倍。① 中国的金融市场虽然不如欧美发达国家那般健全和发达,其规模也十分可观。有学者认为我国虚拟经济与实体经济的黄金比例为 16.7：1,②其经济学意义是指在当前历史情境和数据条件下,当虚拟经济发展规模是实体经济工业增加值规模的 16.7 倍时,虚拟经济的发展将对实体经济和一国经济起到有力的促进作用。两者的经济总量在这个比例关系附近对经济发展是有利的,偏离这个比例太多,无论虚拟经济造成的偏离还是实体经济造成的偏离,整体上对经济发展都有负面影响。2019 年 1 月 29 日,蒙格斯智库发布的《蒙格斯经济形势报告(2019 年经济形势展望)》发现当前我国实体经济与虚拟经济的实际比例远超 20：1,③早前更有研究者认为 2010 年的比例达到 31.3 的峰值。④ 虽然我国的虚拟经济规模相较于发达国家更为稳健,也没有引发金融危机之类的大事件,但是也小问题频发,比如 2011 年的浙江温州民间借贷危机、⑤P2P 爆雷潮、⑥2015 年的股灾、⑦包商银行破产⑧等都在牵扯着大众的神经。由此可见,我国当前的虚拟

---

① 参见《警钟:全球 GDP 总量 80 多万亿美元,而虚拟经济已经超过 3000 万亿》[EB/OL].环球广播网.访问日期:2020 年 12 月 24 日。

② 朱小黄,林嵩,王林,等.中国债务拐点研究[M].北京:经济管理出版社,2017:23.

③ 参见《蒙格斯发布经济形势报告 以指数和拐点大量中国经济》[EB/OL].百家号.访问日期:2020 年 12 月 24 日。

④ 参见朱小黄:《虚拟经济与实体之间的黄金比例》[EB/OL].新浪财经.访问日期:2020 年 12 月 24 日。

⑤ 温州地区的民间借贷素来发达,自 2011 年 4 月起,由于无力偿还巨额民间借贷债务,温州市近百家企业老板逃跑、企业倒闭,具体是因为民间借贷中的连环担保使得一家企业破产会引发众多相关企业破产,此次事件中的民间借贷风险表现除了个别现象向群体蔓延的趋势,也被称之为“温州民间借贷危机”。

⑥ 2013 年以来,传统的民间借贷在互联网的加持下迅猛发展,P2P 网络借贷是其中的主力军,先后产生了近万家借贷平台,其中有大量的借贷平台陷入“跑路”“兑付困难”等问题,比如影响力较大的“e 租宝”事件,网络借贷频“爆雷”给很多投资者造成了巨额损失,并引发了一系列的维权事件。

⑦ 自 2014 年开始,中国股市进入“牛市”增长期,但在 2015 年下半年出现了 8 次“千股跌停”的局面,“牛市”被终结,很多投资者损失惨重。

⑧ 2019 年 5 月 24 日,央行、银保监会宣布,包商银行出现严重信用风险,决定自 2019 年 5 月 24 日起对包商银行实行接管;2020 年 11 月,银保监会同意包商银行进入破产程序。从新中国历史来看,仅有海南发展银行、河北省肃宁县尚村信用社、汕头商业银行、包商银行四家银行破产,其中前三家都是较小规模的区域性银行,包商银行确是一家具有一定规模的中型银行,其进入破产程序有些令人震惊。

经济发展比例有些失调,其在现实中的负面影响日益凸显,中央高层也持续高度重视这一问题:"防控金融风险"是第五次全国金融工作会议所确立的重大部署,随后的十九大报告更是将"防范重大风险"作为我国的三大攻坚战目标加以确认,"守住不发生系统性金融风险的底线"被放在了非常突出的位置,十九届四中全会《决定》要求"有效防范金融风险",2019年底结束的中央经济工作会议继续提出"牢牢守住不发生系统性风险的底线",十九届五中全会上通过的《"十四五"规划建议》依然要求"完善现代金融监管体系,提高金融监管透明度和法治化水平,完善存款保险制度,健全金融风险预防、预警、处置、问责制度体系"。二十大报告也要求"深化金融体制改革,建设现代中央银行制度,加强和完善现代金融监管,强化金融稳定保障体系,依法将各类金融活动全部纳入监管,守住不发生系统性风险底线"。在中国人民银行发布的《中国金融稳定报告(2020)》中认为防范化解重大金融风险攻坚战取得了重要成果,但仍然需要继续有效防范化解重大金融风险。① 那么,这里就引发了一些问题:如果说我国的虚拟经济运行安全法律制度有着独特的制度优势,那么缘何我国当前虚拟经济又会面临着如此的严峻形势呢? 既然存在着系统性风险的现实隐忧,既有的法律制度又到底存在怎样的问题呢? 将来又应该如何优化与完善呢? 如此等等,不一而足,这些问题都需要从我国当前的制度实践中去寻找答案。

第三,从未来的趋势来看,虚拟经济发展的不确定因素需要更为健全的应对方案。从上文的梳理可知,中国经济在内外压力下必然以一个更为开放的心态融入全球经济,虚拟经济的开放程度会进一步增强。我国的虚拟经济起步较晚,其发展本身也不够健全,在扩大开放的过程中会改变传统的实体经济格局。然而,虚拟经济的运行远比实体经济复杂,在开放经济条件

---

① 参见《央行发布〈中国金融稳定报告(2020)〉:继续有效防范化解重大金融风险》[EB/OL].访问日期:2021年1月20日。

下,虚拟经济又会面临国内国际更加复杂的、前所未有的矛盾和风险,因此,建设开放型经济意味着我国国家治理体系和治理能力将迎来全新的更加严峻的挑战。十八届三中全会提出了国家治理体系和治理能力的现代化,十九届四中全会通过的《决定》进一步明确了相关要求,推进国家治理体系和治理能力现代化已然成为当前的一项重要任务。无论是国家治理体系还是国家治理能力,在将经济建设为中心作为基本国策的国度内,经济的管理能力、管理方法和制度建构都是至为关键的因素。自改革开放以来已经取得了将我国建设成世界第二大经济体的巨大成功,甚至被誉为"中国发展模式"而让不少国家景仰。但是,在虚拟经济方面,我国的改革开放相对慎重保守,呈现出两大特点:一是长期"摸着石头过河",小心试点、长期观看,求稳不求快;二是对内对外则采取封闭或半封闭的策略,通过设立准入限制、身份限制、行业限制,建立防火墙、防波堤等,树立壁垒,封闭运行。这一策略在我国虚拟经济从无到有的历史背景中,针对我国无基础、无样板、无实感、无经验的客观状况,应当说是正确的,也是成功的。但随着我国经济的飞速发展,改革开放的深化,国内国际经济发展态势的变化,这种策略是否还要继续便成为值得讨论的问题。同时,虚拟经济的庞大规模对实体经济的影响甚大,在扩大开放的过程中能否保障虚拟经济的整体安全也是维护国家安全的重要内容之一,我国亟须树立维护国家金融安全的法治思维,运用法治方式,完善抵御金融风险的体制和机制。① 正是如此,十九届四中全会通过的《决定》中,既要求"健全对外开放安全保障体系",也要求"有效防范化解金融风险"。那么,我们也需要认真考虑和对待现行的虚拟经济运行安全法律制度能否顺应推进国家治理体系和治理能力现代化的潮流和应对扩大开放所带来的复杂挑战。

总之,我国的虚拟经济运行安全法律制度在过去似乎有着较好的表现,

---

① 王伟.国家金融安全法治体系研究:逻辑生成与建构路径[J].经济社会体制比较,2016(4):192-203.

但是当下和未来的严峻挑战又在考验制度的适应能力和治理绩效，在此种背景下，总结我国虚拟经济运行安全法律制度的经验与教训是必不可少的。

二、方法论：如何来评估

立法评估是本书的核心关键，到底什么是立法评估呢？我们可以从相关学者的讨论中窥见一二。立法评估可以分为立法前和立法后评估两种：立法前评估，主要评估立法的必要性、合法性、协调性和可操作性，评估立法要设计的重要制度和规则的约束条件，评估立法预期对经济、社会和环境的影响，达到立法配置资源的公平与效率；立法后评估，重在评估立法实践，评估法律法规对经济、社会和环境的实际影响，评估社会执法、司法和守法的具体问题。[①] 本研究的目的是评估当前的虚拟经济运行安全法律制度，显而易见是一种事后评估，所以本书将侧重于使用立法后评估技术展开。

那么，立法后评估缘何为本研究所青睐呢？实际上，立法后评估在一定程度上类似于国外的规制影响评估。诚如相关研究者所言：欧盟规制影响评估政策发展成为行政监管改革（administrative management reform）和政府更好监管（better governance）的核心工具，通过系统地分析不同的规制政策存在的影响来为决策提供系统、完整、科学的依据，并为促进欧盟规制政策一体化、可持续发展（sustainable development）提供动力和支持。[②] 国内也有学者将立法后评估的功能概括为立法完善的功能、资源配置的功能、责任约束的功能、公众参与的功能、法律宣传的功能、执法监督的功能；[③]也有学者认为立法后评估是提高立法质量的重要途径，同时也是法律、法规废止和修改的重要依据；[④]还有学者主张立法后评估就是保障立法质量、提高治理水

---

① 席涛.立法评估：评估什么和如何评估（上）——以中国立法评估为例[J].政法论坛，2012，30（5）：59-75.

② JULIA H，KLAUS J，UDO P，et al. The Production and Use of Knowledge in Regulatory Impact assessment-A Empirical Analysis[J].Forest Policy and Economics，2009，11（516）：413-421.

③ 汪全胜，等.立法后评估研究[M].北京：人民出版社，2012：48-52.

④ 刘雁鹏.地方立法后评估指标的反思与重建[J].朝阳法律评论，2017（2）：1-14.

准的一种有效机制。① 由此可见,立法后评估是一种改进立法质量、完善立法的有效工具和途径,这与本书所要实现的总结我国虚拟经济运行安全法律制度的经验和教训的目标是一致的。

近年来,国家特别倡导"科学立法",②并将其视为治国理政的战略支撑,作为全面推进依法治国、国家治理体系和治理能力现代化的重要内容,故"提高立法质量"被新增为修正之后的《立法法》的重要目标,立法后评估更是为《立法法》所明确规定。③ 也有实践发现立法后评估对促进科学立法、民主法、依法立法,提高立法质量,具有积极的作用和重要的意义。④ 因此,本书利用立法后评估总结我国虚拟经济运行安全法律制度的经验与教训,既是在适应当前"科学立法"要求下的现行制度运行情况的考察,也是在践行和贯彻《立法法》新规定的现实举措。

从立法后评估的含义可以发现,其是一种根据相对科学和中立的评估体系来审视制度规范的技术和方法,故此我们将针对立法后评估的方法原理做一个简单的介绍。首先,立法后评估的目的是考察一项制度实施之后的效果和影响,如何进行客观公正的考察是利用这一技术所要解决的首要问题,这一问题的解决有赖于一套科学、中立的评估体系,然而关于立法后评估体系的学理讨论尚未定论,各地实践也会有所差异,好在针对主要问题已有基本共识,主要聚焦于评估一项制度的科学性和合理性,也即一项制度的形式理性和实质理性问题,基本包括了评估主体、评估对象、评估方法和评估标准,其中评估标准是对立法后评估实践影响最为直观的方面,如何构

① 章志远.地方政府规章立法后评估实证研究[J].中国法律评论,2017(4):40-46.
② 党的十八大报告明将"科学立法"作为"全面推进依法治国"的重要内容,而专门讨论全面推进依法治国议题的十八届四中全会更是提出"深入推进科学立法、民主立法",十九大报告更是要求"推进科学立法、民主立法、依法立法,以良法促进发展、保障善治",十九届四中全会再一次明确"不断提高立法质量和效率"。二十大报告也明确要求"全面推进科学立法"。
③ 具体规定将在后文详述。
④ 舒颖.立法后评估:为高质量立法助力添[J].中国人大,2019(13):45-46.

建一个既能符合科学立法要求又能实践应用的标准体系至关重要，本书将在下文中安排专章介绍拟采用的立法后评估框架，欲借此为本书的立法后评估做出明确的限定。其次，根据评估框架的限定开展针对虚拟经济运行安全法律制度的评估是本书的重中之重，但并不是有了基本框架之后就会显得特别容易，这是因为虚拟经济运行安全法律制度并不是一个惯常使用的实践概念，所以需要针对评估所指向的具体对象——虚拟经济运行安全法律制度做出一个范围界定，如此可以保障理论与现实更好地结合起来。再次，除了关于立法后评估的框架限定之外，本书的大部分开展都需要大量依赖实证研究方法，主要包括针对既有制度规范的梳理和评析，针对既有制度运行效果以及现实影响的考察，所以本书的研究既包含了借助制度文书的大规模整理、分析，也搜集了相应的制度运行效果素材来判断运行效果。

三、结构安排

如上所述，本书的核心主旨是探讨我国虚拟经济运行安全法律制度的经验与教训，而立法后评估是完成这一目标所要借助的方法和工具，故此，其论证思路依照立法后评估的内在逻辑展开，为了行文方便，本书将具体从"评估的参照""评估的框架""评估的准备""评估的展开""评估的审视"五个部分展开，其基本的逻辑是：首先，通过具有指导性的虚拟经济法学理论构建科学的虚拟经济运行安全法律制度的基本框架，这是作为理想范本和应然坐标为立法后评估所参考；其次，针对立法后评估的主体、对象、方法和标准作出释明，为具体的立法后评估构建一个可操作的框架；再次，对既有的制度规范作出一个简要梳理并根据前文明确的评估标准开展具体的立法后评估，这是本书的核心部分，分两个部分展开；最后，针对上文的评估结果做出总结和展望，这是本次评估的现实意义所在。本书的五个部分内容分别概括如下：

"评估的参照"是因为本书作为国家社会科学基金重大项目"开放经济

条件下我国虚拟经济运行安全法律保障研究"(项目号 14ZDB148)的组成部分,都是在"虚拟经济有限发展法学理论"指引下展开,故此,本书也以"虚拟经济有限发展法学理论"为基础构建了虚拟经济运行安全法律制度的理想图景,以此作为后文评估开展的具体参照。同时,本书如此设定,也是因为本次评估的具体对象是我国的虚拟经济运行安全法律制度,这本身是一种功能上的制度归类,并不是严格意义上的制度类型划分,也是一种新的制度归集方法,所涉的制度文本繁杂而分散,其制度应该如何定位、范围到底几何尚不明确,对此进行一个澄清和厘定是十分必要的。

"评估的框架"是考虑到当下对于立法后评估的认知和使用并不统一,本书根据使用需要对立法后评估的概念、构成要素以及本书在何种范围和意义上适用立法后评估做出一个说明,尤其是对关系本次评估结论的全面性评估标准将根据现实需要以及客观限制进行构建。其中,本书所要评估的对象是所有关涉虚拟经济运行安全的法律制度,所以必然需要采用系统性评估。当然,评估标准作为一个具体的操作性指引,是本部分最为关键的内容,本部分从理论上主张科学的评估标准应该包括法律规制的实施、法律规制的影响、法律规制的效益三个维度,但鉴于现实条件的束缚,本研究将前述三个维度简化为文本质量评估和实施绩效评估两个方面。鉴于该内容对后文的评估展开具有具体的操作性指引,所以本部分是本书得以展开的基础性内容。

"评估的准备"是鉴于本书需要对庞杂的虚拟经济运行安全法律制度做出系统性评估,其所涉的制度文本、制度规范较多,故此本书在具体的评估展开之前对我国当下的虚拟经济运行安全法律制度做出了一个整体性的梳理,并依照"评估的参照"部分所划定的制度框架做出划分,希望以此为后文"评估的展开"奠定基础。当然,需要说明的是,本部分的梳理是一个粗略而宏观的整体性呈现,并不涉及具体的评价问题,有关评价将是下一部分的重点所在。

　　"评估的展开"是本书的核心部分,主要在"评估的框架"部分所建构的立法后评估标准体系的基础上针对我国既有的虚拟经济运行安全法律制度展开评估。根据前文的评估标准体系的安排,本部分的评估展开具体包括规范层面和实效层面两个维度,两部分分别对应了法治语境的形式理性和实质理性,以此力求实现全面而系统地总结我国虚拟经济运行安全法律制度的经验与教训的目标。

　　"评估的审视"是依照以前的评估结论对我国虚拟经济运行安全法律制度的具体走向做出展望,既要认真总结现行制度框架下的"中国经验",也需要在将来重点克服现实存在的问题。当然,本部分的展望仅是基于前文评估所开展的,并非是建构一套全面而系统的虚拟经济运行安全法律制度,关于这一问题的系统答案需要结合本课题的系统成果。

第一章　评估的参照：

我国虚拟经济运行安全法律制度的理想图景

立法后评估是针对制度的文本质量和实施效果进行评估的一项技术，其本身有一套规范体系指导其运行。然而，本书所要开展的是针对虚拟经济运行安全法律制度的类型化评估，其难度较大，加上本书作为国家社会科学基金重大项目"开放经济条件下我国虚拟经济运行安全法律保障研究"（项目号 14ZDB148）的组成部分，其必然需要在本课题的核心理论"虚拟经济有限发展法学理论"指引下展开，根据这一理论可以建构我国虚拟经济运行安全法律制度的理想图景并作为评估的参照。

第一节　虚拟经济运行安全法律制度的概念拟定

"虚拟经济有限发展法学理论"是国家社会科学基金重大项目"开放经济条件下我国虚拟经济运行安全法律保障研究"（项目号 14ZDB148）课题组提出的核心理论，也是整个课题的指导思想。本书在具体适用这一理论之前需要对此作出简要的说明。

一、虚拟经济有限发展法学理论对虚拟经济运行安全法律制度的基本要求

"虚拟经济有限发展法学理论"是指基于虚拟经济自身的从属性、寄生

性、偏离性、投机性、高风险性、风险传导性以及经济危机的诱发性和破坏性等特点，主张虚拟经济必须是适度型、约束型发展经济的一种学说。具体而言，此处的"有限发展"可以看作"适当发展""适度发展""可掌控发展"的同义词，故此，"虚拟经济的发展应当放在一个适当的笼子之中"以此保障虚拟经济的安全发展，这也构成了虚拟经济运行安全法律制度的基本内核。缘何如此呢？笔者认为需要从市场和政府两个维度展开：

（一）从市场维度来看，虚拟经济只能在市场体系中有限发展

从理论上看，虚拟经济会异化市场经济的价值规律，会扭曲市场经济的需求定律，会放大市场经济的非自洽性，存在"脱实向虚"的现实风险，故此市场场域下的虚拟经济应该在适度范围发展。

首先，虚拟经济具有从属性和寄生性。从虚拟经济的发展历程可以发现，虚拟经济源于实体经济并为实体经济服务，这是虚拟经济得以发展的前提条件。所以，以实体经济为基础并为实体经济而服务是虚拟经济发展的基准。

其次，虚拟经济具有偏离性、投机性、高风险性、风险传导性。虽然虚拟经济源于实体经济并为实体经济服务，但随着虚拟经济的发展，其规模越发庞大，甚至远超于实体经济，其运行也保持了一定的独立性，这已经在一定程度上改变了发展虚拟经济的初心和根基，偏离了虚拟经济发展的基准。实际上，虚拟经济是一个资本游戏，资本的逐利性会使资本在虚拟经济中大获其益，这样会促使资本更加投机，虚拟经济更加偏离。然而，虚拟经济作为一种资本游戏，其本身就具有很高的风险性，加之虚拟经济脱离实体经济这一根基空转之时，无疑会放大自身的风险，并且虚拟经济的这种高风险性是不断扩展的："一个金融机构、金融市场所面临的变动或冲击，将向金融系统中的其他机构及其他市场迅速传递。"[①]

---

① 杨子晖,周颖刚.全球系统性金融风险溢出与外部冲击[J].中国社会科学,2018(12):69-90.

最后，虚拟经济具有经济危机的诱发性和破坏性。当虚拟经济的风险积累到一定程度时，势必会引发虚拟经济危机，并对整个国民经济产生破坏性影响。20世纪以来的经济史业已证明，虚拟经济既是推动一国经济发展的重要力量，也是导致经济危机的最直接和最重要的原因。

（二）从政府维度来看，虚拟经济只能在国家干预下有限发展

鉴于虚拟经济本身的特性，单单依靠市场的自我发展可能难以使虚拟经济克服其局限性，故而引入国家干预克服此种市场失灵便是应有之义。具体而言，引入国家干预是希望借助国家的力量保障虚拟经济能够克服自身异化的风险，使其保持在以实体经济为基础并为实体经济服务的基准线内可持续发展，进而实现虚拟经济和实体经济的良性互动和共存。

当然，国家干预也不是万能的，受囿于集体理性的难题，国家干预也常常陷于干预失灵的困境。换言之，国家干预有可能帮助克服虚拟经济的市场局限，但也意味着政府干预不一定会万无一失，更可能适得其反。回顾虚拟经济的发展历史可知，虚拟经济的国家干预早已成为事实，但是其遏制虚拟经济过度发展的成效并不是特别好，人类社会甚至为此陷入了经济危机的泥淖之中。因此，虚拟经济的国家干预也是有限度和边界的，并且能够经受住实践的检验。

二、虚拟经济运行安全法律制度的内涵与外延

如前所述，虚拟经济的本身特性决定了虚拟经济仅仅依靠市场难以可持续发展，故需要引入国家干预助其克服市场失灵。同样，国家干预也会有种种困境，为了较大限度地保障国家干预能够有效克服市场失灵，必须将其纳入法治框架之下，因此，规范国家干预虚拟经济的法律制度就显得十分重要，这主要借助虚拟经济立法实现。简言之，虚拟经济立法必须以整个经济的运行安全为根本目标，为虚拟经济的发展提供自由的限度及各种约束条

件,即"虚拟经济立法的全部意义,就在于为虚拟经济定制一个安全、有效和可持续发展的笼子"。作为关涉整个虚拟经济的法律制度而言,其对虚拟经济的干预是多方面的,有确认、有保障、有规范、有调控,故而虚拟经济法律制度包含了多重制度属性。而本书所依赖的指导思想"虚拟经济有限发展法学理论"旨在突出虚拟经济应该在一个安全的有限范围内发展,即通过制度为虚拟经济的发展提供自由的限度及各种约束条件以保障虚拟经济克服其自身的特性并始终保持在安全、可持续的范围内发展,进而实现虚拟经济与实体经济的良性互动和协调发展。而"清晰的概念表述和相对统一的术语使用是一切科学研究的逻辑起点",①所以我们在具体讨论虚拟经济运行安全法律制度之前,有必要对这一概念的内涵有所澄清。

(一)虚拟经济法律制度的概念内涵

要理解虚拟经济运行安全法律制度,我们必然要先厘清虚拟经济运行安全制度或者虚拟经济法的概念,这是解构虚拟经济运行安全法律制度的前提条件。

在国内首先提出虚拟经济法这一概念的胡光志教授认为,虚拟经济法是指反映虚拟经济运行规律,调整虚拟经济关系的法律规范体系。② 对此,刘少军教授认为这一界定没有反映出虚拟经济法的本质属性,进而提出虚拟经济法不仅是规范虚拟经济的法,还必须是以社会整体经济利益为目标,调整整体虚拟经济关系的法律体系。③ 相比较而言,后者实际上更加强调虚拟经济法中的经济法属性,在具体的指向上似乎没有太大的区别。因此,笔者认为虚拟经济法律制度可以简单概括为"调整虚拟经济关系的法律规范体系"。

① 章志远.迈向公私合作型行政法[J].法学研究,2019,41(2):137-153.
② 胡光志.虚拟经济及其法律制度研究[M].北京:北京大学出版社,2007:207.
③ 刘少军."虚拟经济法"的理论思考[J].中国政法大学学报,2009(6):73-86.

所谓虚拟经济是以金融、证券、期货和金融衍生品等，通过"虚拟化"运行为表现形式的经济形态，是当今市场经济的最高表现形态。[①] 从表面上看，这似乎与我们平时所说的金融有着很多的重合之处，那么虚拟经济法律制度与已经习以为常的金融法有何区别呢？诚如刘少军教授总结的，金融财产主要是以货币财产为基础形成的完全虚拟财产体系，就此而言，金融法是目前虚拟经济法的核心。但是，金融财产并不是虚拟财产的全部，不仅部分虚拟财产不属于金融财产，即使是完全虚拟财产也不都是金融财产。[②] 由此可见，虚拟经济法律制度与金融法有着诸多重合之处，甚至可以说金融法是虚拟经济法律制度的核心，但两者绝不是完全等同的。

(二) 虚拟经济运行安全法律制度的概念内涵

在明晰了虚拟经济法律制度的概念之后，我们以此为基础来认知虚拟经济运行安全法律制度。在金融法的传统视野中，金融安全被视为金融法的一个价值追求，譬如有研究者曾指出"金融制度与金融安全密不可分，不完善的金融制度会对金融安全产生负面影响"，[③]依照此理，我们似乎可以认为金融安全的法律制度实际上基本也就是金融法律制度，这是否也意味着虚拟经济运行安全法律制度也是虚拟经济法律制度。以笔者之见，这是存在差异的，金融安全也好，虚拟经济运行安全也罢，都与相关的法律制度（金融法律制度或虚拟经济法律制度）联系紧密，但绝不是意味着两者可以画等号。

总之，虚拟经济的运行安全与虚拟经济法律制度息息相关，但并不仅限于此。这是因为，虚拟经济法律制度只是引入了虚拟经济观念之后对经济法体系的一种新的划分，这是与实体经济法相对应的，这两者都应该统领于

---

① 胡光志.虚拟经济背景下构建和谐社会的法律制度变革[J].法学家,2006(4):94-102.

② 刘少军."虚拟经济法"的理论思考[J].中国政法大学学报,2009(6):73-86.

③ 邱兆祥,安世友.完善金融制度 维护金融安全[J].理论探索,2012(5):62-65.

整个经济法之下,而经济法之下还有宏观调控法、社会分配与保障法等其他组成部分。[1] 虚拟经济是一个与实体经济相对应的概念,虚拟经济的运行安全无疑也属于经济安全的一部分,我们知道宏观调控法中有一部分关涉经济安全,这也就决定了虚拟经济运行安全与宏观调控法联系紧密。

当然,这也不等于将虚拟经济运行安全法律制度的外延无限扩大。虚拟经济的运行离不开法治的保障,一个好的法治环境至关重要,虚拟经济运行安全必然也是如此。依照既有研究的划分,虚拟经济时代金融市场安全运行的法律环境包括产权制度、合同制度、货币和信用制度、现代企业制度、担保制度、征信制度等内容,其具体关系如下:产权法律制度是金融市场得以安全运行的首要法律前提;合同法律制度则构成了金融市场安全运行的社会与法律制度基础;货币制度的存在与发展是金融市场安全运行的必要条件;信用制度是金融市场得以安全运行的又一个法律条件;现代企业法律制度也是金融市场得以安全运行的一个重要条件;担保法律制度是金融市场安全运行不可缺少的一个重要组成部分;健全的征信制度是现代金融体系安全运行的基石。[2] 可见,能够与虚拟经济运行安全相关联的法律制度是十分广泛的,但不是都对虚拟经济运行安全有着重要性乃至决定性的影响,所以不宜将虚拟经济运行安全法律制度的范围界定得过于宽泛。

实际上,已有研究提炼了与本书所要讨论的"虚拟经济运行安全法律制度"高度类似的概念,那便是"虚拟经济安全保障法律制度",具体是指在资本或资产证券化、证券交易市场化的过程中,以风险识别、预警、控制为基础,通过严格市场准入标准、健全市场交易监管、强化风险责任机制等方式,对虚拟经济运行实施多环节、多层次、全方位的法律控制。[3] 总体来看,这一

---

[1] 相关讨论参见胡光志.人性经济法论[M].北京:法律出版社,2010:259.

[2] 胡光志,等.中国预防与遏制金融危机对策研究:以虚拟经济安全法律制度建设为视角[M].重庆:重庆大学出版社,2012:35-36.

[3] 胡光志,等.中国预防与遏制金融危机对策研究:以虚拟经济安全法律制度建设为视角[M].重庆:重庆大学出版社,2012:148.

概念已经较为明晰地为我们界定了虚拟经济运行安全法律制度,但是本书以为其本质上与虚拟经济法律制度的区分度不够明显,有必要进行一定的修正。本书发现有学者对"金融安全"做了一个较为全面的界定,"是指国家享有金融主权,能够保持金融系统运行与金融发展不受国内外各种因素的威胁与侵害的状态,能凭借各种手段把金融风险控制在可能导致金融危机的临界状态以下,确保正常的金融功能和金融秩序"。① 依照上述"金融安全"的界定,我们可以将"虚拟经济运行安全"界定为"能够把虚拟经济的运行和发展中的风险控制在经济危机的临界状态之下,保持虚拟经济运行的稳定和秩序";而虚拟经济运行安全法律制度即是有助于实现这一状态的法律制度的总称。

另外,考虑到虚拟经济法律制度与金融法的密切关系,而金融法也有一个"金融安全网法律制度"概念,这与此处的"虚拟经济运行安全法律制度"似乎有着某种重合之处,我们做了一个区分。根据文件检索,我们发现关于"金融安全网法律制度"的相关研究较多,但在具体指向上有着明显的差异,有研究者对此进行了归纳:就其内涵而言,一般认为它是维护金融安全的法律制度体系;就其外延而言,主要有三种观点:①仅限定为存款保险制度;②除存款保险制度外,还包括监管当局的审慎监管和中央银行最后贷款人制度;③政府通过建立存款保险、投资者保护基金、保险保障基金、破产清算和最后贷款人制度等构成的金融危机处理制度,监管当局通过市场准入、市场退出和日常检查等措施构成的外部审慎监管制度,金融机构通过完善的法人治理结构、科学的自我约束和风险管理构成的内部控制制度。② 从中,我们可以发现这里的"金融安全网法律制度"多是以银行法为中心的,并且将多种金融法制度掺杂其中,其中关乎"安全"的内在逻辑并不明确。

---

① 刘斌.国家经济安全保障与风险应对[M].北京:中国经济出版社,2010:38.
② 曾筱清,杨益.金融安全网法律制度研究[M].北京:中国经济出版社,2005:61.

第二节　虚拟经济运行安全法律制度的宏观框架

　　本部分所要讨论的是理想状态下的虚拟经济运行安全法律制度,但实际上"虚拟经济"本身即是一个较新的学理概念,更遑论虚拟经济运行安全法律制度? 显而易见,当下关于虚拟经济运行安全法律制度的理论著述较少,故此,我们首先从一个宏观的视野去认知和理解虚拟经济运行安全法律制度,为我们感知具体层面的虚拟经济运行安全法律制度奠定基础。

一、虚拟经济运行安全法律制度的价值选择

　　曾有研究者指出"立法的首要问题,绝不是法律规范的制定,而是价值取向的选择"。① 那么,在描绘理想的虚拟经济运行安全法律制度之前,应该解决这一制度中的价值选择问题。具体而言,这实际上是关乎虚拟经济立法的价值选择问题,因为虚拟经济运行安全法律制度与虚拟经济法律制度有着千丝万缕的联系,虚拟经济法律制度的价值选择与虚拟经济运行安全法律制度的选择也是紧密相关的,②所以本部分将会从虚拟经济法律制度的价值选择入手,并在此基础上探寻虚拟经济运行安全法律制度的价值选择。

(一)虚拟经济立法中的价值选择

　　诚如法学家庞德所言,"在法律史的各个经典时期,无论在古代和近代世界里,对价值准则的论证、批判或合乎逻辑的适用,都曾是法学家们的主要活动"。③ 关于法律价值的讨论一直是一个重要的理论命题,从法理学到部门法的相关著述颇丰,但也是歧见丛生。在法理学的法律价值研究中,以

---

① 吴占英,伊士国.我国立法的价值取向初探[J].甘肃政法学院学报,2009(3):10-15.

② 需要说明的是,此处的讨论限于虚拟经济运行安全法律制度,而本课题的有专门讨论"虚拟经济安全理念"的著述,两者在内容上有所重合,但侧重点各有不同。

③ 罗斯科·庞德.通过法律的社会控制[M].沈宗灵,译.北京:商务印书馆,2008:50.

严存生教授和卓泽渊教授为集大成者,但是两位学者关于法律价值的观点存在些许差异,严存生教授所主张的法律价值主要包括有安全、和平、秩序、自由、平等、文明、公共福利和正义等,[①]而卓泽渊教授却认为法的价值包括秩序、自由、平等、人权、人的全面发展等内容。[②] 当然,除这两位学者之外,法理学的基础理论研究一般也会涉及这一议题,比如张文显教授就认为秩序、自由、正义、效率才是法律的基本价值。[③] 从一般推及个别,虚拟经济法律制度的价值选择问题自然也不例外。可见,法理学上对法律价值的基本认知尚未统一,而具体制度的价值分歧有过之而无不及,关于虚拟经济立法价值导向的歧见也是如此。鉴于此,厘清什么才应该是虚拟经济立法的理想价值构造是本书展开讨论的基本前提。

1."二元"抑或"三元":虚拟经济立法的应然价值论争

既然是一个争议性话题,就需要对这一争议简要梳理一番,进而评析其中的得失。从既有的文献来看,涉及虚拟经济立法的价值导向研究并不多,很多是在金融法的框架内讨论这一议题,鉴于虚拟经济的核心就是金融,[④]所以本书尽可能归纳和总结已有的相关理论建构,并在此基础上展开讨论。有研究者将当前金融法的价值理论归纳为"二元论"与"三元论"两个大类,[⑤]本书认为,综合虚拟经济立法价值的相关著述也基本没有超出这一范围,所以本书也沿用这种归纳方式。需要澄清的是,不论是"二元论"还是"三元论",在具体构成上是存在差异的,下文将对此一一梳理。

① 严存生.法律的价值[M].西安:陕西人民出版社,1991:151-152.
② 卓泽渊教授关于"法的价值"也处于发展之中,其早先认为法的价值主要包括秩序、效益、文明、民主、法治、理性、权利、自由、平等、人权、人的全面发展等内容;而后面又修正为生命、自由、平等、人权、秩序、公正、人的全面发展价值等内容,详情参见卓泽渊.法的价值论[M].北京:法律出版社,1999;卓泽渊.法的价值论[M].2版.北京:法律出版社,2006:146-232;卓泽渊.法的价值论[M].3版.北京:法律出版社,2018:143-245.
③ 张文显.法学基本范畴研究[M].北京:中国政法大学出版社,1993:256.
④ 徐孟洲,杨晖.金融功能异化的金融法矫治[J].法学家,2010(5):102-113.
⑤ 宣頔.金融法价值的"新二元化"均衡构造[J].广西社会科学,2015(12):102-108.

"二元论"的价值观是我国学者早期的主流观点，具体可以区分为在安全和自由之间①或者安全和效率之间②进行平衡等两组有所区别的观点，其中后者是一种更为主流的看法，并且后者受到2008年的次贷危机影响做出了相应的调整，从"效率优先"开始更加注重安全。③ 毫无疑问的是，安全价值在传统的讨论中颇受重视。

但是随着社会的发展，近年来一些新的"二元论"观点也开始出现，譬如杨东教授提出应该构造以金融消费者保护为基础目标、以市场功能确保为核心目标的内在价值体系，④宣頔主张确立"效率—稳定"的"新二元"价值体系。⑤ 除了杨东教授所提倡的新价值体系别具一格以外，其他的价值体系基本在安全（稳定）、自由、效率三者之间两两组合。

如果说"二元论"是一种较为传统的分析范式，那么，"三元论"则试图在此基础上做出一定的反思与矫正。其代表之一就是胡光志教授所倡导的以虚拟经济安全为核心价值、虚拟经济秩序与效率为基本价值的价值体系，⑥这是国内少见的直接阐述虚拟经济立法价值导向的著述。其中，特别强调了针对市场崩溃、经济危机的安全价值之核心地位，同时也独树一帜地提出了秩序价值。

此外，深受2008年次贷危机所冲击的金融法学者在吸收国外立法经验

---

① 相关代表性文章主要有张宇润.金融自由和安全的法律平衡[J].法学家,2005(5)91-99.周海林.金融监管法的价值：自由竞争与金融安全[J].福建金融管理干部学院学报,2007(4):38-47.

② 相关代表性观点主要有曾筱清.金融全球化与金融监管立法研究[M].北京：北京大学出版社,2005:41-43.张忠军.金融立法的趋势与前瞻[J].法学,2006(10):39-50.刘嵩一.银行安全与效率的法制研究[D].长春：吉林大学,2006.盛学军.后危机时代下对金融监管法价值的省思[J].重庆大学学报(社会科学版),2011,17(1):97-101.李海海.效率与安全：金融制度的选择困境：来自美国的经验与教训[J].中央财经大学学报,2011(5):22-27.

③ 相关演变可以参见宣頔.金融法价值的"新二元化"均衡构造[J].广西社会科学,2015(12):102-108.

④ 杨东.论金融法的重构[J].清华法学,2013,7(4):128-143.

⑤ 宣頔.金融法价值的"新二元化"均衡构造[J].广西社会科学,2015(12):102-108.

⑥ 参见胡光志.虚拟经济法的价值初探[J].社会科学,2007(8):105-113.

基础上对传统的"二元论"进行了改造，提出了"效率—安全—消费者保护"①抑或"效率—安全—公平"②的"三足定理"，这也可以看作是一种新的"三元论"。诚然，无论是消费者保护也好，还是公平也罢，两者都更加强调金融法应该保护弱势群体的利益，这都是对传统金融法价值体系的一次观念上的革新。这种新的"三元论"与国外近年来特别注重投资者或者金融消费者保护立法的发展趋势有着密切关系。

2.到底孰是孰非：虚拟经济立法的应然价值反思

通过上述梳理可以发现关于价值体系的讨论处于众说纷纭的状态，此种情况下到底该如何抉择呢？本书以为应该认真审视其中的学理依据是否充分并能否经得起逻辑检验。

首先，应该承认，当前并不统一的价值体系都闪现着不少真知灼见，但是也尚未出现一个具有高度说服力的观点，这需要对这些不同学说进行再审视。在本书的文献梳理中发现已经有学者对既有的部分观点进行了评析，③尤其是对很多主流观点的批评，本书的分析将在这一基础上展开。总体来看，关于既有价值观念的批评多是针对当前主流和前沿的观点，即主要针对"安全""效率""公平"等几个很典型的价值理念所做的批评。

批评者认为"安全价值的提出和更新具有历史偶然性与政策倾向性"，其理论渊源和概念内涵都还缺乏充分阐述，且实践中的安全价值也具有不确定性。可以说，这一批评是比较切中要害的，既有的文献对安全价值确实缺乏论证，在法理学上也鲜有将安全作为法律价值的阐述，即使有也多指个

---

① 代表性观点参见邢会强.金融危机治乱循环与金融法的改进路径——金融法中"三足定理"的提出[J].法学评论,2010,28(5):46-53.

② 代表性观点参见冯果.金融法的"三足定理"及中国金融法制的变革[J].法学,2011(9):93-101;田春雷.金融资源公平配置的法学分析——兼论中国金融法的新价值[J].法学评论,2013,31(3):112-119.

③ 参见宣顿.金融法价值的"新二元化"均衡构造[J].广西社会科学,2015(12):102-108.

人的财产安全和人身安全,①所以本书也认为安全能够作为虚拟经济法或者金融法的价值目标是值得存疑的。按照这一原理,本书也可以质疑批评者在此基础上所提出的"稳定"作为价值目标的正当性。当然,本书发现已有研究论证了安全价值作为法律基本价值的理论基础,②加上法律的价值体系也并非是一成不变的,进而本书以为断然否定安全价值也是值得商榷的。

公平价值作为近年来颇受重视的新主张,尤其是得到了以冯果教授为代表的学者们的大力推崇,其也被具体解释为"在金融活动中,各类主体不因自身经济实力、所有权性质、地域和行业等因素而受到差别对待,能够公平地参与金融活动,机会均等地分享金融资源,形成合理有序的金融秩序,并通过金融市场实现社会整体利益的最大化"。批评者认为因其中夹杂了很多效率性价值而难以成立。这一批评似乎很有道理,但是本书以为冯果教授此处更为强调的是金融参与者的权利的平等性,指向的是金融领域的不公平,其中有金融资源配置效率低下的影响。然而,不可忽视的是:金融资本都具有逐利的天性,其背后必然出现"嫌贫爱富"的"金融排斥"现象,这就造成一部分弱势群体为金融服务所排斥;另外,广大的个人投资者在金融交易中一直也处于弱势地位,法律保护不足使其成为金融发展的"牺牲品";以上种种的不公平现象都是追求效率的结果,而不是效率价值所能替代的。换言之,资源配置不均与资源配置的帕累托最优是有着较大差别的,所以资源配置不均也并非效率性价值所能够全部解决的。

此外,批评者指出既有研究关于"效率价值"的观点显得过于狭窄,其重点侧重于"放松对金融机构的过度严格管制",而不符合"促进资源配置的帕累托最优"的应有之义。这一说法有几分道理,效率性价值确实更应该关注如何实现资源配置的帕累托最优,尽量使资源发挥最大效用。

---

① 参见严存生.法律的价值[M].西安:陕西人民出版社,1991:152.

② 参见安东.论法律的安全价值[J].法学评论,2012,30(3):3-8.

3.未来何去何从：虚拟经济立法的应然价值重塑

那么,理想的价值体系当如何选择呢？上述梳理可知批评者的部分意见切中了问题的要害,但也有部分陷入了认识误区,所以本书需要在这一基础上重新构造虚拟经济法或者金融法的价值体系。

如前所述,独立的安全价值备受批评,这与理论界普遍将安全价值视为秩序价值的组成部分①有着莫大干系。博登海默认为秩序在自然进程和社会进程中存在着某种程度的一致性、连续性和确定性,②乍一看,安全价值就是秩序的稳定与持续,这的确与秩序价值有着重合之处,以至于有研究者认为秩序与安全是一种包容关系。③ 但也有研究详细阐述了安全价值与秩序价值的内在区别,安全价值强调社会结构内在的合理性,秩序强调的是社会关系外在的稳定性、确定性以及一定程度的可预测性。④ 不得不承认的是这一论点已经触及了争议问题的本质,并且可以从始于美国的次贷危机中得到印证：美国作为虚拟经济最为发达的国家,在次贷危机爆发之前并未出现严重的虚拟经济无序状况,但随后却爆发了席卷全球的安全性危机,足见普遍意义上的秩序并不能确保安全,也证实了安全与秩序两大价值是存在区别的。因此,本书认为秩序和安全都应该在虚拟经济法律制度的价值序列中占有一席之地。具言之,安全价值更注重宏观层面的系统性安全,秩序价值注重微观层面的行业安全和区域性安全。

而效率(或效益)价值虽然在传统的法学价值中并不是特别受到重视,但在市场经济语境下却具有十分重要的意义。效率是法律经济学中的一种核心概念,也正是法律经济学的发达促使了效率价值为法学所吸纳,甚至有

① 这一点在法理学和经济法学的相关著述都有所体现,前者可参见张文显.法学基本范畴研究[M].北京：中国政法大学出版社,1993:259;后者可以参见侯怀霞,李虎.论经济法的价值取向[J].中国海洋大学学报(社会科学版),2005(4):54-57.

② E.博登海默.法理学：法律哲学与法律方法[M].邓正来,译.修订版.北京：中国政法大学出版社,2004.

③ 张洪波.以安全为中心的法律价值冲突及关系架构[J].南京社会科学,2014(9):89-95.

④ 安东.论法律的安全价值[J].法学评论,2012,30(3):3-8.

研究者认为其应该是当代法律（尤其是经济立法和司法）的基本价值目标。[①] 从现实来看，追求效率是市场经济的根本性目标，经济立法作为市场经济的捍卫者几乎都在协助市场实现"帕累托最优"。因此，虚拟经济作为市场经济的重要组成部分，自然而然也需要确立效率价值。

当然，我们也要正视效率价值的缺陷，前文的阐述已经证实效率并不能解决虚拟经济领域的不平等现象，所以不能一味地追求效率而忽视公平。公平价值是传统法学价值体系的重要组成部分，也是法律所追求的终极目标之一，这在任何法律中都应该有所体现，虚拟经济法律制度也概莫能外，尤其是在矫正和消解当前虚拟经济发展中不公平、不平等现象时可以大有作为。

综上所述，本书试图为虚拟经济立法确立包含安全、秩序、效率、公平的四元价值体系，这也是对既有的价值体系的反思和重构的结果。但是，这一过程并未解决一大重要问题——明确四类价值之间的价值位阶以应对可能的价值冲突。本书以为安全和秩序价值是实现效率和公平价值的前提条件，其应该处于核心位置是毋庸置疑的，而效率和公平是一对需要不断寻求平衡的价值体系。[②] 其中，需要说明的是，在安全和秩序之间需要进一步区分：鉴于安全价值是防止重大危机的出现，这相对于一般意义的秩序更为重要，特别是在开放经济条件下虚拟经济安全更容易受到整个国际市场的影响，安全价值无疑应该是整个立法应该确立的底线价值。所以，本书以为虚拟经济立法应该秉持安全价值为底线，秩序为核心，效率和公平相协调的基本价值体系。

（二）虚拟经济运行安全法律制度的价值导向

根据我们前文的界定，虚拟经济法律制度与虚拟经济运行安全法律制

---

① 参见顾培东.法学与经济学的探索[M].北京：中国人民公安大学出版社，1994:1.

② 关于效率与公平的价值序列素来是一个存在较大分歧的议题，本书无意去一辩究竟，而从虚拟经济的实际来看，两者都十分重要，需要兼顾，所以本书不再详细探讨两者的关系。

度并不是完全等同的,这对于虚拟经济运行安全法律制度的价值选择有着双重影响:①虚拟经济运行安全法律制度与虚拟经济法律制度有着很大的重合性,这决定了虚拟经济运行安全法律制度的价值理念不会超越虚拟经济法律制度价值理念的范围;②虚拟经济运行安全制度强调的是能够控制影响虚拟经济稳定有序运行的关键性制度,这也就决定了虚拟经济运行安全法律的价值选择也会有别于虚拟经济法律制度的价值选择,即不会全部照搬虚拟经济法律制度的价值选择。根据"虚拟经济有限发展法学理论",虚拟经济发展的根本保障使其能够在一个适度的范围内有序地发展,故而安全和秩序是虚拟经济运行安全法律制度的价值追求。相较于前文的四个价值目标,我们认为虚拟经济运行安全法律制度的价值选择应该是以安全为首、秩序为辅,而效率和公平并不是虚拟经济运行安全法律制度的价值追求。

首先,安全是虚拟经济运行安全法律制度的首要价值。虚拟经济运行安全法律制度的内在要义即是保障虚拟经济运行的稳定有序,这原本就是安全价值的一种体现,这也表明安全价值一直深嵌于虚拟经济运行安全法律制度之中。当然,考虑到虚拟经济法律制度与虚拟经济运行安全法律制度并不等同的关系,也决定了安全价值在不同制度间的具体体现是有差异的,特别是宏观调控制度作为虚拟经济运行安全制度的组成部分,更加凸显了安全价值。

其次,秩序价值也是虚拟经济运行安全法律制度的价值选择之一。诚如上文所区分的那般,安全与秩序有着紧密联系,但也存在内在差异,那么在虚拟经济运行安全法律制度中引入秩序价值是否恰当呢? 本书以为是有必要的。安全价值侧重于一种宏观的状态,而秩序更关注微观层面,本研究所关注的虚拟经济运行安全实际上是一种宏观上和整体上的安全,似乎与秩序联系不大,实则不然。现实经验告诉我们,系统性金融风险主要是由微观主体引发的,不是由宏观因素造成的,也就是说虚拟经济运行安全的影响多数始于微观层面的风险问题,这主要需要关注的是一种秩序价值,且其对安全价值影响极大,所以应该也需要引入秩序价值。

虚拟经济运行安全法律制度关注的是虚拟经济运行中的稳定和有序,而虚拟经济法律制度不仅关注虚拟经济的稳定、有序,还需要兼顾效率和公平,这种状态下表明了虚拟经济运行安全制度也不能全然不顾公平和效率价值,尤其是不能因为过于强调安全而忽视效率与公平,但是这不是该项制度的中心所在,多重价值的权衡应该交由虚拟经济法律制度来抉择。

二、虚拟经济运行安全法律制度的功能定位

从本质上来讲,价值与功能应该有着一定的共通性和重合性,在我们将虚拟经济运行安全法律制度的价值目标定位安全与秩序之时,其功能定位似乎也基本成形,考虑到关于这一话题已有部分研究论及,所以也做出一个详细的说明。

此前,有研究者将虚拟经济安全法律保障制度的功能归为规范与约束虚拟经济运行、健全与强化虚拟经济风险管理、提高与增强虚拟经济宏观调控能力、促进和完善我国经济安全保障体系几个方面。[1] 也有研究者认为金融安全网的功能为投资人保护功能、最后贷款人功能、监督或监管功能、干预功能。[2] 这些都是具有一定代表性的观点,但是仔细来看,部分功能或重合或冲突,似乎也没有一个功能的主次之分。根据虚拟经济本身的从属性、投机性、高风险性等特征,"虚拟经济有限发展法学理论"提出虚拟经济必须是一种适度型、约束型发展经济。有鉴于此,本书认为虚拟经济运行安全法律制度的功能应该是以风险管理(具体包括风险识别、风险预防、风险处置)

---

[1] 胡光志,等.中国预防与遏制金融危机对策研究:以虚拟经济安全法律制度建设为视角[M].重庆:重庆大学出版社,2012:134-136.

[2] 史晓琳,吴伯磊,饶云清.中国金融安全网:理论分析与制度设计[M].北京:社会科学文献出版社,2012:4.

为核心来确保虚拟经济能在适度范围内健康发展。

如上所述，虚拟经济运行安全法律制度的价值定位是安全与秩序，这也就决定虚拟经济运行安全法律制度的本体功能必须是风险管理，方才能够为这一价值目标所服务。从经济学的角度出发，任何一种经济行为都有追逐效益最大化的"原始冲动"，因此，效益与安全之间的冲突是包括虚拟经济在内的所有经济运行所难以避免的冲突与矛盾。然而，由于虚拟经济遭遇风险的概率与复杂程度大于实体经济——因为其可以对任何资产进行证券化，只要资产组合足够大，能够使风险分散以及保持一定的同质性，但是，证券化开始从具有相当可预测性和统一性的资产转向更加难以把握和具有独特风险的资产[①]，而且，这些风险大多具有极强的扩散性与关联性，"牵一发而动全身"，不仅危及虚拟经济自身的安全，还可能波及实体经济，因此，风险的识别、防范与控制是虚拟经济运行安全的核心和关键。虚拟经济的风险与虚拟经济的特点密不可分，具有一定的规律性。虚拟经济安全保障法律制度便是根据这些规律，通过事前预防、事中监管、事后化解等基本环节，以及常态化监管与应急式处置相结合的管理模式，并设计与运用相应的安全保障措施，以提高虚拟经济风险管理水平。具体而言，虚拟经济运行安全法律制度的风险管理功能可以细分为风险识别、风险预防、风险处置三部分内容，其中风险识别是基础，风险预防和风险处置一般都以风险识别为基础。当然，风险管理的三个部分在虚拟经济运行安全法律制度也零散分布于事前预防、事中监管、事后化解基本环节之中，其中的具体措施包括市场准入、实时性监管、宏观调控等多种方式。

诚然，虚拟经济运行安全法律制度在风险管理这一本体功能的实现过程中，也产生了规范虚拟经济运行的衍生功能。虚拟经济是资产或资本价值的虚拟定价与交易，既可能大大提高虚拟经济的运行效率，短时间内创造

---

① 高保中.中国资产证券化的制度分析[M].北京：社会科学文献出版社,2005：2-3.

出巨大的物质财富,也不可避免地积聚风险,这些风险实际上不仅仅会影响到虚拟经济的运行安全,也关涉虚拟经济本身的规范运行。而虚拟经济运行安全法律制度在风险管理的过程中已经实质上起到了规范虚拟经济发展的客观效果。

三、虚拟经济运行安全法律制度的体系构成

体系化是法学理论研究中常见的一种方法,虚拟经济运行安全作为一个特别的制度安排,理想的制度体系应该是怎样的呢? 如前所述,本部分所要讨论的是一种理想状态的虚拟经济运行安全法律制度,其目的在于为后文提供一种可供对比的理想模型,故此这一讨论是十分必要的。

(一) 既有的学理划分

正是因为体系化是学理化的一种重要方法,在相关研究中也多有涉及,这实际为我们提供了一个较为全面的参考样本,那么我们首先要将部分代表性的观点做出一个梳理。国内有学者曾将虚拟经济安全保障法律制度划分为虚拟经济安全保障主体法律制度、虚拟经济安全保障管理法律制度、虚拟经济安全应急处置法律制度、虚拟经济市场退出法律制度、虚拟经济安全保障法律责任制度等几个组成部分,[①]这是国内少见的系统而正面讨论这一议题的著述。

正如前文提及的,金融法是目前虚拟经济法的核心,所以从金融法视角出发而讨论的金融安全制度体系也是一个样本参照库,并且还是更为丰富的样本库。张忠军先生较早地关注了金融法的安全观问题,并且提出了由金融监管体制、市场准入监管、金融谨慎监管、金融安全网与危机处理四个

[①] 胡光志,等.中国预防与遏制金融危机对策研究:以虚拟经济安全法律制度建设为视角[M].重庆:重庆大学出版社,2012:153-172.

部分组成的维护金融安全的法律机制，①这实际上也是制度体系的构建。曾筱清、杨益认为金融安全网法律制度是一国由"促金融业协调发展"和"保金融危机协调处理"的全部现行法律规范分类组合为不同金融法子部门组成的有机联系的统一整体，具体指由金融机构准入法、金融机构退出法、金融风险控制法、金融危机处理法等构成的有机联系的整体。② 实际上，关于金融安全网法律制度的相关讨论较多，但对金融安全网法律制度的限定有所差异，这一点在前文讨论虚拟经济运行安全法律制度的概念内涵已经具体说明，此处不再赘述，仅仅归纳与本书所要讨论的"虚拟经济运行安全法律制度"这一主题较为接近的相关著述。除了上文已经述及的观点之外，也有学者从审慎监管、最后贷款人制度、投资者保护制度三个方面来建构金融安全网制度；③还有研究者主张金融安全网应从内部管理和控制制度与外部监管和处置制度两个层次来考量，具体可分为金融安全网内部管理和控制制度、金融安全网外部管理和监控制度、信息披露制度、信用评级制度和整体金融信用体系、金融风险的处置和治理制度；④也有学者认为金融安全网是由审慎监管（事前预防）、最后贷款人制度（事中管理）、存款保险制度（事前救助和帮助问题银行退出市场）构成的一个有效整体。⑤ 当然，也有学者从国家安全的角度审视金融安全的制度保障体系，认为金融监管立法、安全稳健和有序竞争的金融市场法律体系、金融稳定立法是其组成部分。⑥

就实际内容来看，不同学说观点有着一定的重合性，无外乎事前准入制度、事中监管制度、事后危机应对制度几个方面或者相应阶段的具体制度规

① 张忠军.论金融法的安全观[J].中国法学,2003(4):109-117.

② 曾筱清,杨益.金融安全网法律制度研究[M].北京:中国经济出版社,2005:76-77.

③ 史晓琳,吴伯磊,饶云清.中国金融安全网:理论分析与制度设计[M].北京:社会科学文献出版社,2012:4.

④ 艾尚乐.全球化背景下我国金融安全网结构构成与制度设计[J].社会科学家,2013(2):73-77.

⑤ 杨秀云,史武男.我国金融安全网的制度设计与现实选择[J].甘肃社会科学,2017(3):207-212.

⑥ 王伟.国家金融安全法治体系研究:逻辑生成与建构路径[J].经济社会体制比较,2016(4):192-203.

范。但是,我们也容易发现相关的讨论体系性并不强,主要表现为整个体系建构缺乏一个完整的逻辑,甚至可能只是一些制度的内在组合,并不能构成一个规范意义上的虚拟经济运行安全法律制度体系。

(二)本书的新尝试

如上所述,虚拟经济运行安全法律制度是以风险管理为核心内容的,所以这一制度应该遵循风险管理的内在逻辑,这也是本书建构虚拟经济运行安全法律制度体系的基本理据。依照风险管理的现实处理情况,风险识别、风险预防、风险处置是风险管理的三大主体内容,故此,我们也将虚拟经济运行安全法律制度体系划分为虚拟经济运行安全风险识别法律制度、虚拟经济运行安全风险预防法律制度、虚拟经济运行安全风险处置法律制度三个板块。

虚拟经济运行安全风险识别法律制度是指通过法律制度建构起一套能够准确及时地辨识影响虚拟经济运行安全风险的具体机制。风险识别的功能在于通过不同的方法对潜在的风险进行归纳、整理,并以此为基础评估风险的性质和可能的后果,这是整个风险管理的前提。众所周知,虚拟经济本身即是一个高风险行业,如何准确且及时地识别其中的风险不仅仅是虚拟经济运行安全法律制度的要求,也是整个虚拟经济法律制度所需。然而,虚拟经济的风险具有偶然性、不确定性以及可转化性,这也就决定了没有一成不变的风险识别机制。因此,在这种条件下,虚拟经济运行安全的风险识别应该依赖于多种主体的合作协力:首先,虚拟经济运行安全风险识别法律制度应该授权不同主体相应的权限以解决主体合法性问题,这是法治的基本要求之一,其中可授权的主体包括政府机构、司法机构以及相应的行业自治机构;其次,通过虚拟经济运行安全风险识别法律制度建立一套基本的风险识别方案,诸如宏观风险和微观风险识别的具体安排,同时需要根据虚拟经济风险的特性赋予不同的风险识别主体较大的自主权;再次,不同机构会因为自身的能力范围和主体优势而在风险识别具有一定的差异,这也会影响到风险识别的准确性。虚拟经济运行安全风险识别法律制度还应建立相应的信息共享平台和统合机构。

虚拟经济运行安全风险预防法律制度是依照潜在风险的预估而采取一定的措施规避风险的制度规范。因为虚拟经济风险的高传导性和破坏性,其风险冲击的影响是巨大的,所以惯常做法是将其"扼杀在摇篮之中"。具体而言,虚拟经济的安全风险预防可以分为内部控制和外部控制两个部分:内部是相关风险产生的经营主体所采取的风险预防举措,外部控制是政府、自治性机构通过监督管理以预防风险,所以在法律制度层面更侧重于外部控制。根据潜在风险的不同,风险预防的具体举措也会相机调整,通常市场准入制度、预防违约制度都是常见的制度安排。

虚拟经济运行安全风险处置法律制度是在出现区域性或全国性的虚拟经济安全事件,可能或已经严重损害投资者利益,并危及市场稳定与经济发展时,为防止风险进一步蔓延,最大限度地减少危害和损失,维护社会稳定而进行的特别制度设计。从理论和实践来看,相关风险爆发是不可避免的,这是因为:第一,人的理性是有限的,而虚拟经济的风险又是复杂多变的,虚拟经济的风险识别与预估不可能是绝对周延的;第二,风险预防也有失灵的时候,因为风险预防的核心力量乃是政府主导,而政府会失灵乃是当下的共识和现实,所以即使有再好的风险预防体系,风险还是可能会爆发。如前所述,虚拟经济风险爆发的危害性是较大的,为了降低这种风险,建立一套完善的风险处置制度是必不可少的。普遍而言,国家救助和市场退出是当前应用广泛的处置制度。

当然,除了虚拟经济运行安全风险识别法律制度、虚拟经济运行安全风险预防法律制度、虚拟经济运行安全风险处置法律制度三个紧紧围绕风险管理的板块,在制度的体系构成中应该还有一个统领性的制度安排,即需要一个基础性的制度性安排。纵观国外的相关立法,这也是一种普遍的做法,本书以德国为例展开阐述。早前德国就出台了《德国经济稳定和增长促进法》,在 2008 年的全球金融危机之后又有《金融市场稳定法》以及 2009 年的《金融市场稳定补充法》面世,从中可以发现,无论是整个经济安全的层面还是金融安全层面,都有专门性的立法能够统领全局。之所以如此考量,实际是因为我们所划分的三个板块在具体的制度文本层面是混合的,并不能简单地进行理论切割,加上部分制度工具的功能是双重或者多重的,整个制度体系在没有法典化的背景下必然是由多个制度文本组成,在零散的文本中有一个统领性的制度统领全局是有必要的。

第三节　虚拟经济运行安全法律制度的微观构造

根据前文关于"虚拟经济运行安全法律制度"的界定,其内涵既包括宏观层面的虚拟经济整体性安全,也囊括了微观层面的虚拟经济行业性安全,鉴于这种差异导致了安全的具体指向差异,所依赖的制度安排必然会有所不同。依照风险管理的基本逻辑,风险识别、风险预防、风险处置是应然的组成部分,但实际上在不同的风险时会有一定的差异,所以单纯从风险识别、风险预防、风险处置三个方面去建构"虚拟经济运行安全法律制度"是不现实的。我们知道,系统性金融风险是宏观安全的最大威胁,而系统性金融风险主要是由微观主体引发的,不是由宏观因素造成的,微观因素会造成系统性金融风险,这也表明相关风险可以分为系统性风险和微观风险,但微观风险有着行业风险和区域性风险的进一步区分,这三类风险的差异较为明显,我们将以此为依据讨论风险防控的具体制度设计。

一、系统性风险控制的法律制度

随着虚拟经济的发展和壮大,不同金融行业之间的联系更加紧密,金融机构权益之间的联动关系不断增强,所以一旦某一个重要的金融机构出现风险问题,权益损失很可能会在金融机构之间迅速扩散,进而威胁整个金融体系的稳定。[①] 可见,这种风险不再是传统意义上的个体风险,而是一种"牵一发而动全身"的系统性风险,并可能会引发金融危机,2008 年的全球金融危机即使如此。故此,系统性风险成为影响虚拟经济运行安全的首个安定因素,防控系统性风险对虚拟经济运行安全具有重要意义。

（一）系统性风险的基本解析

既然系统性风险的影响如此之大,对整个虚拟经济运行安全乃至于经济安全都至关重要,那么,系统性风险到底所谓何物呢? 实际上,早期的系统性风险主要是与货币危机或者银行挤兑相关联的,其概念外延的扩大与整个虚拟经济发展和金融危机(尤其是 2008 年的全球金融危机)有关,我们可以从美联储对其界定的差别感知一二:美联储在 2001 年将"系统性风险"出现的情形界定为"如果一家支付系统中的金融机构不能对债务进行清算,或者清算失败导致其债权人无法清算其债务,进而发生严重的不良后果,影响到支付系统中其他金融机构并扩散到整个金融体系";而在 2009 年时美联储主席认为"系统性风险不只是一个或者两个机构的风险问题,而是威胁整个金融体系的稳定,从而广泛影响实体经济的风险";两种解释可以发现对风险范围的限定有着明显不同。实际上,这种变化是 2008 年全球金融危机之后的普遍反应,比如欧洲央行在 2009 年也认为"系统性风险使金融体系极度脆弱,金融不稳定大范围发生,导致金融体系运行困难,从而经济增长遭受巨大损失的风险"。此外,二十国集团财长和央行报告、国际货币基

---

① 　白雪梅,石大龙.中国金融体系的系统性风险度量[J].国际金融研究,2014(6):75-85.

金组织也都有着较为类似的界定。①

　　虽然近年来关于"系统性风险"的概念限定不再限于银行业，然而众多机构的新解释并不是特别明晰，以至于我们不能较为准确地理解这一概念。本书发现有国内学者已经解决这一问题，认为金融系统性风险是一种破坏金融体系稳定性、使众多金融机构甚至是整个金融系统崩溃的风险，它可以引发金融危机并对实体经济造成巨大损失，其起因可以是：①宏观冲击或者特定冲击；②金融体系内部子系统之间的传染；③第三方风险的间接暴露。②从这一界定，我们能够明确感知到系统性风险的缘起和危害，这是有助于防控系统性风险的，所以本书将沿用这一概念界定。当然，就具体的起因而言，后两种实际上是微观层面的风险转化而来，根据本书的行文安排，这一部分将在下文中分别讨论。

（二）系统性风险控制的制度安排

　　风险管控很大程度上是一个技术性话题，风险管控的技术无疑是重要的，但是在现代法治语境之下，政府作为风险管控的核心主体，必须得到法律的授权。这一点是被金融监管的相关著述认可的，授权被认为是影响金融监管有效性的基本要素，③所以法律制度的安排是风险管控的重要内容，这也是 2008 年以后诸多国家在防范和应对金融危机的普遍做法。前文提及的德国即是如此。在美国的立法中，这同样也是成立的，在 2008 年的金

---

①　二十国集团财长和央行行长报告将系统性风险定义为"可能对实体经济造成严重负面影响的金融服务流程受损或破坏的风险"，具体参见白情.宏观审慎政策工具和框架——向二十国集团财长和央行行长提供的最新报告[J].金融会计,2011(5):59-66;国际货币基金组织认为，系统性风险是"金融体系部分或全部遭受损失时所导致的大范围金融服务中断并给实体经济造成严重影响的风险"，具体可参见国际货币基金组织(IMF):《宏观审慎政策——一个组织框架(二)》[EB/OL].中国社会科学网.访问日期:2020 年 12 月 29 日。

②　孙晓云.系统性风险管理和国际金融监管体系改革[M].上海人民出版社,2014:30-31.

③　乔安妮·凯勒曼,雅各布·德汗,费姆克·德弗里斯.21 世纪金融监管[M].张晓朴,译.北京:中信出版社,2016:244.

融危机爆发之时,《紧急经济稳定法案》应运而生,危机后的《多德-弗兰克华尔街改革和消费者保护法》在此基础上进行了修正和完善,其中第一部分还是"金融稳定法"。因此,本部分将从制度视角讨论法律可以为系统性风险控制做什么?

1.虚拟经济适度发展制度

如前文所述,我们认为虚拟经济应该以实体经济为基础并为实体经济服务,这也是防范虚拟经济风险的根本所在。这一点也得到了相关金融学研究的支持,有学者认为"金融和实体经济是共生共荣的关系,服务实体经济是金融立业之本,也是防范金融风险的根本举措"。① 故此,为了保障虚拟经济在一个适度的规模里发展,我们应该建立一套制度框架。

具体而言,国家应当根据市场运行的实际情况和发展趋势,适时地制定一些产业政策,或者利用经济杠杆,以控制虚拟经济的市场规模,引导虚拟经济的发展方向,使之能与实体经济的发展相协调。当然,强调发展实体经济并不是简单地打压虚拟经济,而是要处理好二者之间的关系,把握住实体经济的基础性地位,防止虚拟经济脱离实体经济过度扩张。所以,最好的方式是通过法治化的宏观调控来引导和控制虚拟经济的发展。但是,需要注意的是,国家的干预权也有被滥用的危险,需要法律对国家干预虚拟经济的权力范围进行限制,规定国家干预的方式和程序,强化干预者的责任等,这些都需要法治的手段来保障。简而言之,我们需要建立完善的宏观调控法律制度保障虚拟经济的适度发展,但同时也需要这一制度防范宏观调控本身的异化。

2.系统性风险识别与预警制度

现实的经验告诉我们,系统性风险的破坏力是极其强大的,对整个国家

---

① 刘梅.我国系统性金融风险:防范思路与政策框架[J].西南民族大学学报(人文社科版),2018,39(10):116-121.

经济乃至于全球经济的影响都极为深远,因此,尽量将风险"扼杀在摇篮之中"就非常重要,而其依赖的工具主要便是系统性风险的识别与预警。以法律视角观之,我们应该建立虚拟经济市场异常情况监测及风险预警制度,通过构建全面而系统的预警指标体系严密监视虚拟经济市场交易的变化及走向,以随时发现交易中的异常变化,如果有发生市场危机的可能,要立即发出警告,并采取相应的应对措施。

从具体的风险防控来看,系统性风险预警体系主要包括系统性风险的识别指标体系、风险预警指标体系和风险预警模型,[①]不少的机构或者经济学者都曾提出过相应的预警性指标,譬如国际货币基金组织的金融脆弱性预警指标体系、卡明斯基的预警方法、刘遵义的预警指标体系、离散预警模型、连续预警模型。对此,有学者指出任何工具都还不具有足够的可信度以预测导致金融危机的冲击并评估冲击的影响,[②]如何尽可能科学有效地预警系统性风险仍然是一个待解之谜。因此,回归到法律制度上来,通过制度建构的法治框架可以督促政府尽可能去选用最合适的预警指标。就规范意义而言,法律制度应该对系统性风险的识别与预警做出具体安排,谁来承担这一责任,如何保障其落实责任都是制度设计的要点内容。譬如,美国就专门设置了一个金融稳定监督委员会作为监管中枢机构以应对系统风险监管不力、各方监管缺乏协调等监管问题。当然,随着虚拟经济的蓬勃发展,其体量和规范越发巨大,对于相应的监测与观察提出了较大的挑战性要求,这就需要法律制度来架构一套能够覆盖整个虚拟经济的监测体系,以保障决策的精准性。对此,有学者提出风险分析监测机制主要内容包括对系统性金融风险的综合分析制度、系统性金融风险的统计监测体系、系统性金融风险的专项调研制度、系统性金融风险的检查机制、监管部门之间的信息共享机

---

① 赖娟.我国金融系统性风险及其防范研究[D].南昌:江西财经大学,2011:112.
② 孙晓云.系统性风险管理和国际金融监管体系改革[M].上海:上海人民出版社,2014:83.

制几个部分，①本书也认为这些信息监测对系统性风险的识别与预警是极为关键的。

3.系统性风险处置与应对制度

如上所述，虚拟经济的系统性风险是世界各国都非常忌惮的。同时虚拟经济的发展又是复杂多变的，风险防控机制也不会固若金汤，系统性风险爆发在某种程度上是不可避免的，所以"与防范相比较而言，风险干预手段更为重要和紧迫"②。国家对经济的干预并不是肆意而为，而应该在法治框架下展开，故有必要建立系统性风险处置与应对制度，其目的在于能够尽可能地将系统性风险的破坏性降到最低。

历史经验告诉我们，再完美的防控体系也有失灵的时刻，金融危机就是最好的明证，所以采用一套尽可能遏制或者降低风险的制度是一种较为普遍的选择。美国在此方面即是一个例证：2008年的次贷危机爆发之后，传统的立法难以奏效，美国国会出台了以"问题资产救助计划"为核心的《紧急经济稳定法案》（EESA），其核心内容就是紧急处置系统性金融风险，并有研究者认为该制度对遏制系统性金融风险的进一步恶化意义重大。③　值得一提的是，该法案在运行中也暴露出了很多问题，危机后的《多德-弗兰克华尔街改革和消费者保护法》对此进行了回应和修正。

从上述美国经验可以发现，金融危机的处置是需要以大量资金注入的方式来"救市"，这一点也被很多学者所认同。从本质上来讲，金融危机应对基金是政府引导基金，是由政府出资，并吸引有关地方政府部门、金融、投资机构和社会资本，以股权或债权等方式投资，以支持企业发展或克服特定经济情势的政策性工具。正是因为此，有学者主张建立金融危机应对基金制

---

① 黎四奇.对我国金融危机预警法律制度构建的思考[J].甘肃政法学院学报,2010(1):79-85.

② 刘莉亚,梁琪.系统性风险的防范与化解[J].经济学动态,2019(6):83-91.

③ 李秦.美国 EESA 法案系统性金融风险处置的反思与启示[J].金融发展研究,2019(8):46-52.

度,即通过事前的制度设计保障有足够的资金来克服金融危机,具体包括资金来源、基金运行、基金监管等内容。① 这一主张实际上契合了系统性风险处置与应对的关键所在,结合美国的立法经验,一个理想的制度设计应该包括救助制度、处置方案、权力制约和利益平衡几个方面。当然,不得不承认的是,在历次金融危机的处置过程中,宏观调控是一直被使用的政策工具,这对整个市场的稳定有着重要影响,其在系统性风险处置与应对制度中是必不可少的。

4.系统重要性金融机构制度

在早期的金融领域,银行业占据了举足轻重的地位,并且是大银行占据着优势,实体经济对银行业的依赖程度较高,为了防止银行倒闭带来的负面影响,通过最后贷款人制度逐步确立一套国家救助大银行的模式,形成了"太大而不能倒"问题,其关注点主要在于系统性重要银行,所以也有"系统性重要银行制度"之称。但2008年全球金融危机的爆发告诉我们,除了银行业之外的其他金融机构也会引发灾难性的后果,理论和实务界都开始注意到这一问题,"系统重要性金融机构"成为一个重要概念,开始构建系统重要性金融机构制度。根据金融稳定理事会(FSB)的定义,系统重要性金融机构是指"由于规模、复杂度和系统关联性,其发生危机或无序倒闭将会对更广范围的金融体系和经济活动造成严重干扰的金融机构",从这一界定可知系统重要性金融机构在系统性风险防控的独特地位。

实际上,"太大而不能倒"不仅扰乱了正常的市场竞争秩序,而且其收益私人化与损失社会化的反差也助长和放大了道德风险,并为系统性金融风险的不定期性爆发埋下了伏笔。② 以上也表明不能简单地对待系统重要性金融机构。虽然,系统重要性金融机构制度是贯穿于整个系统性风险防控

---

① 关于金融危机应对基金制度的具体阐述具体可以参见胡光志,等.中国预防与遏制金融危机对策研究[M].重庆大学出版社,2012:188-190.

② 黎四奇.后危机时代"太大而不能倒"金融机构监管法律问题研究[J].中国法学,2012(5):87-102.

之中的,甚至也逐步成为一个最为重要的部分,但是这并不意味着系统重要性金融机构制度等同于系统性风险控制制度。我们可以从两个方面来理解:一是系统性风险防控中的风险识别和预警制度以及风险处置和应对制度都可能与系统重要性金融机构制度有重合之处;二是系统重要性金融机构对系统性风险的影响十分关键,但不是只有这一部分可以引发系统性风险。鉴于此种复杂的关系,我们将多种制度融合到一起是为了更好地呈现一个理想的系统性风险防控体系应该是怎样的。

从当前较为普遍的制度安排来看,系统重要性金融机构制度一般包括明确监管主体及其权限、建立科学有效的识别体系、提高系统重要性金融机构损失吸收能力、建立有效处置机制、加强跨境合作几个部分。在法治语境下,监管机构应该获得足够充分的授权是保障监管有效性的前提性条件之一,而在传统的制度设计中,系统重要性金融机构受到的关注不足,缺乏相应的监管主体和职责划分。自2008年的次贷危机以来,较为普遍的做法是确立一个或多个主体担负起监管系统重要性金融机构职责,并授权其具有充分的监管手段和工具,当然,这种制度本身与整个系统性风险制度是融合在一起的。就系统重要性金融机构的识别而言,当前通行的方法主要有指标法和模型法两种:指标法主要是由金融稳定理事会、巴塞尔委员会(BCSC)等国际金融组织所倡导,具体从规模性、关联性、复杂性以及不可替代性四个方面针对银行、证券机构、保险机构制定系统重要性的相应识别指标体系,[1]并在监管实践中有所体现。模型法主要是利用金融市场的高频数据,通过衡量单个金融机构的个体风险对系统性风险的贡献度来衡量其系统重要性的高低,[2]当前主要由部分学者所主张。正是考量到系统重要性金

---

[1]　需要说明的是,系统重要性金融机构有着全球性系统重要性金融机构和国家或者区域系统重要性金融机构的区分,国际金融组织多致力于前者指标的构建,而不同国家和地区会根据自身情况划定相应的指标。

[2]　杨长岩,赖永文,郑境辉,等.系统重要性金融机构的识别及其监管研究——基于国际经验的分析[J].福建金融,2016(8):4-11.

融机构对整个虚拟经济的巨大影响力,事先提高其损失吸收能力是一种预防性的制度设定,主要是通过资本要求、风险隔离、流动性要求等方面的量化设定实现。系统重要性金融机构的有效处置包括有效处置制度和工具、跨境处置协调机制、恢复与处置计划、可处置性评估安排、完善存款保险制度、处置基金制度等具体的内容,其中部分是针对传统系统性风险处置制度的延续和整合,比如存款保险制度、处置基金制度前文已有阐述,而恢复与处置计划[又被称为"生前遗嘱"(Living Wills)]是一项专门化的制度设计,具体是指监管当局和金融机构为了保证机构发生危机时能够有充足的准备和计划,采取市场化处置的方式,实现危机机构的有效处置。[①] 随着金融市场的全球化,系统重要性金融机构"牵一发而动全身"的影响力已是显而易见,所以注重跨境合作也是近年来颇受重视的焦点之一,尤其是相关国家的信息共享机制对系统重要性金融机构的风险预防和风险处置极为重要。

二、行业性风险控制的法律制度

自金融危机爆发以来,各国都不断重视本国对审慎监管的理解,不仅从宏观审慎监管角度加强国家对金融市场整体性风险的把控,也从微观审慎监管角度强调了金融机构的规范化运营。具体来看,微观审慎监管有着一定的行业性特征,传统上将金融市场划分为银行业、证券业、保险业等不同的行业,尤其是银行业和证券业两大行业各自存在着较为显著的行业特性,即使在不再强调分业监管的金融监管体制之下,依然有着差异化的制度安排,故此,我们依照传统的行业类型构建行业性风险控制的法律制度。需要强调的是,根据课题组对虚拟经济的理解,我们认为虚拟经济中最具有典型性的行业是银行业、证券业和期货业,因此,下面将重点讨论以上三个行业。

---

① 具体可参见郭金良.系统重要性金融机构危机市场化处置法律制度研究[D].沈阳:辽宁大学,2014:77.

（一）银行业风险控制的法律制度

实际上，银行业在整个金融市场上无论是资产规模还是与社会的关联度都处于一个相对优势地位，所以银行业的风险控制长期以来一直被视为是最为重要和关键的，甚至早期的系统性风险体系也是以银行业为中心所构建的，譬如存款保险制度。具体来看，银行业作为一种高负债的资本行业，其风险监管也是以资本监管为核心的。

当然，银行业风险监管框架的建立与巴塞尔委员会有着莫大的关系，巴塞尔委员会自成立以来一直在致力于推行良好的国际银行业监管标准，提高全球银行体系稳健性，促进国际银行市场公平竞争，维护全球金融稳定，相继出台了资本、杠杆率、流动性等一系列监管规则，更加注重动态宏观审慎监管，更加注重国际监管标准的有效执行，其基本演变可以归纳为以下三个阶段：1988年的"巴塞尔协议Ⅰ"（即《关于统一资本计量和资本标准的国际协议》）为了覆盖银行业的信用风险从资本定义、风险加权资产、资本充足率8%的最低监管要求三个方面入手；2006年出台的"巴塞尔协议Ⅱ"完善了银行业风险控制的制度内容，从资本充足率监管要求、监管当局监督检查和信息披露三个方面完善资本监管，增加市场风险和操作风险资本要求来拓宽银行资本的风险覆盖范围，引入内部模型计量信用风险、市场风险和操作风险以提升风险计量敏感性；2010年的"巴塞尔协议Ⅲ"从逆周期和系统重要性机构两个维度提升资本要求，引入杠杆率和流动性指标强化资本监管。鉴于巴塞尔委员会在银行业风险控制方面的专业性和权威性，其构建的制度体系为各国的银行法律制度所吸纳，具体内容主要围绕资本充足率、流动性、风险集中度、贷款损失准备金几个方面。此外，银行业危机处理制度作为特别的风险处置方案也是银行业风险控制法律制度的组成部分，最后贷款人制度和存款保险制度具体构成了这一制度。

然而，理论上总是倾向于将银行业法律制度依照机构类型进行细分，形成了中央银行法律制度、商业银行法律制度、政策性银行法律制度以及外资银行法律制度等几个部分,显而易见,不同制度所指向的银行机构是有着明显区分的,不同机构本身的功能差异也决定了相关的制度设计应该区别对待。

(二)证券业风险控制的法律制度

虽然银行业一直占据了最为重要的位置,但证券业在不断发展壮大后对整个金融市场的影响力越发凸显,比如墨西哥金融危机和东南亚金融危机都是始发于证券市场,此种情况下证券业风险控制已成为一个不能忽视的制度问题。

通常而言,证券业的风险控制依赖于证券监管,即包括政府监管、行业监管以及司法裁判。证券监管指向参与证券市场活动的各法人和自然人主体,涵盖参与证券市场运行的所有主体。具体而言,以各证券市场主体之地位与角色区分为标准,证券监管对象大致可分为四类:①上市对象(即筹资者),包括以股票、债券、基金等证券形式挂牌上市的各类市场主体;②交易对象(即投资者),包括所有参与证券买卖的市场主体;③中介对象,包括媒介证券发行与交易等各类活动,提供各类中介服务的上述金融机构、咨询机构、市场服务机构等;④自我管理对象,主要指证券集中交易场所。因此,依照监管对象的不同可以建立相应的监管体系,然而问题是证券市场运行依赖于多个主体的联动和协同,单纯地用静态的视角来看待证券监管难以窥得全貌。所以,证券监管通常根据证券活动中的运行机制和关键要素展开,具体包括发行上市制度、证券交易制度、信息披露制度、危机预警与防治制度等内容。

(三)期货业风险控制的法律制度

期货是建立在一个指向未来的某一时候交收实货的标准化合约而建立起来的专门买卖标准化合约的投资理财工具,时至今日,已经成为市场经济中的重要组成部分。曾获诺贝尔经济学奖的美国著名经济学家默顿·米勒说过，"真正的市场经济是不能缺少期货市场的经济体系"。没有期货市场的市场经济，不是健全完善的市场经济。期货业在整个金融市场的占比和影响力一直相对弱势，其在传统的金融风险防控特别是宏观层面的风险防控中得到的关注较为有限。但是，2008 年全球金融危机的爆发使各国重新审视了期货监管的内容和范围，危机的发展速度和涉及范围都超出了人们的预期，从而引发了人们对保险监管问题的重新思考，尤其是其中的金融衍生品市场。

风险控制的核心是有效的风险管理，根据期货业的特性，通常期货业的风险管理实现需要四个条件：市场制度的稳定性、市场交易的公正性、市场运作的规范性、投资者合法权益的保障性。四个条件的形成和确立，首先取决于风险处理的能力。如果市场本身缺乏风险管理体系，显然谈不上市场的稳定性，市场不稳定，就难以正常有序地运作，市场公正性也必然会受到影响，更保障不了投资者的合法权益，市场就会风险不断，失去可持续发展的动力和保障。因此，期货业风险管理的关键在于市场制度，也可称之为期货业风险控制的法律制度。以金融衍生品为代表的期货是风险对冲或转移的有效工具，但同时也具有高风险的特质，所以通常的制度设计会重点关注交易主体、交易品种、交易行为等方面，进而也形成了以期货交易主体制度、期货品种上市制度、期货交易行为制度为核心的期货业风险控制的法律制度。

三、区域性风险控制的法律制度

区域性风险是中观层次的金融风险，是在某个区域范围内的整体金融体系面临的风险，[①]但也有研究将国家或独立经济区的金融风险视为区域性

---

① 瞿小丰.防范和化解区域金融风险的对策建议[J].中国集体经济,2019(23):95-97.

风险,本书以为这是一种扩大解释,如此划分无法与前文讨论的系统性风险有所区分。鉴于金融系统的内在关联性,区域性金融风险如果不能得到及时遏制,就可能发生多米诺骨牌效应,迅速转移、传染和扩散,进而演变成系统性金融风险。① 由此可见,区域性风险对整个虚拟经济的运行安全有着重要影响,虚拟经济运行安全法律制度应该对此有所关注、回应。

无论是银行业还是证券业均是一种全国性的市场,区域性风险所指多半并不是前述的传统金融行业,而是以地方债务违约、影子银行为代表的金融业态,比如温州 2011 年爆发的民间借贷危机即是一例。实际上,金融行业是一种稀缺资源,地方政府对金融活动的干预是诱发区域金融风险的重要原因,这在不同地区因政府干预的力度不同会有所差异。因为区域性风险在不同地区的表现、成因有着很强的地方性,对此也尚未形成一套具有普适性的制度安排,相关的风险控制尚处于探索阶段,故本书对此不再过多展开。

---

① 相关阐述可参见马守荣,许涤龙.区域金融风险对宏观金融的危害与对策研究[J].调研世界,2014 (3):53-56;何德旭.注重防范区域金融风险[J].中国金融,2015(5):44-45.

第二章 评估的框架：

立法后评估的基本架构

立法后评估是展开本研究所依据的关键性技术路径，然而关于这一技术的理论著述和现实实践都尚未形成统一的共识，故在展开具体的评估之前，有必要对立法后评估技术的相关内容做一个简要的梳理。

第一节 何谓立法后评估

立法后评估虽然是贯穿于本书的核心概念，但这一概念在当下并不常见，因此有必要对立法后评估本身做出解释。

一、立法后评估的概念释义

立法评估实践起源于20世纪30年代的罗斯福新政时期，社会学家史蒂芬用实验设计方法评估了当时的"新社会计划"，自此，立法评估开始成为法律制度研究的一个新视角，随着立法评估的发展衍生出了立法前评估和立法后评估两种模式，但是关于立法评估的概念使用存在一定的差别，因此有必要进行一个厘清和说明。

（一）立法后评估的概念演变

立法评估虽是起源于美国，但国外并不存在立法评估乃至立法后评估这样的概念，多是称为规制评估，并在不同国家和地区有不同的称谓，比如在欧盟委员会和英国多被称为影响评估制度（Impact Assessment，IA），而在美国等国家被称为规制影响分析制度（Regulatory Impact Analysis，RIA），在韩国等国家则被称为规制影响评估制度（Regulatory Impact Assessment，RIA）。虽然，在国外的实践与理论中对此尚未有一个明确的界定，但其内涵都是大同小异的，都是针对规制的影响进行评估。从国外的发展来看，规制评估并没有在概念上对立法前与立法后评估进行区分，而是将前评估和后评估结合起来，是一个综合性的概念。

由于改善法律对经济的监管（regulation）是西方规制评估的核心，而经济监管又多通过行政立法进行，所以行政立法评估是其重点。[①] 对此，国内很多学者就引入了"行政立法评估"这一概念来对应国外的规制评估。[②] 但是，西方的规制评估并不仅仅限于行政立法，也包括议会立法，所以国内也有"立法评估"或"立法评价"之说，[③]应该说这一概念更对应国外的规制评估。当然，根据评估对象的区别，也出现了"地方立法评估""地方行政立法评估"等概念。并且，根据立法评估的时间差异分为立法前评估和立法后评估两种，这主要是对法律制度是否实施的一个区分，但研究者更多关注立法后评估。立法后评估比较关注法律制度的实施问题，也有"法律绩效评估"或"立法效果评估"之称。我国对立法后评估相关概念的使用与其评估对象有着较大关系，但是内涵上也是较为一致的，比较侧重于法律制度的文本质量和实施效果的评价和评估。

（二）立法后评估的概念语义

从既有的研究来看，立法后评估的研究较多，但对此概念界定也存在较

① 刘作翔,冉井富.立法后评估的理论与实践[M].北京:社会科学文献出版社,2013:157.

② 郑宁.行政立法评估制度研究[M].北京:中国政法大学出版社,2013:1-329.

③ 周旺生教授就提出这一概念,参见周旺生,张建华.立法技术手册[M].北京:中国法制出版社,1999:512.

大的差别,比较经典的界定可以参照周旺生教授的界定,他认为"立法评价是指法律实施一定时间后对法律的功能作用、实施效果的评论估价和在此基础上对整个立法质量、价值的评论估价"。① 当然,也有更多研究将这一概念的界定从时间、主体、对象、目的等多个方面进行概念阐述。② 虽然学者对概念的描述或繁或简,但是内涵本质上是一致的,本书无力对此进行过多区分,更倾向于将这一概念简单描述。鉴于其评估对象的差别较大,本书也希望找到一个更为统一的称谓,立法后评估可以涵盖当前的种种不同情况。

对此,本书认为立法后评估是指对一个法律制度或制度体系的文本质量和实施效果进行全面评估的一种方法,这一制度既包括立法机关所制定的法律,也包括行政机关根据法律出台的行政性立法。这里需要注意特别说明行政立法的内涵,即"行政主体依照法定权限制定行政法规、规章及规范性文件的活动及结果"。③ 所以,立法后评估是一个学理概念,并非仅仅指立法上所认可的立法的评估,也包括行政立法。当然,下文在讨论立法后评估的对象时还会对此进行阐述。

二、立法后评估的发展现状

(一)国外关于立法评估的发展现状

立法评估虽然起源于美国的罗斯福新政时期,但真正成熟始于20世纪70年代兴起的规制改革(Regulatory Reform)。规制改革是对"监管措施"或"规章"(regulations)进行的"规制分析"(regulatory analysis),并且对这些规

① 这两个概念较早的使用者是李启家教授和周旺生教授,分别参见李启家.中国环境立法评估:可持续发展与创新[J].中国人口·资源与环境,2001(1):25-26;周旺生,张建华.立法技术手册[J].中国法制出版社,1999:512.
② 相关典型概念可见参考汪全胜.立法后评估概念阐释[J].重庆工学院学报(社会科学版)[J].2008,22(6):11-14;丁贤,张明君.立法后评估理论与实践初论[J].政治与法律,2008(1):131-137.
③ 应松年.行政行为法:中国行政法制建设的理论与实践[M].北京:人民出版社,1993:40.

制措施或规章可能对经济和社会带来的影响进行"规制影响评估"(regulatory impact assessment)。时至今日,提升规制质量(improve regulatory quality)和规制治理(regulatory governance)已经成为这一运动的主要目标和重点,①也有学者认为欧盟规制改革由减少规制(less regulation)向更好的规制(better regulation)方向转变。②

随着规制改革的发展,西方国家初步将其制度化。《灵活规制法》(RFA)在20世纪80年代的美国诞生,随后的90年代曾试图制定系统性的《改善监管法》;而在欧洲,出现了一系列的规制指南,如英国的《制定好的政策:规制影响评估指南》(2000年)、德国的《立法效果评估手册》(2001年)、欧盟的《影响评估指南》(自2002年开始不断更新)。当然,规制改革中不得不提到经济合作发展组织(OECD)至关重要的作用:1997年,该组织授权设立了规制改革项目,主要侧重评估其成员国的规制改革情况;2002年发布了对整个规制评估影响巨大的《为规制影响分析建立组织框架:政策制定者指南》,该指南对监管影响分析的概念、方法和利用作出了系统的介绍。有学者统计,已有49个国家及国际组织建立了规制影响评估制度,其中绝大部分为OECD成员国。③ 经过多年的发展,规制评估(即立法评估)在现代法治国家已经非常成熟,并建立了完善的体系。

近年来,OECD国家的规制评估越来越成熟,受到了众多研究者的青睐,其实践案例为相关理论与实践研究提供了大量的材料,并且也专门建立了网站数据库提供相关材料和规范文本。④ 正是基于其发展的完善,立法后评估已经成为世界共识。

---

① 郑宁.我国行政立法评估制度的背景与价值探析[J].行政法学研究,2010(4):127-132.
② KIRKPATRICK C,PARKER D,ZHANG Y F.Regulatory impact assessment in developing and transition economies:A survey of current practice[J].Public Money & Management,2004,24(5):291-296.
③ 郑宁.行政立法评估制度研究[M].北京:中国政法大学出版社,2013:61-62.
④ 具体数据库可参见OECD ilibrary。

(二)国内关于立法评估的发展现状

自 2004 年国务院颁布《全面推进依法行政实施纲要》以来,规制影响评估制度也逐步在我国得到了积极探索。[①] 虽然立法后评估在我国起步较晚,我国也逐步开启了立法评估的制度化进程,早在 2008 年,国务院法制办拟出台统一的《关于行政法规、规章立法后评估的指导意见》,随后的《广东省政府规章立法后评估规定》(2008 年粤府令第 127 号)和《国土资源部规章和规范性文件后评估办法》(2010 年国土资源部令第 47 号)是我国较早的专门性立法后评估制度文件,中央政府各部委、地方人大、地方政府也都积极建立了相应的立法后评估制度,其中涉及行政法规、地方立法、政府规章和规范性文件等内容,极具代表性的主要包括上海、苏州等地。《中华人民共和国立法法》(以下简称《立法法》)在 2015 年修正后也明确了立法后评估,[②]这使得我国的立法后评估有了法律依据。

因为有了相关的制度文本,故而从中央到地方都开始了相应的立法后评估实践。全国人大常委会法制工作委员会在 2011 年、2012 年对《中华人民共和国科学技术进步法》《中华人民共和国农业机械化促进法》《中华人民共和国残疾人保障法》《中华人民共和国中小企业促进法》等几部法律开展了立法后评估,[③]农业部对《中华人民共和国动物检疫管理办法》《中华人民共和国动物防疫条件审查办法》开展了立法后评估,很多地方更是在积极推进立法后评估的实践工作,苏州、无锡、杭州、宁波更是这方面的典范,[④]着

---

① 钱鹤群.欧盟规制影响评估制度及其对我国规制改革的启示[J].学习与探索,2019(2):93-100.

② 具体体现在《立法法》第六十三条,即"全国人民代表大会有关的专门委员会、常务委员会工作机构可以组织对有关法律或者法律中有关规定进行立法后评估。评估情况应当向常务委员会报告"。

③ 对此,有研究者发现:《立法法》修正之前,没有立法后评估的制度设计,但却有立法后评估的实践;《立法法》修订之后,没有立法后评估的实践,但却有立法后评估的制度设计。具体参见郑文睿.《立法后评估的体系化思考:解构与重构》.江汉论坛,2019(8):131-137.

④ 有关苏州的立法后评估情况可参见章志远.地方政府规章立法后评估实证研究[J].中国法律评论,2017(4):40-46.

力将相关的立法后评估报告公布在政府网站上,以上皆表明立法后评估在我国已经逐步落地生根。

此外,我国已有很多的研究机构和学术团队作为第三方机构参与到立法后评估中来,也出台了很多相应的立法后评估报告,诸如《〈天津市建设工程质量管理条例〉立法后评估报告》,专业性研究团队的介入大大推动了我国的立法后评估进程。

第二节　立法后评估的构成要素

立法后评估是一种研究法律制度质量的方法,所以该方法本身包含了一系列的相关内容,主要包括主体、对象、方法与体系、指标四个核心部分,当然还包括程序、监督机制、回应机制等内容,鉴于本书的需要,本书主要讨论立法评估的主体、对象、方法和标准等内容。

一、立法后评估的主体、对象与方法

(一)立法后评估的主体

立法后评估主体是指组织、参与、实施评估的组织或个人,通常可分为内部评估主体与外部评估主体①。当然,具体实践中根据评估的对象不同,评估主体也可分为立法机关、行政机关等多种不同的主体,实际来看,这都属于内部评估主体;而外部评估主体主要是指第三方评估和公众评估,是一类独立于评估对象的非政府组织。②

第三方评估模式在西方国家中比较常见,因为它相对于内部评估主体

---

① 汪全胜.论立法后评估主体的建构[J].政法论坛,2010,28(5):42-49.
② 戴浩飞.立法第三方评估:创新与方法[J].人民政坛,2015(1):42-43.

具有更大的优势,可以提高评估结果的全面性、公正性与客观性;①所以第三方评估得到部分学者的力荐,②这样可以避免内部评估主体"既是运动员又是裁判者"的尴尬局面。一般而言,第三方评估是接受立法机关或者行政机关等权力部门委托的一类主体。

公众评估与第三方评估的区别在于其没有获取相关权力部门的委托,其他方面与第三方评估并没有太大区别,一般表现为相关研究课题组和学者个人的研究评估,这类评估不受到其他第三方的影响,更为独立,所以公众评估也具有第三方评估的优势。当然,研究机构或者研究人员的这种立法评估也被称为学理评估。③

(二)立法后评估的对象

立法后评估的对象是指评估过程中所指向的对象,一般是指向具体的法律文件或法律制度。这是否意味着所有的法律都能成为立法后评估的对象呢? 为了解答这一疑惑,汪全胜教授提出了"评估对象选择的有效性、必要性、可行性"理论,④有效性是指评估对象具有评估的价值,必要性要求有评估的现实需要,可行性即评估的相关条件具备。

现实中我国的法律制度体系较为复杂,分为法律、行政法规、地方立法、政府规章、部门规章乃至规范性文件等多个层级的规范体系,这些是否都能成为立法后评估的对象呢? 从普遍意义来理解,规范性文件和规章都不是严格意义上的法律;但前文提及这些都属于行政立法的范围,所以学者们多

---

① 汪全胜,金玄武.论构建我国独立第三方的立法后评估制度[J].西北师大学报(社会科学版),2009,46(5):96-101.

② 姜述弢.地方立法后评估制度的法治化及对策[J].学术交流,2016(4):88-94.

③ 周旺生,张建华.立法技术手册[M].北京:中国法制出版社,1999:547.

④ 汪全胜.立法后评估对象的选择[J].现代法学,2008,30(4):11-17.

认为他们可以成为立法后评估的对象；①现实中的实际操作也将规范性文件作为立法评估的对象，早期的《国土资源部规章和规范性文件后评估办法》就是如此。

如上所述，立法后评估的评估对象为具体的法律文件或法律制度，从概念来看，法律文件和法律制度两者存在较大区别，法律制度可以容纳与此相关的整个制度体系。我们常见的评估多是针对单个法律文件的评估，那么法律制度是否可以成为立法评估的对象呢？答案是肯定的，这被称为"类型化评估"。② 一个法律制度内部是相互联系和配合的，这种模式相对比较全面，更有助于整体上来把握法律制度，这在将来的立法后评估中应该更受重视。

（三）立法后评估的方法

立法后评估的方法是一个现实操作的方法论问题，这对评估的科学性、全面性有着重要影响，通常分为定性分析和定量分析两大类，法律解释方法是常见的定性分析方法，成本—效益和成本—效果分析是比较常见的定量分析方法。随着立法评估的发展，一种"混合方法论"也被提了出来，即将定性分析与定量分析结合起来，③本书认为这一观点值得称道。

前文提到基于法律经济学的成本—效益评估是西方规制评估的核心方法，我国在引进立法评估时也学习了国外的规制评估经验，成本—收益分析是国外规制评估最为常用的方法，现实中不少学者在笔耕不辍地介绍这一

① 尤乐.论地方行政立法后评估之对象[J].贵州大学学报(社会科学版),2007,25(3):56-60.郑宁.我国行政立法评估制度的背景与价值探析[J].行政法学研究,2010(4):127-132.
② 王称心.立法后评估标准的概念、维度及影响因素分析[J].法学杂志,2012,33(11):90-96.
③ 张乐.法律实施效果的评估方法与技术：一个混合方法论视角[J].云南师范大学学报(哲学社会科学版),2013,45(2):85-93.

方法,①但是综合来看,这一方法还未在现实实践中完全建立起来,相关评估中鲜有使用成本—收益方法的,这与我国现实中难以将制度实施成本与收益进行量化统计有关。所以,如何引入定量分析是我国立法后评估的一个难点,目前已有部分研究者在着力尝试。②

立法后评估体系建立在评估方法的基础之上,基于不同的研究方法会构成不同的评估体系,比如汪全胜教授③构建了一个立法质量评估、立法实施过程评估和立法实施绩效评估的体系,所以评估体系是一个比较难以统一的,但是通常应该包括法律文本质量和法律实施效果两个部分。

二、立法后评估的标准

立法后评估的标准是对法律规范进行质量和影响状况评价所依据的准则或尺度,对评估结论具有决定性影响,④由此可见评估标准的重要性,这也是相关研究者讨论的重点。通常来讲,评估标准由立法后评估主体、评估目的、评估对象、评估内容决定。⑤ 那么,中国当下的立法评估都有哪些标准呢? 本书将对此做一个系统梳理,鉴于相关的标准可以分为学理建构、制度规范、实践经验三个层次,本书的分析也按照此框架展开。

① 介绍西方相关成本-效益评估的文章较多,主要有汪全胜.加拿大立法的成本效益分析制度探讨[J].法治研究,2014(8):27-37.汪全胜.美国行政立法的成本与效益评估探讨[J].东南大学学报(哲学社会科学版),2008,10(6):62-67.赵雷.行政立法评估之成本收益分析:美国经验与中国实践[J].环球法律评论,2013,35(6):132-145.汪全胜,黄兰松.立法成本效益评估的质量及保障机制[J].中南民族大学学报(人文社会科学版),2015,35(5):116-120.
② 苏黎兰,张紫薇,张志.基于定量分析的立法后评估方法[J].理论月刊,2012(3):113-117.
③ 汪全胜.法律绩效评估机制论[M].北京:北京大学出版社,2010.汪全胜等.立法后评估研究[M].北京:人民出版社,2012.
④ 王称心.立法后评估标准的概念、维度及影响因素分析[J].法学杂志,2012,33(11):90-96.
⑤ 陈伟斌.地方立法评估的立法模式与制度构建[J].法学杂志,2016,37(6):44-53.王称心.立法后评估标准的概念、维度及影响因素分析[J].法学杂志,2012,33(11):90-96.

（一）立法后评估标准体系的学理建构

鉴于立法后评估标准在立法后评估中的核心作用，使其成为当前理论研究的重点。通常来讲，评估标准由评估主体、评估目的、评估对象、评估内容决定。[①] 但是本书对国内学者所主张的立法后评估标准体系进行考察发现，大部分研究者都在着力建立一套"放之四海而皆准"的一般标准，仅有俞荣根教授根据立法类型的差异进行了区分。[②] 该标准体系具体根据经济立法、行政立法、社会立法三种类型进行区分，其中的经济立法与本书所讨论的主题高度契合，其指标包括文本质量（即立法必要性、合法性、合理性、可操作性、地方特色、技术性）和实施效益（即法制统一性、合理性、可操作性、地方特色、实效性、成本分析），细观上述标准，还是更多关注立法的形式合理性，对经济规制立法的实施实效的关注很有限。

此外，本书对"放之四海而皆准"的一般标准进行了统计（表2-1），以期从这种普遍性的评估标准体系中寻找更为科学的评估标准体系。根据表2-1的统计，我们发现相关学者的标准体系都大致包含了规制文本和规制实效两个部分，但是从具体标准内容来看；对制度文本质量的评估更为统一，大都包含合法性、合理性、技术规范性等几个方面，而对规制实效的评估则简繁不一，有的就是简单的成本—效益分析，有的则从效率、效能、公平或者经济影响和社会影响等多个方面展开，其涵盖范围有着较大差别。概言之，我国立法后评估中对规制实效评估的理论标准并不统一，与其事后评估的基本定位也不能完全匹配，存在较大的改进空间。

当然，我国尚未完全建立规制影响评估（即立法前评估），这就与OECD所称的规制绩效评估的基础有所不同，所以国内的立法后评估普遍存在大

---

① 王称心.立法后评估标准的概念、维度及影响因素分析[J].法学杂志,2012,33(11):90-96.

② 需要说明的是,俞荣根教授所构建的立法后评估标准体系是专门为地方立法评估服务的,其标准包含了地方特色这一标准,具体参见俞荣根.不同类型地方性法规立法后评估指标体系研究[J].现代法学,2013,35(5):171-184.

量的规制文本评估内容,这是对早期规制影响评估的一个补充。这在过渡时期是可行的,但是不能因此而顾此失彼、避重就轻。

表 2-1　我国学者建构的立法后评估一般标准体系统计

代表性学者	立法后评估的一般标准体系	出　　处
汪全胜	质量标准(合法性、合目的性、技术性)、执行力标准(法律法规的主体实施能力、公民守法状况、法律实施的监督机制)、实施绩效标准(效率、效能、公平、适当性)	汪全胜等:《立法后评估研究》,人民出版社 2012 年版,第 325-340 页
俞荣根①	文本质量评价(必要性、合法性、合理性、可操作性、技术性)、实施效益评价(法制统一性、合理性、可操作性、实效性、成本分析)	俞荣根:"地方立法后评估指标体系研究",载《中国政法大学学报》2014 年第 1 期
孙晓东	法律法规自身评估(合法性、合理性、技术性)、经济影响评估(运行成本、经济影响)、社会影响(实现程度、社会影响)	孙晓东:"立法后评估的一般指标体系分析",载《上海交通大学学报(哲学社会科学版)》2012 年第 5 期
王柏荣	规范标准(合法性、合理性、合目的性)、技术标准(合逻辑性、语言规范性、结构规范性)、成效标准(立法成本—效益)	王柏荣:"地方立法评估标准探微——功能、路径与框架",载《中国社会科学院研究生院学报》2015 年第 6 期
任尔昕	价值标准(传统价值、科学发展观)、法理标准(合法性、合目的性、权利与义务、法律责任)、规范标准(协调性、结构安排、逻辑关系、语言表达、名称)、实效标准(实践性、效果性、效率性、回应性)	任尔昕等:《地方立法质量跟踪评估制度研究》,北京大学出版社 2011 年版,第 1-294 页

---

① 俞荣根教授的立法评估标准体系主要是为地方立法评估而设立,其文本质量和实施效益中都有一个"地方特色"标准,鉴于对比需要,这一标准删去。

（二）立法后评估标准体系的制度规范

事实上，除了学理探讨之外，立法后评估也逐步被制度化。我国的《立法法》在 2015 年修正后也提及了立法后评估，但是具体规定并不明确。早在 2008 年，国务院法制办拟出台统一的《关于行政法规、规章立法后评估的指导意见》，但是这一意见仅仅停留在征求意见阶段。虽然没有全国统一的规制评估指导性意见，但不少中央部委和地方人大以及地方政府通过相关文件也确立了立法后评估的标准体系，这是我国制度规范层面的标准样本。当然比较遗憾的是尚未出现一部专门针对经济性规制立法的评估制度规范，本书只能退而求其次在既有的普遍性制度规范中去考察。对此，本书也进行了一个简要的梳理（表 2-2）。为了体现我国实践中制度样本的全面性，本书检索了国家部委、地方人大、省市两级地方政府出台的立法后评估办法，其中的评估标准主要集中于合法性、合理性、协调性、技术性、可操作性、实效性几个标准或者类似的标准，并且此类标准体系保持了高度的一致性和稳定性。有研究者对相关部委、地方发布立法后评估办法进行了整理，其结果大致与本书相同。①

纵观这些标准，和国内学者的评估标准体系也大有雷同之处，只是内容远不及学理标准的丰富，尤其是在规制实效的评估上，只有一个"实效性"（或"绩效性"）标准，可将其视作部分学理标准的简单版本，这也反映了立法后评估制度建构中对规制实效评估的关注严重不足。

（三）立法后评估标准体系的实践样本

无论是学者们的学理建构还是文本中的制度规范，其标准体系都还是停留在纸面上，即使我们在理论上评析了其中的不足，但是也不能反映这些

---

① 参见王伯荣.困境与超越:中国立法评估标准研究[M].北京:法律出版社,2016:155-171;席涛.立法评估:评估什么和如何评估(上)——以中国立法评估为例[J].政法论坛,2012,30(5):59-75.

评估标准在立法后评估的实践情况。而立法评估本身却是一项实践性工作,能够在实践中运行良好的立法后评估标准体系才是最好的标准体系,所以从立法后评估实践中去考察立法后评估标准体系的科学性更为必要。

表 2-2　不同立法后评估制度规范中的标准体系统计

制度文件	发布时间	评估标准
《国土资源部规章和规范性文件后评估办法》	2010 年 7 月 9 日	合法性、合理性、可操作性、实效性
《中国民用航空局规章立法后评估规定》	2011 年 8 月 31 日	合法性、协调性、合理性、可操作性、规范性、实效性
《农业部办公厅关于开展〈畜禽标识和养殖档案管理办法〉立法后评估工作的通知》	2016 年 5 月 11 日	实效性、合理性、协调性、可操作性
《南京市人大常委会立法后评估办法》	2013 年 6 月 18 日	合法性、合理性、协调性、技术性、可操作性、实效性
《兰州市人民代表大会常务委员会立法后评估办法》	2015 年 4 月 29 日	合法性、合理性、科学性、针对性、可执行性、协调性、规范性、必要性
《广东省政府规章立法后评估规定》	2008 年 12 月 22 日	合法性、合理性、协调性、可操作性、规范性、实效性
《重庆市政府规章立法后评估办法》	2011 年 4 月 11 日	合法性、合理性、协调性、执行性、实效性、规范性
《苏州市规章立法后评估办法》	2011 年 12 月 27 日	合法性、合理性、协调性、可操作性、立法技术性、绩效性
《太原市政府规章立法后评估办法》	2016 年 8 月 5 日	合法性、合理性、协调性、操作性、规范性、实效性

来源:政府网络公开信息整理。

从前述可知当前针对规制性立法的评估制度建设还比较滞后，其立法评估实践的情况也是可想而知。当然，普遍性的立法后评估标准体系也可以用来评估规制性立法，本书从当前已经公布的立法后评估报告中进行筛选，发现也有部分的规制性立法被评估，但是总体上数量十分有限，并且部分评估并未采用一套严格的评估标准，全国人大常委会法制工作委员会在2012年对《中小企业促进法》的评估即是典例，这既表明了立法后评估标准在实践中不受重视，也凸显出规制性立法评估更是任重道远。从实践来看，将立法后评估报告予以公开的情况并不多，本书希望在立法后评估发展得比较好的苏州、无锡、杭州、宁波等地选取规制性立法后评估报告作为观察样本（表2-3）。本书发现所统计的地区都有专门的立法后评估办法，但是所统计的部分报告并没有严格遵照当地所规定的评估标准所进行。譬如，《宁波市政府规章立法后评估办法》第十六条专门规定了"政府规章实施绩效评估"，但是在《〈宁波市体育经营活动管理办法〉立法后评估报告》中并没有发现实施绩效评估的相关内容，这表明立法后评估实践中的评估标准没有得到落实。再者，即使是评估内容更为全面的个案中（诸如统计中的杭州和苏州）的评估也较为笼统，缺乏成本—效益分析等一类全面而规范的评估。

总体而言，在既有的规制性立法后评估实践中，关于规制文本质量的评估多侧重其规范性、合理性、可操作性、合法性等内容，除了部分不完善并无太大问题；但规制实效评估则不同，其评估标准十分抽象，多是实施效果或实效性，具体评估中也是泛泛而谈，并没有一个具体的框架。这一点也与相关研究者的发现是一致的。①

---

① 席涛.立法评估：评估什么和如何评估（上）：以中国立法评估为例[J].政法论坛,2012,30(5):59-75.

表 2-3　我国立法后评估实践的评估标准统计

评估报告	评估标准	出　处
《宁波市体育经营活动管理办法》立法后评估报告	合法性、合理性、可操作性、立法技术性	宁波政府法制信息网
《苏州市货运出租汽车运输管理办法》立法后评估报告	质量评估(合法性、合理性、可操作性、技术性与协调性、规范性)、实施绩效(整体情况、宣传贯彻情况、行业满意程度)	苏州市人民政府司法局
《无锡市市区户外广告管理办法》立法后评估报告	合法性、合理性、协调性、操作性、规范性、绩效性	无锡市人民政府司法局
《天津市建设工程质量管理条例》立法后评估报告	立法质量(立法形式和立法内容)、立法实施效果(执法评估、守法评估)	肖强等:《〈天津市建设工程质量管理条例〉立法后评估报告》,知识产权出版社 2016 年版,第 3-5 页。

(四)规制绩效评估标准体系的域外经验

OECD 是规制影响评估的主要推动者之一,其在规制影响评估实践中扮演着十分重要的角色,诚如前文所澄清的那样,规制影响评估主要是关注事前评估,而最近几年引进的规制绩效评估(Measuring Regulatory Performance,具体是 Evaluation of Regulatory Policy)才是真正侧重事后评估的,其内容主要是侧重于评估规制给公民、企业所带来的利益和评判规制失败与否以及提出相关的改进。但是事后评估和事前评估也是紧密相连的,Parker D 和 Kirkpatrick C 针对规制影响评估的评估文献研究是 *OECD Framework for*

Regulatory Policy Evaluation[①] 的理论支撑部分,[②]可见 OECD 新近发展的规制绩效评估是由传统的规制影响评估演变而来的。这是一个一举两得的评估,既评估了规制的实际运行情况,也检验了规制影响评估的科学性。OECD 关于规制影响评估的评估始于 2004 年,[③]但是近年来才得到 OECD 国家的重视,并构建了一个基本评估框架。由于规制绩效评估最近几年才独立出来,OECD 发布的报告中也指出当前只有澳大利亚和德国真正开展了完整的规制绩效评估(即 Ex-post analysis)。

Coglianese 和 Cary 为 OECD 的规制绩效评估构建了一套标准体系,主要分为三种类型:影响(问题或其他关注结果的变化)、成本效益(给定影响水平的成本)、净效益(所有有益影响减去所有昂贵的影响)。其中净收益通常是最好的标准。[④] 从这些标准可以发现,OECD 的规制绩效评估中并不包括关于规制文本的相关内容,仅仅涉及规制的影响和成本效益的相关内容,这与我国的立法后评估有着较大差别。当然,OECD 所倡导的规制绩效评估框架也受到了相关学者的批评。[⑤] 综合来看,OECD 所建构的评估指标主要侧重评估规制的影响和效益两部分内容。

(五) 其他类似的评估标准体系

除了相应的立法评估或者规制绩效评估标准体系之外,本书在文献梳理中也发现,在公共政策评估以及单纯的制度评估中也建构了相应的评估

---

① 即 OECD.OECD Framework for Regulatory Policy Evaluation OECD Publishing[EB/OL].访问日期:2020 年 12 月 30 日。
② PARKER D, KIRKPATRICK C. *The Economic Impact of Regulatory Policy*: a *Literature Review of Quantitative Evidence*[J].OECD Publishing,2012:1-47.
③ MORGENSTERN R,HARRINGTON W.*Evaluating Regulatory Impact Analyses.OECD Publishing*,2004.
④ *Coglianese*,*Cary.Measuring Regulatory Performance － Evaluating the Impact of Regulation and Regulatory Policy*[M].Expert Paper,2012:7.
⑤ MEUWESE A,SCHELTEMA M,van der VELDEN L.The OECD framework for regulatory policy evaluation: An initial assessment[J].European Journal of Risk Regulation,2015,6(1):101-110.

标准,对此,以下将做一个简要的梳理。

1.公共政策评估标准体系的规范样本

公共政策评估是指评估主体借助一定的标准和程序,运用科学的技术和方法,对公共政策的结果与目标的差异程度、投入和效果以及政策的科学性、合理性进行评议和估价,做出客观、公正判断的活动。[①] 从概念意义上来看,公共政策评估和规制影响评估存在很大的重合度,故此可以认为公共政策评估与立法后评估有着很大的共通性。并且,在我国的很多规制实践中,法律制度和政策性文件的界限十分模糊,其借鉴意义是显而易见的。

公共政策评估几乎与立法后评估同时起步,但是就相关研究成果来看,公共政策评估相对于立法后评估更为成熟,其评估标准的完善程度即是明证。概括而言,公共政策评估的标准经历了"从单一技术标准向多元复合标准的转向",[②]其中公共政策评估早期坚持了效果(Effectiveness)、效率(Efficiency)、效能(Efficacy)、充分性(Adequacy)(即"3E+1A"标准),后来不同学者提出了更加多元的评估标准(表2-4),但也有研究者将公共政策评估标准划分为技术标准(经济标准、效益标准、效率标准、工作过程标准)和社会政治标准(公平标准、社会标准、科学标准、可行性标准)。[③] 综上,公共政策评估标准虽然呈现多元化的趋势,但是对效益、效率以及政策影响的关注仍然是核心内容,这是值得立法后评估所借鉴的。

2.国内制度评估标准的个体经验

当然,除了前述系统性的可借鉴经验,笔者在文献梳理的过程中还发现了国内部分学者开展了一些卓有成效的制度评估个案研究,这些评估也是建立在一些特殊的标准基础上的,笔者将相关的个体经验进行简要的整理。

① 马国贤,任晓辉.公共政策分析与评估[M].上海:复旦大学出版社,2012:146-147.

② 贠杰,杨诚虎.公共政策评估:理论与方法[M].北京:中国社会科学出版社,2006:204.

③ 贠杰,杨诚虎.公共政策评估:理论与方法[M].北京:中国社会科学出版社,2006:214-240.

表 2-4　公共政策代表性学者所主张的公共政策评估标准

代表性学者	公共政策评估标准	出　处
威廉·N.邓恩	效益、效率、充足性、公平性、回应性、适宜性	邓恩:《公共政策分析导论》,中国人民大学出版社 2002 年版,第 437 页
陈庆云	投入工作量、绩效、效率、充分性、公平性、适当性、执行力、社会发展总指标	陈庆云:《公共政策分析》,中国经济出版社 1996 年版,第 257 页
张金马	有效性、效率、公平性、可行性(政治可接受性、经济可承受性、社会可接受性、管理可行性)	张金马:《公共政策分析:概念·过程·方法》,人民出版社 2004 年版,第 461-462 页
陈振明	生产力标准、效益标准、效率标准、公平标准、政策回应度	陈振明主编:《政策科学:公共政策分析导论》(第 2 版),中国人民大学出版社 2003 年版,第 471-472 页
宁骚	政策效率、政策效益、政策影响、回应性、社会生产力的发展、社会公正、社会可持续发展	宁骚主编:《公共政策学》,高等教育出版社 2003 年版,第 257 页

来源:負杰,杨诚虎.公共政策评估:理论与方法[M].北京:中国社会科学出版社,2006:211-213。

其一,经济学上的制度绩效评估。新制度经济学认为,制度是一种生产力,有效率的制度促进经济增长和发展,无效率的制度抑制甚至阻碍经济增长和发展。[1] 基于这一理论,不少学者对制度绩效展开了相关评估,投入—产出模型作为一个效率评估模型受到了研究者的青睐,具体操作中多采用前沿分析方法,这在有关农村金融制度效率评估的著述中较为常见,[2]前述

---

[1]　卢现祥.西方新制度经济学[M].北京:中国发展出版社,1996:108.

[2]　相关研究参见温涛,董文杰.财政金融支农政策的总体效应与时空差异:基于中国省际面板数据的研究[J].农业技术经济,2011(1):24-33.冉光和,赵倩.中国农村金融制度效率的测度及其空间差异研究[J].农村经济,2012(1):3-6.王煜宇.农村金融法律制度改革与创新——基于法经济学的分析范式[M].北京:法律出版社,2012:148-179.

研究主要采用数据包络分析方法(DEA 模型)对现行农村金融制度下金融资源投入(农村金融服务)与产出("三农"发展)的效益(效率)做出评估。此外,除了借助经济学模型的分析,也有研究者将制度绩效解释为制度对资源配置的具体影响,中国人民银行成都分行课题组采用这种思路开展了一项关于农村金融制度绩效的研究,①这一研究根据制度设计的目的采用了农村金融需求的满足程度、农村金融市场的竞争程度、农村金融市场的金融抑制程度、农村金融组织的运营效率和可持续性四个标准并结合实证数据来验证,这种分析比较侧重于相关目的的实现程度。

其二,法学上的实施效果评估。在法律制定和实施过程中,存在着诸多假设,但一些不存在现实基础的假设对法律的质量和实施效果有着不良影响。② 我们知道,推断统计学上常用一个假设检验另一个假设的对错,鉴于法律规制中也存在诸多假设,遂有研究者将假设检验引入法律的实施效果评估中,除此之外,回归分析、干预分析等统计学方法也被引入法律实施效果评估中。③ 并且,已有研究者采用假设检验和回归分析的方法对当代美国金融监管制度实施效果的研究进行了评估,④这表明该种方法具备现实可操作性。

虽然上述学者所开展的制度评估个案大部分都没有借用立法后评估或者公共政策评估的相关理论,但是内容却有殊途同归之感,这些评估更多也是对制度绩效、制度效果等具体内容的单方面考察,虽然并不系统全面,也是相关评估标准的一种反映。

---

① 中国人民银行成都分行课题组,李明昌.贫弱地区农村金融制度绩效研究:甘孜州案例分析[J].金融研究,2006(9):15-29.
② 应飞虎,熊帅.错误假设与法律绩效[J].广东社会科学,2005(3):190-195.
③ 张晓斌.法律实施效果的定量评价方法[J].法商研究,2006,23(2):154-160.
④ 张伟.当代美国金融监管制度实施效果的实证研究[J].国际金融研究,2012(7):39-48.

（六）小结

通过对既有的立法后评估标准体系的现实考察,我们可以发现我国的立法后评估标准体系还不够成熟:在学理建构和制度规范中,立法后评估标准体系有着一定的"重文本、轻实效"的倾向,尤其是制度规范表现得更为明显;在立法评估实践中,关于规制性立法的评估实践较为关注文本质量的评估,对规制的实施绩效的评估较为欠缺,这使得我国的立法后评估缺失了核心内容。因此,要切实推进立法后评估实践,就必须不断学习和改进既有的立法后评估标准体系。

第三节　本书关于立法后评估的具体限定

鉴于立法后评估在不同语境下有所差异,所以有必要对本书所使用的这一技术路径作出严格限定,依照上文的要素梳理,分成以下几个部分分别说明。

一、虚拟经济运行安全法律制度的立法后评估主体与对象

（一）虚拟经济运行安全法律制度立法后评估的评估主体

根据前文所阐述的主体分类,本研究显然不是内部评估主体,同样,本书作为国家社科基金重大项目的成果亦不属于相关权力机关的委托项目,所以只能是一种公众评估。鉴于这种分类,加上本书得到了国家社会科学基金重大项目"开放经济条件下我国虚拟经济运行安全法律保障研究"（项目号 14ZDB148）的支持,虚拟经济运行安全法律制度立法后评估的主体应该是该社科基金项目课题组,具体由本书的作者来承担和实施。

考虑到本书是重大科研项目的成果之一,本评估也是很明显的学理评

估。诚如有学者所言,立法评估主体制度的优劣直接关系到立法评估的效果,[①]而有学者更是指出立法后评估主体应该具有专业性和中立性,[②]本书所展开的立法后评估完全独立于所有的利益团体,保证了本次评估的中立性,并且本书长期关注立法评估的前沿问题,具有较好的专业性。因此,本书将有助于探究我国现行虚拟经济运行安全法律制度的成效与不足,进而推动我国虚拟经济运行安全法律制度的改进和完善。

(二)虚拟经济运行安全法律制度立法后评估的评估对象

顾名思义,立法后评估的对象是特定的法律制度,本研究中的虚拟经济运行安全法律制度立法后评估毋庸置疑指向的是中国的虚拟经济运行安全法律制度。前文将其界定为"能够把虚拟经济的运行和发展中的风险控制在经济危机的临界状态之下并能够保持虚拟经济运行的稳定和秩序的规范总称",可见本书所关注的法律制度是由与虚拟经济安全相关的法律制度规范所组成的一个集合,是故,本研究所开展的立法后评估也是一种类型化评估。当然,考虑到虚拟经济所涉及的内容较多,其具体的规范是一个庞大的规范体系,上文大致勾画了虚拟经济运行安全法律制度的理性框架,这为本书归纳和总结现实中的规范体系提供了参照。正是因为整个规范的繁杂,下文将在第三章作出一个全面而具体的梳理以此构成虚拟经济运行安全法律制度立法后评估的具体对象。简言之,虚拟经济运行安全法律制度立法后评估的评估对象是我国现实层面能够把虚拟经济的运行和发展中的风险控制在经济危机的临界状态之下并能够保持虚拟经济运行的稳定和秩序的相关规范的集合。

---

① 张丽娟,张振安.论地方行政立法后评估主体制度的完善[J].经营与管理,2019(8):8-11.

② 专业性是指第三方对所评估的事项具有特殊的专业技术优势及研究水准,中立性是指第三方与所评估的事项没有相应的利害关系。具体可参见章志远.地方政府规章立法后评估实证研究[J].中国法律评论,2017(4):40-46.

二、虚拟经济运行安全法律制度的立法后评估标准

诚如前文所言,立法后评估的标准体系是至关重要的,那么我们应该为此构建一套科学的评估标准体系。当然,本书归根到底是需要围绕我国现行的虚拟经济运行安全法律制度展开实证性的评估,这就要求我们所选取的评估标准体系能够切合实际,如此才能保障后文的具体展开。故此,本书将从理论层面讨论理想的标准体系应该是怎么样的,同时为了契合现实需要,我们也将在理想样本的基础上有所取舍来构建符合实际的虚拟经济运行安全法律制度的立法后评估标准体系。

(一)理想的立法后评估标准体系之构建

无论是根据立法后评估的学理界定,还是对比域外的立法后评估(规制影响评估)实践,我们都会发现立法后评估是一种评估法律实施绩效的评估工具,而进行立法后评估的法律文本都是符合形式理性要求的,所以其重点应该关注法律的具体实施情况并探讨其背后的客观原因。法律的具体实施到底应该包括何种情况,本书综合前文的相关经验后认为应该包括以下内容:首先是法律规范是否得到了严格执行,如果没有严格执行就需要研究其难以执行的后果与原因;其次是法律实施后所产生的实际效果,既可能有正向效果,也可能存在消极影响,更为重要的是还要关注立法目的的实现程度;再次,立法实施成本与收益也应该注意,这是因为必须保证成本低于收益才是符合经济理性的,法律本身作为一种全民负担的公共产品,必须考虑成本问题。概言之,立法后评估标准体系具体应包括法律的实施、法律的影响、法律的效益三个部分。这三个部分各有侧重,法律规制的实施是对规制实施过程的评估,法律规制的影响则关注规制的结果,而法律规制的效益事关规制的收益问题,可见这三者相辅相成,共同构建了一个相对全面的规制性立法后评估框架,其具体标准解释如下:

1.法律规制的实施标准

桑斯坦教授认为,规制失灵的原因可以归纳为规制制定法本身的失灵和制定法实施的失灵,[1]规制改革运动就是提升改革质量,规制影响评估和规制绩效评估也是相对于制定法和制定法实施两个方面的,即事前的规制影响评估提高规制制定法的科学性,事后的规制绩效评估观察制定法的实施情况。规制的实施是一个系统而宏大的工程,本书以为规制实施评估应该包括以下内容:

1)法律规制实施的合规性

规制是一个实践活动,通常规制实施前会对规制的实施有一个具体设计,主要是确保规制实施中的合规性,但这仅仅只是一个预测,而规制实施则可能会出现偏差,所以规制实施的合规性是规制实施标准中需要评估的主要内容,具体包括规制主体的权限、规制权力的使用是否符合原本的规制法安排。当然,这里存在一个假定,规制法是经过科学论证的规制方案,至少在规范层面是没有瑕疵的,即不存在合法性、规范性、技术性的文本规范层面的问题。如果规制法本身就是不规范的"恶法",规制实施的合规性本身就已经受到了影响。

2)法律规制实施的效率性

在立法评估的相关标准中,效益、效率、效果等在概念上极易混同,但在公共政策评估中却存在较为明确的划分,政策效率是效果评估在时间变化上的反映,[2]这实际反映的是规制的实施情况。当然,除了时间变化的差别,规制在不同区域的实施也是不同的,这种实施的区域差异应该受到关注。本书在梳理文献时发现经济学研究中关于制度效率的评估是一个卓有成效的评估方法,其本质上就是评估制度实施的时间与区域差异,而我国素来强

---

① 凯斯·R.桑斯坦.权利革命之后:重塑规制国[M].钟瑞华,译 北京:中国人民大学出版社,2008:83-115.

② 负杰,杨诚虎.公共政策评估:理论与方法[M].北京:中国社会科学出版社,2006:134.

调地区差异的特殊国情，引入这一评估标准十分切合现实需要。所谓的制度效率评估主要是对一套制度体系下的资源投入和产出进行对比分析，这种分析通常将多个样本的投入与产出情况进行对比而计算出该样本群中的生产效率，即通过比较对比制度实施的投入与产出差异。需要注意的是，该种分析只是多个样本间的对比结果，并非绝对结果，但是可以直接检验同一法律规制在不同区域、不同时间的实施效率。概言之，效率评估并不会评价投入与产出是否恰当，而评价的是不同区域或不同时间段哪个更有效，这种有效并不必然关涉效益问题（即产出一定大于投入）。在经济学中，评价一个系统运行效率最常用的有效方法是前沿分析方法，其中比较成熟的方法为数据包络分析（Data Envelopment Analysis，DEA）方法。DEA方法是以决策单元（Decision Making Unit，DMU）的投入、产出标准的权重系数为优化变量，借助于数学规划将决策单元投影到DEA前沿面上，通过比较决策单元偏离DEA前沿面的程度来对决策单元的相对有效性做出综合评估，并可获得许多反映决策单元的管理信息。另外，对投入—产出模型需要解释的是，法经济学的集大成者波斯纳及其合作者也曾使用投入—产出模型分析侵权责任问题，[1]并以此招致了很多研究者对这种分析模式的批评，[2]此处的投入—产出模型与上文所述存在区别。

2.法律规制的影响标准

规制是政府对某一领域的国家干预，这种干预会产生一定的影响，既包括积极的影响，也包括消极的影响，所以法律规制影响是一个十分重要的立法后评估标准，主要是对规制实施后是否能够实现规制目标、规制实施对社

---

[1] 具体内容可参见威廉·M.兰德斯，理查德·A.波斯纳.侵权法的经济结构[M].王强，杨媛，译.北京：北京大学出版社，2005：62-65.

[2] 相关批评可以参见简资修.法律定性与经济分析：评兰德斯与波斯纳的《侵权法的经济结构》[J].法制与社会发展，2007，13（4）：123-128.顾培东.为什么我的眼里常含着泪水（下）：一个非典型学者的自述[J].中国律师，2003（10）：66-67.

会产生的相关影响。具体而言,这里可以分为两个部分进行展开,一是规制目标的实现程度,二是规制所带来的其他影响。

1)法律规制的目标实现

不同的规制必定带有特定的规制目的,实现规制目的才是规制开展的终极追求,所以规制目的的实现关乎整个规制的成败。譬如我国金融监管部门自 2006 年以来开展新一轮的农村金融"增量改革",根本上属于一种通过制度规范允许小额贷款公司、村镇银行等微型金融服务机构发展而实现普惠金融的规制设计,该项规制的目标直接指向改善农村金融服务,所以是否实现改善农村金融之目标必然是评判这一规制的关键评估标准。一般来讲,规制目标是一个假设,即通过规制可以实现规制目标,这可以通过假设检验等多种方式来展开。

2)法律规制的额外影响

由于规制是一项带有特定目标的政府行为,但这种行为实施过程中不仅会对规制者所追求的目标产生影响,必然还会带来其他影响,譬如规制对环境、社会公平、市场竞争等产生影响,这些影响可能是规制者在展开规制之前已经考虑的,也可能是被忽视或被遗忘的,即使是考虑到的也有可能出现判断失误,"每一项立法都会出现公共政策的意外后果",①所以这一部分应该对立法后评估有所反映。OECD 国家通常将相关影响归为经济影响、社会影响、环境影响三个大的方面,这也可以借鉴到规制的其他影响中来。近年来,环境影响评估、竞争影响评估越发受到重视,都可以通过这一标准实现。并且,当前 OECD 国家普遍采用了一种"利益者相关影响"的方法进行评估,这也使得这一类评估变得具体可行。

3.法律规制的效益标准

任何规制都是有成本的,同时规制也会产生相应的效益,规制效益是否

---

① 罗格·I.鲁茨,刘呈芸.法律的"乌龙":公共政策的意外后果[J].经济社会体制比较,2005(2):12-22.

会大于规制成本是一个十分直观的决策标准,也是一个重要的立法后评估标准,这在规制影响评估、规制绩效评估、公共政策评估中都有所体现,并且当前OECD所倡导的规制绩效评估标准中主要是针对规制的成本—效益进行分析。当然,规制绩效评估中的成本—效益分析是一种实然的分析,而规制影响评估中的成本—效益分析是一种预测,前者刚好可以检验后者预测的科学性。

成本—效益分析虽然十分常用,但是也要求规制的成本和效益必须能够通过货币化计算,这是这一分析展开的基本前提,故而并不是所有的规制都能够进行相关的效益评估,比如环境规制中很多效益是无法测算的。对此,有研究者就指出了成本—效益评估所面临的不确定性难题、道德难题等形式合理性危机,[①]这确实是存在的。一般而言,经济性规制是可以实现货币化计算的,OECD国家对经济性规制普遍采用了这一方法,国内也有学者指出经济性规制必须进行成本—效益分析,[②]尤其是在国家过多干预市场的规制中引入这一工具具有控制权力滥用的特别意义。

2004年,我国在《全面推进依法行政实施纲要》中就提出要探索这种方法,但是10多年过去了,相关实践情况并不理想,至今尚未看到一份完整的成本—效益分析报告,这暗示着我国的立法后评估还有很长的路要走。从国外的实践来看,这一难题也是存在的,多种针对成本—效益分析的改进方法也应运而生,上文提及的净收益分析就是其中的一种。我国要建立完善的立法后评估不仅仅是将相关的成本与效益进行量化,引入新的方法也十分重要。

4.小结

通过上述分析,我们可以将整个规制性立法后评估标准体系归纳见表

---

① 蒋银华.立法成本收益评估的发展困境[J].法学评论,2017,35(5):95-106.

② 汪全胜.立法成本效益评估制度的适用范围考察[J].法学论坛,2016,31(1):23-30.

2-5,可见这是一个基本能够全面涵盖规制绩效的标准体系。

表 2-5　规制性立法后评估标准体系

指　标	具体内容	相关评估方法
法律规制的实施	法律规制的合规性	—
	法律规制的效率性	投入—产出分析模型
法律规制的影响	法律规制的目标实现程度	假设检验等
	法律规制的额外影响(包括规制目标以外的经济、社会、环境影响)	利益者相关分析
法律规制的效益	法律规制的成本与效益之比以及预期成本—效益与实然成本—效益比	成本—效益分析,净收益分析等

(二) 本书选用的虚拟经济运行安全法律制度立法后评估标准体系

从前文的考察可以发现,国内的立法后评估一般包括规制文本和规制实效评估两个部分,并且呈现出"重文本、轻实效"的倾向,这与 OECD 国家的规制绩效评估体系存在差距,甚至在一定程度上还不如规制影响评估的标准体系完善。当然,我国的立法后评估标准体系中过于侧重规制文本质量在很大程度上有些现实的"国情"元素,即与我国尚未完全建立规制影响评估(即立法前评估)有关,规制文本评估算是对这种缺失的一种弥补。简言之,我国实际的立法后评估在一定程度上兼顾了应然层面的立法前评估和立法后评估两者的内容。立法文本质量本身的形式理性对实践绩效的影响至关重要,本书很难想象一部本身形式上就不科学的立法在实践运行中能够取得好的绩效。因此,我国的立法后评估和立法前评估应该同步跟进并协同合作方能保障"良法",进而实现"善治"。但当前我国部分立法并没有经过严格的立法前评估就已经开始实际运行,对这一部分仅仅关注立法后评估难以解决现实问题,这也就要求对这些历史遗留问题做出一个全面的评价,立法前和立法后两者合二为一是一个无奈的选择。回归到本书所关注的虚拟经济运行安全法律制度,相关的立法前评估是十分少见的,[1]我们在总结相关立法的经验与教训时,必须要考虑到立法文本的规范性,即"纸面上的法"应该具备形式理性,故此,我们的评估不得不依照国内的惯常做法,在立法后评估的标准体系吸纳立法前评估的标准,进而实现双向检验。所以,本书将选用的虚拟经济运行安全法律制度评估标准体系将由文本质量评估和实施绩效评估两个部分组成。

1.虚拟经济运行安全法律制度的文本质量评估标准体系

在国内的研究与实证中,立法评估的标准主要包括必要性、合法性、合理性、协调性、可操作性、技术性、规范性等内容,但这些评估标准实际在内容上存在部分重合,并且部分评估标准不全面,也不能全方位对制度文本的内容进行评估,所以本书结合法律制度应该具有的特质,选取了合法性、规范性、强制性、稳定性、协调性、可操作性六个评价指标。

1)虚拟经济运行安全法律制度的合法性

合法性是立法后评估的主要内容,汪全胜教授[2]认为合法性应该包括形式合法性、价值合法性以及实践合法性三个层面,但本书认为价值合法性有些虚无,而实践合法性实质体现的是可操作性,这是另外一个指标的内容,所以合法性主要指形式合法性。

2)虚拟经济运行安全法律制度的规范性

规范性是成文法的基本特征,是立法科学性的主要体现,主要侧重于逻辑性,[3]除此之外,语言的规范性在现实中也是规范性的评估指标,[4]所以规范性评估主要从文本逻辑性和语言规范性展开。

---

① 根据本书的检索,具有相关立法权的立法机关和行政机关都没有公布其主导的与虚拟经济安全运行法律制度相关的立法前评估报告,甚至是任意一部法律的立法前评估都是少见的。

② 汪全胜.立法的合法性评估[J].法学论坛,2008,23(2):44-50.

③ 梁慧星:《法律的规范性》[EB/OL].中国法学网,访问时间:2021年10月26日。

④ 如《安徽省立法后评估办法》将规范性界定为"概念界定是否明确,语言表述是否准确、规范、简明,逻辑结构是否严密。"

3)虚拟经济运行安全法律制度的强制性

强制性也被认为是法律的基本特征,[①]而本书所讨论的虚拟经济运行安全法律制度是中国经济法律制度的一部分,所以该制度应属于一种强制性规则,强制性是该制度应具有的特征,主要根据实践中是否具有强制力来评价。

4)虚拟经济运行安全法律制度的稳定性

法律制度的功能在于减少不确定性,使人们对未来有明确的行为预期,从而消解不确定性对社会合作的阻滞作用。[②] 因此,稳定性是法律制度功能实现的保障之一,此处侧重于考察法律制度的变更情况。

5)虚拟经济运行安全法律制度的协调性

任何一部法律的制定或实施都不可能不考虑与其所属的法律体系中相关法律法规的协调,[③]所以协调性是在制度设计中必须认真考量的一个指标,具体包括制度文本之间的协调性和制度内容上的协调性两个方面。

6)虚拟经济运行安全法律制度的可操作性

法律的生命力在于实施,所以有必要展开可操作性的评价。立法的可操作性评估是指针对法律规则、法律具体制度的设计能够得到执行、遵守,[④]本书也将据此展开相关评估。

当然,这与国内的立法后评估评估指标相比并没有太大的突破,更多的还是将不同研究者的相关评估指标进行综合归纳,力求能够对制度内容展开全面评估,同时又不出现重复评估的情况。

---

① 这是国内学者早年对国内教材的统计,具体参见尤俊意.国家强制性、强制性规范与制裁——也论法的强制性问题[J].法学,1996(3):8-11.
② 赵海怡,钱锦宇.稳定性预期的制度维护:论《立法法》与《监督法》的制度价值与不足[J].理论导刊,2010(3):93-95.
③ 王仁富.竞争法律体系协调性的内涵及其标志[J].法学论坛,2011,26(1):66-71.
④ 汪全胜.论立法的可操作性评估[J].山西大学学报(哲学社会科学版),2009,32(4):102-108.

2.虚拟经济运行安全法律制度的实施绩效评估标准体系

依照前文的梳理和分析,实施绩效评估才是真正属于立法后评估的内容,其理想状态应该包括法律的实施、法律的影响、法律的效益三个部分。那么,在评估我国虚拟经济运行安全法律制度时能否原封不动地适用这三大标准呢? 本书认为这需要结合我国的现实语境来衡量。

从现实来看,中国的立法后评估受到了中国法律实践的束缚,尤其是在法律实施情况并不是足够公开与透明的情况下,使得实施绩效评估完全依赖于评估方的实地调研,但是相关数据的获得仍有难度。以本书所要讨论的虚拟经济运行安全法律制度为例,我国虚拟经济运行中的具体数据实际上并不公开,这些数据的缺乏将大大影响本书的评估。当然,效率和效益作为立法后评估(或者实施绩效评估)中最为核心的内容,在国内的评估实践中却鲜有涉及,主要是源于相关数据难以获取,其中与国家机关在实施法律过程中没有严格的考评制度有极大关系,相关部门在某一项具体事项上的投入与产出根本无法量化,无论是效率还是效益都无法计算,这是我国当前法律实施中无法回避的现实。鉴于此种限制,本书无法利用相关数据去评估虚拟经济运行安全制度的效率和效益问题。当然,需要说明的是,虚拟经济运行安全法律制度的核心在于保障虚拟经济的运行安全,安全与稳定是这一制度的首要目标,这是无法通过量化计算的效率或效益标准所呈现的,所以本书不能借助效率和效益两项指标展开,从根本上不会影响本书评估结论的科学性。

在去除了效率和效益两项指标之后,上文所构建的立法后评估标准体系仅剩法律的实施(合规性)和法律的影响两部分,下属三个子指标体系,即法律规制的合规性、法律规制的目标实现程度以及法律规制的额外影响。此种情况下,本书以为无须继续保留法律的实施、法律的影响、法律的效益三个指标,而是直接选用法律规制的合规性、法律规制的目标实现程度以及法律规制的额外影响三个指标作为本书的实施绩效评估标准,具体可以细化为虚拟经济运行安全法律制度的运行合规性、虚拟经济运行安全法律制度的目标实现度、虚拟经济运行安全法律制度的运行额外影响三个部分。

3.小结

通过前文的取舍，本书基本构造了一套较为全面的评估标准体系，相关内容具体可参见表2-6，具体包括文本质量评估和实施绩效评估两个大项九个具体指标的评估标准体系。

表 2-6 虚拟经济运行安全法律制度的立法后评估标准体系

指标	具体内容
虚拟经济运行安全法律制度的文本质量评估标准体系	虚拟经济运行安全法律制度的合法性
	虚拟经济运行安全法律制度的规范性
	虚拟经济运行安全法律制度的强制性
	虚拟经济运行安全法律制度的稳定性
	虚拟经济运行安全法律制度的协调性
	虚拟经济运行安全法律制度的可操作性
虚拟经济运行安全法律制度的实施绩效评估标准体系	虚拟经济运行安全法律制度的运行合规性
	虚拟经济运行安全法律制度的目标实现度
	虚拟经济运行安全法律制度的运行额外影响（包括规制目标以外的经济、社会、环境影响）

第三章　评估的准备：

我国虚拟经济运行安全法律制度的现状概览

第一节　我国虚拟经济运行安全法律制度的总体样态

虚拟经济运行安全法律制度虽然是一个较为少见的学理概念,但这并不意味着现实中不存在真实的虚拟经济运行安全法律制度,因为前文的解释已经告诉我们,理想的虚拟经济运行安全法律制度也是由诸多大大小小的制度文本所构成的。那么,我国当前的虚拟经济运行安全法律制度到底是何等景象呢? 考虑到虚拟经济运行安全法律制度本身内容的复杂性,我们的现状梳理将由两个部分组成:①虚拟经济法律制度的整体情况,这是与虚拟经济运行安全高度关联的制度板块之一;②除了虚拟经济法律制度之外的其他制度,这部分主要是一些对虚拟经济安全有着关键性影响的制度安排。

一、我国虚拟经济法律制度的整体现状

鉴于虚拟经济本身是一个经济学上的舶来品,是一个与实体经济相对应的概念,是指交易品本身没有价值、不参与生产与再生产过程,而通过交易可获得价值增减的经济运行方式,包括货币市场、资本市场(股票、债券交易)、期货买卖及新兴金融衍生品交易等。虚拟经济是近十多年来经济学界

根据虚拟资本概念创制出来的一个概念,进而提出虚拟经济法律制度是一个学术上的概念创新,这也就决定了"虚拟经济法律制度"本身是一个新概念,相关的学理探讨较为有限,其具体内容到底包括哪些,这对于很多人来说是较为陌生的。因此,我们有必要在此梳理我国虚拟经济法律制度的整体概况,以助于增强对整个制度规范的构成有一个直观的了解。虚拟经济法律制度通常被认为包括银行法、外汇法、证券法、期货法、金融衍生品法等内容,[①]本书将以此为基础来呈现和描绘我国虚拟经济法律制度的总体样态。

(一)既有的制度规范梳理

通过针对既有法律文本的简单梳理可以了解,我国当前的虚拟经济立法主要采用分散立法的方式,总体上的法律规范并不多,具体情况见表3-1。根据表3-1的统计,我们可以发现以下几点:第一,整体而言,我国关于虚拟经济的立法分散而庞杂,并且带有严重的行业倾向,这与当前我国当初分行业发展虚拟经济的思路是基本一致的。第二,从制定主体来看,国务院在我国的虚拟经济立法中扮演着十分重要的角色,很大一部分的虚拟经济立法是国务院所主导的,这一点可以从表3-2的统计得到印证。这表明我国的虚拟经济立法的行政主导倾向很严重,这与相关研究的发现是较为一致的;[②]同时,值得注意的是,地方近年来也在积极参与到虚拟经济立法中来,这对由中央长期垄断相关制度供给的传统有所突破,地方政府也在致力于构建

---

① 有关讨论可参见胡光志.虚拟经济及其法律制度研究[M].北京:北京大学出版社,2007:225;胡光志.人性经济法论[M].北京:法律出版社,2010:257-259.

② 已有部分研究者以金融领域的立法为例剖析这一问题,譬如黄韬曾指出行政权力在我国的立法中处于十分强势的地位,金融法律规则的制定也就难以避免"部门化"倾向,具体参见黄韬."金融抑制"与中国金融法治的逻辑[M].北京:法律出版社,2012:13-14;更有研究者发现行政权力制定的行政法规、部门规章、规范性文件要先于金融改革措施,全国人大常委会制定的法律要后于金融改革措施,其体现了行政权力的主导型,具体可参见胡滨,全先银.法治视野下的中国金融发展——中国金融法治化进程、问题与展望[J].财贸经济,2009(5):12-17.

区域性的虚拟经济法律制度,这正在成为我国虚拟经济法律制度中的一个特色和亮点。第三,从相关制度的变革来看,法律的修正较为频繁,凸显了相关法律制度的稳定性不足问题;同时,频繁的修正也表明法律制度正在与当前的社会变革相适应,更是有新的法律不断加入,虚拟经济法律制度体系正处于日益完善的进程之中。

表 3-1　我国既有的虚拟经济法律梳理

法律规范名称	适用领域	制定主体	制定及修正年份	效力级别
《中国人民银行法》	银行业	全国人大常委会	1995,2003	法律
《商业银行法》		全国人大常委会	1995,2003,2015	法律
《银行业监督管理法》		全国人大常委会	2003,2006	法律
《信托法》	信托业	全国人大常委会	2001	法律
《证券法》	证券业	全国人大常委会	1998,2004,2005,2013,2014,2019	法律
《证券投资基金法》		全国人大常委会	2003,2012,2015	法律
《保险法》	保险业	全国人大常委会	1995,2002,2009,2014,2015	法律
《期货和衍生品法》	期货业	全国人大常委会	2022	法律
全国人民代表大会常务委员会关于授权国务院在实施股票发行注册制改革中调整适用《中华人民共和国证券法》有关规定的决定	证券业	全国人大常委会	2015	决定
全国人民代表大会常务委员会关于延长授权国务院在实施股票发行注册制改革中调整适用《中华人民共和国证券法》有关规定期限的决定	证券业	全国人大常委会	2018	决定

续表

法律规范名称	适用领域	制定主体	制定及修正年份	效力级别
《关于惩治骗购外汇、逃汇和非法买卖外汇犯罪的决定》	外汇	全国人大常委会	1998	决定
《外汇管理条例》	外汇	国务院	1996,1997,2008	行政法规
《关于骗购外汇、非法套汇、逃汇、非法买卖外汇等违反外汇管理规定行为的行政处分或者纪律处分暂行规定》	外汇	国务院	1998 批准 1999,2011	行政法规
《期货交易管理条例》	期货	国务院	2007,2012,2013, 2016,2017	行政法规
《外资银行管理条例》	银行业	国务院	2006,2014 2019 第三次修订	行政法规
《证券、期货投资咨询管理暂行办法》	证券与期货	国务院	1997	行政法规
《证券公司风险处置条例》	证券业	国务院	2008,2016	行政法规
《证券公司监督管理条例》	证券业	国务院	2008,2014	行政法规
《证券交易所风险基金管理暂行办法》	证券业	国务院	2000,2011,2016	行政法规
《外资保险公司管理条例》	保险业	国务院	2001,2013,2016 2019 第三次修订	行政法规
《农业保险条例》	保险业	国务院	2012,2016	行政法规
《存款保险条例》	银行业	国务院	2015	行政法规
《金融资产管理公司条例》	银行业	国务院	2000	行政法规
《金融机构撤销条例》	银行业	国务院	2001	行政法规
《非法金融机构和非法金融业务活动取缔办法》	金融业	国务院	1998,2011	行政法规
《金融违法行为处罚办法》	金融业	国务院	1999	行政法规
《票据管理实施办法》	票据	国务院	1997,2011	行政法规

续表

法律规范名称	适用领域	制定主体	制定及修正年份	效力级别
《深圳经济特区金融发展促进条例》	地方金融	深圳市人大常委会	2008，2019	地方性法规
《四川省地方金融监督管理条例》	地方金融	四川省人大常委会	2019	地方性法规
《河北省地方金融监督管理条例》	地方金融	河北省人大常委会	2017	地方性法规
《山东省地方金融条例》	地方金融	山东省人大常委会	2016	地方性法规
《大连区域性金融中心建设促进条例》	地方金融	大连市人大常委会	2015	地方性法规
《厦门经济特区促进两岸区域性金融服务中心建设条例》	地方金融	厦门市人大常委会	2013	地方性法规
《青岛市金融发展促进条例》	地方金融	青岛市人大常委会	2012	地方性法规
《上海市推进国际金融中心建设条例》	地方金融	上海市人大常委会	2009	地方性法规
《天津市地方金融监督管理条例》	地方金融	天津市人大常委会	2019	地方性法规
《浙江省地方金融条例》	地方金融	浙江省人大常委会	2020	地方性法规
《辽宁省防范和处置金融风险条例》	地方金融	辽宁省人大常委会	2020	地方性法规
《内蒙古自治区地方金融监督管理条例》	地方金融	内蒙古自治区人大常委会	2020	地方性法规
《广西壮族自治区地方金融监督管理条例》	地方金融	广西壮族自治区人大常委会	2020	地方性法规
《厦门经济特区地方金融条例》	地方金融	厦门市人大常委会	2020	地方性法规
《江西省地方金融监督管理条例》	地方金融	江西省人大常委会	2020	地方性法规
《江苏省地方金融条例》	地方金融	江苏省人大常委会	2021	地方性法规

续表

法律规范名称	适用领域	制定主体	制定及修正年份	效力级别
《湖北省地方金融条例》	地方金融	湖北省人大常委会	2021	地方性法规
《北京市地方金融监督管理条例》	地方金融	北京市人大常委会	2021	地方性法规
《吉林省地方金融监督管理条例》	地方金融	吉林省人大常委会	2021	地方性法规
《贵州省地方金融监督管理条例》	地方金融	贵州省人大常委会	2022	地方性法规
《陕西省地方金融条例》	地方金融	陕西省人大常委会	2022	地方性法规
《福建省地方金融监督管理条例》	地方金融	福建省人大常委会	2022	地方性法规
《湖南省地方金融监督管理条例》	地方金融	湖南省人大常委会	2022	地方性法规
《安徽省地方金融条例》	地方金融	安徽省人大常委会	2022	地方性法规
《江苏省地方金融条例》	地方金融	江苏省人大常委会	2021	地方性法规

表 3-2　国务院早期制定的虚拟经济法规统计

法律规范	适用领域	制定主体	制定及修正年份	效力级别
《证券投资基金管理暂行办法》	证券业	国务院	1997	行政法规
《证券交易所管理办法》		国务院	1997	行政法规
《可转换公司债券管理暂行办法》		国务院	1997	行政法规
《禁止证券欺诈行为暂行办法》		国务院	1993	行政法规
《禁止国家货币票据及证券出入国境暂行办法》	货币与证券业	政务院	1952	行政法规
《股票发行审核委员会条例》	证券业	国务院	1999	行政法规

诚如相关学者所言,"中国每一次具体的改革措施,包括金融市场的建

立、新的金融产品或服务的推出,最先对其规范的一定是行政权力制定的规则"①,这是对我国金融发展法治语境的一种描述。从概念来看,虚拟经济与金融两者在内涵上有着诸多共通之处,那么上述关于金融法治的描述亦适用于虚拟经济法律制度。当然,本书通过对现实制度规范的梳理也基本可以得出这一结论,中国的虚拟经济法律制度并非只有上述的几十部法律法规,而是有着庞大的部门规章和规范性文件(表3-3)。根据课题组的相关统计,相关的规章和规范性文件数量为5 000余份,其中尚不包括自律性组织、交易所等具有一定管理权的主体所发布的规范文本,如此足见相关的制度规范体量之大。此外,相关的制度规范多是出自相关政府监管机构,其主要围绕着职权范围内的虚拟经济业务制定并发布相关规范,形成了一种"各扫门前雪"的分而治之局面。

表3-3　中国的金融监管部门所发布的现行规范统计②

制定主体	适用领域	相关文件数	效力级别
国务院	货币银行业	9	规范性文件
	信托	2	规范性文件
	证券	3	规范性文件
	期货	4	规范性文件
	保险	2	规范性文件
中国人民银行	货币银行业	17	部门规章
		190	规范性文件

---

① 胡滨,全先银.法治视野下的中国金融发展:中国金融法治化进程、问题与展望[J].财贸经济,2009 (5):12-17.

② 此处统计依据"北大法宝数据库"的法律法规分类整理,统计截止时间为2019年5月16日。需要说的是,相关统计数据依照"北大法宝数据库",其中不乏重复或者遗漏的情形,本书以为相关数据可以较为客观地反映虚拟经济制度规范的总体情况,故此本书未作进一步的精细化处理。

续表

制定主体	适用领域	相关文件数	效力级别
银监会	银行业	42	部门规章
		1 995	规范性文件
	信托业	4	部门规章
		40	规范性文件
保监会	保险业	40	部门规章
		1 000	规范性文件
银保监会	银行业	9	部门规章
		18	规范性文件
	保险业	1	部门规章
		17	规范性文件
证监会	证券业	91	部门规章
		1 300	规范性文件
	期货业	13	部门规章
		114	规范性文件
合计		4 911	

　　此外,我国法院发布的司法解释类文件也在实践中具有规范的效力,本书也对此进行了简要的整理。法律规范的具体条款多是抽象的,所以在现实的司法场域中一般都需要经过法官在个案裁判中进行解释方可适用,否则专业性的法官也就没有存在的必要,此乃"法官裁量解释"或"具体解释"①,这也成了西方国家法院解释法律的主要路径。但在中国语境下,这一情况变得稍有区别,鉴于两审终审制等现实约束,最高人民法院通过个案解

---

① 陈春龙先生将我国的司法解释分为"法院规范解释"和"法官裁量解释",前者指最高人民法院关于法律适用的抽象性、规范性解释,具体可参见陈春龙.中国司法解释的地位与功能[J].中国法学,2003(1):24-32;此外,董皞先生将司法解释分为"抽象解释"与"具体解释",具体参见董皞.司法解释论[M].北京:中国政法大学出版社,1999:15。其中,"法院规范解释"和"抽象解释"这两个概念在下文中将会被提及,不再单独说明。

释法律以及指导司法的可能性大大降低,对此,最高的司法权威部门转向选择对法律的司法适用进行统一解释作为一个替代性解决方案,①并得到相关法律的授权和许可,②是为颇具中国特色的"法院规范解释"或"抽象解释"。关于法官个体的具体解释需要通过每一具体个案去考察,本书无力在浩如烟海的司法判决中完成此项工作,加上个案的具体司法解释在中国语境下并不是特别受到理论研究的青睐,故本书也将规避,主要致力于剖析中国式的抽象解释。依照传统的法律解释原理,司法解释应该忠实于法律,但"立法者不可能预测未来可能发生之所有可能情况的组合"③,故而司法实践并没有完全恪守这一信条,在很多情况下超越了法律,形成了"司法造法"现象。司法实践中并非只有冠以"解释"之名的文件具有实际的解释效力,更有假以"规定""通知""意见""决定""答复""批复""复函""会谈纪要"等多种名称的文本,为了简便,本书中将统称为司法解释类文件。根据本书整理,法院所发布的涉及虚拟经济的司法解释类文件也具有一定规模,具体参见表3-4。从中,我们可以发现法院所发布的相关文件覆盖面十分广泛,形式多样,其大体上可以归为两类:①对于既有法律制度的解释,比如证券法和保险法的相关司法解释,其中既有明确法律适用的司法解释,也有填补立法不足的司法造法;②利用司法意见实施公共政策,尤其是 2008 年国际金融危机之后出台的多份文件直接关涉金融危机的应对问题,其实质是法院在"为大局服务"的理念下开展"能动司法"。

---

① 有关中国司法解释的特殊性阐述可以参见陈林林,许杨勇.司法解释立法化问题三论[J].浙江社会科学,2010(6):33-38.也有研究者指出这一格局形成受到了苏联的影响,具体可参见金振豹.论最高人民法院的抽象司法解释权[J].比较法研究,2010(2):55-66.

② 具体规定参见《全国人民代表大会常务委员会关于加强法律解释工作的决议》第二条、《立法法》第一百零四条、《人民法院组织法》第十八条(2006 年修订版的第三十二条)。

③ 哈特.法律的概念[M].许家馨,李冠宜,译.北京:法律出版社,2011:117.

表 3-4　法院制定的相关司法解释类文件统计

司法文件名称	适用领域	发布主体	发布时间
《关于办理操纵证券、期货市场刑事案件适用法律若干问题的解释》	证券期货业	最高人民法院 最高人民检察院	2019 年制定
《最高人民法院关于审理期货纠纷案件若干问题的规定》	期货业	最高人民法院	2003 年制定，2020 年修正
《最高人民法院关于审理期货纠纷案件若干问题的规定(二)》	期货业	最高人民法院	2010 年制定，2020 年修正
《关于适用《中华人民共和国保险法》若干问题的解释(一)》	保险业	最高人民法院	2009 年制定
《关于适用《中华人民共和国保险法》若干问题的解释(二)》	保险业	最高人民法院	2013 年制定，2020 年修正
《关于适用《中华人民共和国保险法》若干问题的解释(三)》	保险业	最高人民法院	2015 年制定，2020 年修正
《关于适用《中华人民共和国保险法》若干问题的解释(四)》	保险业	最高人民法院	2018 年制定，2020 年修正
《关于办理证券期货违法犯罪案件工作若干问题的意见》	证券期货业	最高人民法院 最高人民检察院 公安部 中国证监会	2011 年制定
《关于审理期货纠纷案件座谈会纪要》	证券期货业	最高人民法院	1995 年制定
《关于受理证券市场因虚假陈述引发的民事侵权纠纷案件有关问题的通知》	证券业	最高人民法院	2002 年制定
《关于为维护国家金融安全和经济全面协调可持续发展提供司法保障和法律服务的若干意见》	金融审判	最高人民法院	2008 年制定

续表

司法文件名称	适用领域	发布主体	发布时间
《关于认真落实最高人民法院《关于为维护国家金融安全和经济全面协调可持续发展提供司法保障和法律服务的若干意见》,审理好涉及因金融危机引发的商事纠纷案件的通知》	金融审判	北京市高级人民法院	2009年制定
《关于为维护国家金融安全和经济全面协调可持续发展提供司法保障的实施意见》	金融审判	陕西省高级人民法院	2009年制定
《关于人民法院为防范化解金融风险和推进金融改革发展提供司法保障的指导意见》	金融审判	最高人民法院	2012年制定
《关于进一步加强金融审判工作的若干意见》	金融审判	最高人民法院	2017年制定
《关于落实金融风险防范工作的实施意见》	金融审判	上海市高级人民法院	2018年制定
《关于审理涉及金融不良债权转让案件工作座谈会纪要》	金融审判	最高人民法院	2009年制定
《关于应对国际金融危机做好当前执行工作的若干意见》	金融执行	最高人民法院	2009年制定
《全国法院审理金融犯罪案件工作座谈会纪要》	金融审判	最高人民法院	2001年制定
《最高人民法院关于印发《全国法院民商事审判工作会议纪要》的通知》	民事审判	最高人民法院	2019年制定
《最高人民法院关于印发《全国法院审理债券纠纷案件座谈会纪要》的通知》	债券审判	最高人民法院	2020年制定

　　同时,不可忽视的是行业协会或者机构在经济规制中也扮演了重要角色,[1]相关的行业规定已构成了具有相对效力的制度规范,这在虚拟经济领域也是存在的。根据本书统计,关涉虚拟经济的行业协会或机构主要有上

---

① 有关这一问题的阐述可参见鲁篱.行业协会经济自治权研究[M].北京:法律出版社,2003:1-235.

海证券交易所、深圳证券交易所等交易所以及中国银行业协会、中国证券业协会、中国期货业协会、中国证券投资基金业协会、中国保险业协会、中国银行间市场交易商协会等多个主体，所发布的行业自律规范规模十分庞大，本书不对此做出具体的归纳和整理，但是需要指出：这些机构的行业自律规范也是虚拟经济法律制度的组成部分。

（二）最新的制度变革动向

从上面的整理可知，我国关于虚拟经济的法律制度规范已经蔚为大观，但是依旧有着诸多的不完善之处，尤其是部分新业态、新问题的出现加速了制度变革的需求。那么，当前中国在哪些方面拟开展相应的制度变革呢？对此，本书针对全国人大及其常委会、国务院以及地方人大的立法规划进行了粗略统计，[①]相关数据见表3-5。根据上述统计，我们可以得知：其一，虚拟经济所关涉的主要板块（也即证券、期货、银行）是需要立法完善的重点领域之一，体现了国家立法对于虚拟经济法律制度供给的高度重视，也侧面反映了虚拟经济立法本身的不完备性；其二，我国的虚拟经济法律制度大致经历了"部门规章—行政法规—国家立法"的演进过程，譬如新出台的《期货和衍生品法》是针对《期货交易管理条例》的改进升级，2017年颁布的《私募投资基金管理暂行条例》是从《私募投资基金监督管理暂行办法》演化而来，法律制度的位阶层次不断升格，这是与我国法律制度的变革历程基本相一致的；其三，虚拟经济的相关立法正在补齐传统短板，比如非存款类放贷组织管理、地方金融管理、非法集资处置等缺乏法律规范的领域正在尝试积极立法跟进。由此可见，我国的虚拟经济法律制度正处于一个不断完善和革新的发展阶段。

---

① 鉴于统计的可获取性，本书仅仅统计法律位阶较高的拟修订或拟立法项目，其他的部门规章以及规范性文件不在统计之列。

表 3-5　中国修改或新增的虚拟经济法律制度统计

拟制(修)定立法	适用领域	制定主体	效力级别	动向出处
证券法(修正)	证券	全国人大常委会	法律	十三届全国人大常委会立法规划
商业银行法(修正)	银行	全国人大常委会	法律	十三届全国人大常委会立法规划
中国人民银行法(修正)	货币	全国人大常委会	法律	全国人大常委会2021年度立法工作计划
保险法(修正)	保险	全国人大常委会	法律	全国人大常委会2021年度立法工作计划
金融稳定法	金融稳定	全国人大常委会	法律	全国人大常委会2022年度立法工作计划
非存款类放贷组织条例	民间金融	国务院	行政法规	国务院2021年度立法工作计划
地方金融监督管理条例	地方金融	国务院	行政法规	国务院2022年度立法工作计划预备制定项目
证券期货行政执法当事人承诺制度实施办法	证券期货	国务院	行政法规	国务院2021年度立法工作计划
私募投资基金管理暂行条例	私募基金	国务院	行政法规	国务院2021年度立法工作计划
广东省地方金融条例	地方金融	湖北省人大	地方性法规	广东省人民政府司法厅官网

　　另外,值得一提的是,由中国人民银行制定的《金融控股公司监督管理试行办法》从法律位阶来看仅仅只是一个部门规章,是我国国内首部涉及金融控股公司监管的制度规范,这将跨金融行业的金融集团纳入金融监管的范围之内,这对于防控金融风险①是大有裨益的,有助于打破当前的各金融

---

① 该制度开宗明义地指出该规章的目的在于"为规范金融控股公司行为,加强对非金融企业等设立金融控股公司的监督管理,防范系统性金融风险"。

行业监管分割所带来的壁垒,无疑是虚拟经济运行安全法律制度的一个重要组成部分。当然,这一制度的效力层级较低,其作用的范围极为有限(仅规范投资两家或两家以上不同类型金融机构,做纯投资并控股或实际控制的公司),这对于整个制度体系的完善有益,但其能力有限也应该承认。

(三)小结

由上可知,我国的虚拟经济法律制度已经极具规模了,但仍处于不断完善之中,具体归纳为以下几点:①庞杂的虚拟经济法律制度缺乏一个统领,并没有形成一个紧密合作的虚拟经济法律制度体系,行业分工的特色十分明显,进而也形成了各自较为独立的行业规范体系;②虚拟经济法律制度的供给受到了行政权力的主导,这不仅仅是过去的写照,也在最新的立法动向中有着明显的体现,尤其是不同行业的监管机构在立法中扮演了十分重要的角色,有学者将中国虚拟经济制度的供给模式概括为"以国家主义为中心、以行政控制为主导的强制性供给模式"①;③虚拟经济法律制度的供给主要是由中央层面统合,地方层面能够涉足的领域较少,这也是因为虚拟经济市场总体上是一个统一的市场,地方性元素并不多;④既有的虚拟经济法律制度过于关注虚拟经济本身,而忽视虚拟经济与实体经济的整体对接问题,譬如证券法仅仅关注证券的发行、交易等系列行为,而尚未体现证券融资如何为融资的实体经济发展服务等内在目标。

二、我国虚拟经济法律制度之外其他制度的现实状况

诚如前文所述,虚拟经济运行安全法律制度并不完全等同于虚拟经济法律制度,具体来说,除了虚拟经济法律制度中关涉虚拟经济运行安全的制度内容之外,应该还包括宏观调控法律制度等关系虚拟经济运行安全的关键性制度内容。为了更为全面而直观地了解整个虚拟经济运行安全法律制

---

① 胡光志.中国虚拟经济制度供给模式之转变[J].西南民族大学学报(人文社科版),2006,27(9):67-74.

度的外貌，我们也应该将其他相关的关键性制度做一个梳理。

（一）我国关于国家经济安全的制度安排

一般而言，虚拟经济安全属于经济安全的范畴，虚拟经济的运行安全制度也可以归属到经济安全法律制度之下。反过来，经济安全法律制度即是虚拟经济运行安全法律制度的上位法，经济安全法律制度中能够统领虚拟经济运行安全的相关制度也构成了虚拟经济运行安全法律制度的内容之一。

依照国家安全的学理划分，有着传统安全（军事安全与政治安全）和非传统安全（在军事、政治之外的经济、社会等领域）之分，显而易见，本书所讨论的虚拟经济安全属于非传统安全。有学者指出《国家安全法》具有该法律领域基本法律的属性，是国家安全法律领域的基本法，①所以有关国家安全的相关事务都应该统领在《国家安全法》之下。但是，鉴于对国家安全的认识差异，我国的《国家安全法》经历了一个从传统安全到整体性国家安全的制度变革，国家安全的外延才得以扩大。② 而我们此处所要讨论的虚拟经济运行安全属于非传统安全的经济安全，其纳入《国家安全法》之中是2015年之后，所以新《国家安全法》才是虚拟经济运行安全的基本法。

（二）我国关于虚拟经济运行安全的宏观调控法律制度

随着经济社会的发展，"宏观调控"已经是一个时髦的话语，并在此基础上衍生出了"宏观调控法"的概念。然而，宏观调控与宏观调控法到底有何关系仍然有些模糊。政府的宏观调控行为是一种严格意义的经济管理行为，是现代国家干预经济的基本形式，也是经济管理行为的最高形式；③而宏

---

① 杨宗科.论《国家安全法》的基本法律属性[J].比较法研究,2019(4):1-15.
② 我国在1993年通过了《中华人民共和国国家安全法》，这一法律在2014年全面修订后更名为《反间谍法》，2015年全国人大常委会制定了新的《中华人民共和国国家安全法》。实际上，早期的《国家安全法》侧重的是传统安全，而新《国家安全法》兼顾了传统安全和非传统安全。有关演变的详细讨论参见杨宗科.论《国家安全法》的基本法律属性[J].比较法研究,2019(4):1-15.
③ 刘剑文,杨君佐.关于宏观调控的经济法问题[J].法制与社会发展,2000,6(4):15-23.

观调控法是有关宏观调控的法律规范构成的有机整体;①依照此理很容易将宏观调控法理解成政府治理市场的工具,这种理解实际是片面的。② 从体系上,宏观调控法大致可以区分为宏观调控基本法和宏观调控分支法,③其内容不仅仅是政府调控行为的具体制度安排,还囊括了调控宏观调控行为的法律制度。因此,本书所要讨论和关注的与虚拟经济运行安全相关的宏观调控法律制度在理想层面也应该包括上述两部分内容。

然而,现在已经形成的基本理论共识是当前我们并没有关于宏观调控的基本法,宏观调控的法治化议题仍然任重而道远,所以当下关于调控宏观调控行为的法律制度总体上是缺位的。④ 通常,财政手段和货币手段是典型的宏观调控手段,⑤而在现代法治的语境下,宏观调控中的财政手段和货币手段基本都获得了法律授权,故宏观调控分支法在现实中有迹可循。那么,我国到底具有哪些关系虚拟经济运行安全的宏观调控制度呢?

就虚拟经济的运行安全而言,直接相关的宏观调控制度应该是与货币手段相关的制度安排,这主要是由《中国人民银行法》以及《中国人民银行货币政策委员会条例》所规定,其次是中国人民银行出台的部门规章和规范性文件。因为在我国的制度设计中,中国人民银行不仅仅只是中央银行,还在一定程度上扮演了一个金融监管者的角色,尤其是在中华人民共和国成立以来到 21 世纪之初处于主导地位,所以前文在讨论虚拟经济法律制度时也有涉及,为了简便,有关中国人民银行发布的规章和规范性文件不再单独讨

---

① 李昌麒,胡光志.宏观调控法若干基本范畴的法理分析[J].中国法学,2002(2):3-15.

② 有关讨论参见胡光志.宏观调控法研究及其展望[J].重庆大学学报(社会科学版),2008,14(5):110-113;胡光志,靳文辉.金融危机背景下对宏观调控法治化的再思考[J].西南民族大学学报(人文社会科学版),2011,32(3):93-104.

③ 有关具体分类的讨论参见李昌麒,胡光志.宏观调控法若干基本范畴的法理分析[J].中国法学,2002(2):3-15;王健.宏观调控法律体系构造论[J].法律科学(西北政法学院学报),1998,16(2):41-47.

④ 值得说明的是,我国在 2005 年前后曾有过出台的宏观调控基本法的动议,其具体事宜由发改委牵头,有关内容参见中华网,2019-8-20.

⑤ 参见徐澜波.宏观调控法治化问题研究[D].长沙:中南大学,2013:摘要.

论。顺便提及的是,根据《十三届全国人大常委会立法规划》,《中国人民银行法》已经开启了新一轮的修订工作。

第二节　我国虚拟经济运行安全法律制度的具体面向

上文对我国关于虚拟经济运行安全的法律制度做了一个整体上的梳理,但是关乎我国虚拟经济运行安全法律制度的具体情况仍然是不明晰的,这不利于后文的评估,故此,本部分将对我国虚拟经济运行安全法律制度的具体内容做一个描述性的呈现。虚拟经济运行安全法律制度的落脚点还是虚拟经济的运行安全,这理应是这一制度的价值目标和功能定位,这一点在前文的讨论中已经释明。根据本书的限定,安全有两层含义:①宏观层面的整体性安全;②微观层面的整体性安全。这实质上是两种较有差异的状态。法律是一门专业性很强的科学,法律表达的准确性和规范性是一项基本要求,那么对于我们所关注的"虚拟经济运行安全"在法律上有着何种体现呢?

一、政策话语中的"安全"表达

在依法治国已经深入人心的今天,市场经济应该就是法治经济,换言之,法律规范应该是规范市场经济的最为重要的依据,这也意味着其他规范仍具有可为的空间,政策即是其中之一。实际上,在中国的国家治理层面,长期以来较为青睐于"政策之治""政策优先"或"政策优于法",这是计划经济时代留下来的习惯,①迄今为止也未能完全消除此种"路径依赖",这在经济法的具体实施中更为常见。虚拟经济不仅是一种影响国计民生的经济形

---

① 邢会强.政策增长与法律空洞化——以经济法为例的观察[J].法制与社会发展,2012,18(3):171-132.

态,更是带有变幻莫测的特性,而"法律会因为各种原因而不完备",①政策因其便捷和可操作性等优势在虚拟经济中则是十分常见的。鉴于此,我们也需要对关涉虚拟经济的政策文本做一个梳理。通常,"政策是国家机关、政党及其他政治团体在特定时期为实现或服务于一定社会政治、经济、文化目标所采取的政治行为或规定的行为准则,它是一系列谋略、法令、措施、办法、方法、条例等的总称。"②依照此种公共政策学界定,法律也属于政策的一种,这与法学界关于政策的认知有所差异,我们所称的政策是法律规范之外的党和政府文件。需要说明的是,政策,尤其是具体政策,多由政府部门制定,这实际上难以与政府部门的规范性文件做出严格的区分,本书也无意于区分开来,所以此处倾向为较高位阶的政策文本,也即以党中央和国务院的名义出台的相关政策,其他政府部门的政策统一归为规范性文件处理。鉴于本书所要讨论的虚拟经济运行安全在日常表达中更青睐于用"金融安全",本书的考察也是围绕"金融安全"展开。近年来,随着"总体国家安全观"的提出,"金融安全"在政治表达中屡屡提及,进而开始向政策和制度规范中延伸,笔者在此从三个方面呈现。

首先,2017年4月,中共中央政治局以"维护国家金融安全"为主题进行集体学习,会上提出"金融安全是国家安全的重要组成部分",并将"金融安全"纳入治国理政重要工作范畴,这是十八大之后,政治局首次就"金融安全"为主题进行集体学习,可见国家高层对"金融安全"的高度重视,已经把防范金融风险、维护国家金融安全提升到战略层面,"准确判断风险隐患坚守不发生系统性金融风险底线""深化金融改革加强金融监管及时处置风险

---

①　PISTOR K,XU C G.Incomplete law-A conceptual and analytical framework and its application to the evolution of financial market regulation[J].SSRN Electronic Journal,2002:931-1013.卡塔琳娜·皮斯托,许成钢.不完备的法律(上)[J].比较,2003(3):111-136;卡塔琳娜·皮斯托,许成钢.不完备的法律(下)[J].比较,2003(4):97-128.

②　陈振明.公共政策分析[M].北京:中国人民大学出版社,2003:43.

点"是本次会议中提出来应对相关问题的主要着力点。①

其次,对"十五"规划至"十四五"规划中涉及虚拟经济运行安全的相关情况(具体详见表3-6)进行了整理归纳,虽然此处统计仅仅是党中央的相关建议,但实质上是具有很大的方向性和战略性意义的,加上"五年规划"在我国的经济发展中极为重要,并被视为"中国政策过程的核心机制",②所以以此作为政策文本的典型是较为恰当的。从具体内容来看,规划中均使用了"金融"的相关表述,且"防范和化解金融风险"一直在历次规划中被贯彻,"金融稳定""金融安全""系统性风险"等表述也屡有提及,表明了党中央高层对于以金融为核心的虚拟经济运行安全高度关注。当然,近五个"五年规划"的着重点也存在一些差别:其一,2005年、2010年和2015年尤其关注"金融稳定"或者"系统性风险"问题,这可能与当时的系统性风险防控压力息息相关;其二,五个"五年规划"都特别强调具体的制度建设,也可据此推论中央层面亦意识到虚拟经济法律制度建设的不完备,完善和优化虚拟经济法律制度是金融法治建设必不可少的组成部分,"'十四五'规划"建议中更是明确了应该建立"金融风险预防、预警、处置、问责制度体系";其三,2020年年底召开的十九届五中全会所通过的"'十四五'规划"建议中相较于前几次的"五年规划"关注点有所变化:此次的"五年规划"更为强调"同实体经济均衡发展"和"有效支持实体经济",这是对"脱实向虚"现象的切实回应,也代表了中央高层对于系统性金融风险更为深层的认识;其四,"'十四五'规划"建议中明确要求"推进金融双向开放"也是较于前几次"五年规划"中更为凸显开放经济条件影响的表达。概言之,从党中央近二十年来的"五年规划"可以发现中央层面对于虚拟经济的运行安全越发重视,相

---

① 参见《防范金融风险 服务实体经济——解读中共中央政治局集体学习维护国家金融安全》,中国政府网,2020-12-26.

② 相关内容请参见韩博天,奥利佛·麦尔敦,石磊.规划:中国政策过程的核心机制[J].开放时代,2013(6):8-31.

关制度的着力点和制度体系也越发明晰。

表 3-6　党中央主导的经济规划中涉及虚拟经济运行安全情况统计

政策名称	制定主体	时间	相关内容
《中共中央关于制定国民经济和社会发展第十个五年计划的建议》	中国共产党第十五届中央委员会第五次全体会议	2000 年 10 月 11 日	强化金融监管，防范和化解金融风险，提高金融资产质量。保持国际收支基本平衡。完善以市场供求为基础的、有管理的浮动汇率制度
《中共中央关于制定国民经济和社会发展第十一个五年规划的建议》	中国共产党第十六届中央委员会第五次全体会议	2005 年 10 月 11 日	完善金融监管体制，强化资本充足率约束，防范和化解金融风险。规范金融机构市场退出机制，建立相应的存款保险、投资者保护和保险保障制度。稳步推进利率市场化改革，完善有管理的浮动汇率制度，逐步实现人民币资本项目可兑换。维护金融稳定和金融安全
《中共中央关于制定国民经济和社会发展第十二个五年规划的建议》	中国共产党第十七届中央委员会第五次全体会议	2010 年 10 月 18 日	加强金融监管协调，建立健全系统性金融风险防范预警体系和处置机制。参与国际金融准则新一轮修订，提升我国金融业稳健标准。建立存款保险制度。深化政策性银行体制改革。健全国有金融资产管理体制。完善地方政府金融管理体制
《中共中央关于制定国民经济和社会发展第十三个五年规划的建议》	中国共产党第十八届中央委员会第五次全体会议	2015 年 10 月 29 日	加强金融宏观审慎管理制度建设，加强统筹协调，改革并完善适应现代金融市场发展的金融监管框架，健全符合我国国情和国际标准的监管规则，实现金融风险监管全覆盖。完善国有金融资本和外汇储备管理制度，建立安全高效的金融基础设施，有效运用和发展金融风险管理工具。防止发生系统性区域性金融风险

续表

政策名称	制定主体	时间	相关内容
《中共中央关于制定国民经济和社会发展第十四个五年规划和二〇三五年远景目标的建议》	中国共产党第十九届中央委员会第五次全体会议	2020年10月29日	推动金融、房地产同实体经济均衡发展,实现上下游、产供销有效衔接,促进农业、制造业、服务业、能源资源等产业门类关系协调。 构建金融有效支持实体经济的体制机制,提升金融科技水平,增强金融普惠性。深化国有商业银行改革,支持中小银行和农村信用社持续健康发展,改革优化政策性金融。全面实行股票发行注册制,建立常态化退市机制,提高直接融资比重。推进金融双向开放。完善现代金融监管体系,提高金融监管透明度和法治化水平,完善存款保险制度,健全金融风险预防、预警、处置、问责制度体系,对违法违规行为零容忍

再次,我们可以从党中央召开的相关经济会议精神进一步探知一二,因为相关经济工作会议是一个更为微观和具体的政策观察窗口。对此,笔者统计了本课题立项以来的中央经济工作会议和全国金融工作会议情况(表3-7),总体上可以发现中央经济工作会议和全国金融工作会议对防范和化解金融风险(尤其是系统性风险)关注度较高,以期通过虚拟经济的运行安全为整个经济发展而服务。具体来看,近年来的中央经济会议中特别关注"金融风险"的防范,尤其是"守住不发生系统性金融风险的底线"也被频频提及,比如"金融市场的异常波动""地方债务风险"等皆是直接地表明了中央高层对于金融安全和金融稳定的高度关注,也即是虚拟经济运行安全的核心内容。实际上,党的十九大也明确提出"守住不发生系统性金融风险的底线",这是更高层次、高规格的重视。而从2017年召开的全国金融工作会议来看,防控金融风险更是重中之重,并在此次会议上决定设立"金融稳定发展委员会",这更是印证了整个国家层面对于虚拟经济运行安全的关注和重视。

表 3-7　课题立项以来党中央召开的经济会议中涉及虚拟经济运行安全情况统计

会议名称	会议时间	相关内容
中央经济工作2022会议	2022年12月15至16日	有效防范化解重大经济金融风险。要确保房地产市场平稳发展,扎实做好保交楼、保民生、保稳定各项工作,满足行业合理融资需求,推动行业重组并购,有效防范化解优质头部房企风险,改善资产负债状况,同时要坚决依法打击违法犯罪行为。要因城施策,支持刚性和改善性住房需求,解决好新市民、青年人等住房问题,探索长租房市场建设。要坚持房子是用来住的、不是用来炒的定位,推动房地产业向新发展模式平稳过渡。要防范化解金融风险,压实各方责任,防止形成区域性、系统性金融风险。加强党中央对金融工作集中统一领导。要防范化解地方政府债务风险,坚决遏制增量、化解存量
中央经济工作2021会议	2021年12月8至10日	要正确认识和把握防范化解重大风险。要继续按照稳定大局、统筹协调、分类施策、精准拆弹的方针,抓好风险处置工作,加强金融法治建设,压实地方、金融监管、行业主管等各方责任,压实企业自救主体责任。要强化能力建设,加强金融监管干部队伍建设。化解风险要有充足资源,研究制定化解风险的政策,要广泛配合,完善金融风险处置机制
中央经济工作2020会议	2020年12月16至18日	抓实化解地方政府隐性债务风险工作,党政机关要坚持过紧日子。稳健的货币政策要灵活精准、合理适度,保持货币供应量和社会融资规模增速同名义经济增速基本匹配,保持宏观杠杆率基本稳定,处理好恢复经济和防范风险关系,多渠道补充银行资本金,完善债券市场法制,加大对科技创新、小微企业、绿色发展的金融支持,深化利率汇率市场化改革,保持人民币汇率在合理均衡水平上的基本稳定

续表

会议名称	会议时间	相关内容
中央经济工作 2019 会议	2019 年 12 月 10 至 12 日	我国金融体系总体健康，具备化解各类风险的能力。要保持宏观杠杆率基本稳定，压实各方责任 稳健的货币政策要灵活适度，保持流动性合理充裕，货币信贷、社会融资规模增长同经济发展相适应，降低社会融资成本。要深化金融供给侧结构性改革，疏通货币政策传导机制，增加制造业中长期融资，更好缓解民营和中小微企业融资难融资贵问题
中央经济工作 2018 会议	2018 年 12 月 19 至 21 日	打好防范化解重大风险攻坚战，要坚持结构性去杠杆的基本思路，防范金融市场异常波动和共振，稳妥处理地方政府债务风险，做到坚定、可控、有序、适度
中央经济工作 2017 会议	2017 年 12 月 18 至 20 日	稳健的货币政策要保持中性，管住货币供给总闸门，保持货币信贷和社会融资规模合理增长，保持人民币汇率在合理均衡水平上的基本稳定，促进多层次资本市场健康发展，更好地为实体经济服务，守住不发生系统性金融风险的底线 打好防范化解重大风险攻坚战，重点是防控金融风险，要服务于供给侧结构性改革这条主线，促进形成金融和实体经济、金融和房地产、金融体系内部的良性循环，做好重点领域风险防范和处置，坚决打击违法违规金融活动，加强薄弱环节监管制度建设
中央经济工作 2016 会议	2016 年 12 月 14 至 16 日	要把防控金融风险放到更加重要的位置，下决心处置一批风险点，着力防控资产泡沫，提高和改进监管能力，确保不发生系统性金融风险

续表

会议名称	会议时间	相关内容
中央经济工作 2015 会议	2015 年 12 月 18 至 21 日	防范化解金融风险。对信用违约要依法处置。要有效化解地方政府债务风险，做好地方政府存量债务置换工作，完善全口径政府债务管理，改进地方政府债券发行办法。要加强全方位监管，规范各类融资行为，抓紧开展金融风险专项整治，坚决遏制非法集资蔓延势头，加强风险监测预警，妥善处理风险案件，坚决守住不发生系统性和区域性风险的底线
全国金融工作会议	2017 年 7 月 14 至 15 日	紧紧围绕服务实体经济、防控金融风险、深化金融改革三项任务，创新和完善金融调控，健全现代金融企业制度，完善金融市场体系，推进构建现代金融监管框架，加快转变金融发展方式，健全金融法治，保障国家金融安全，促进经济和金融良性循环、健康发展

当然，从上述的政策文本中，我们仅能看到关注和重视虚拟经济运行安全的相关表述，这实际上是中央层面的规划或者会议精神体现出的国家的"大政方针"，强调的是一种思想上和理念上的指引，具体的对策将由政策执行者来具体推行，相关内容需要通过关涉虚拟经济运行安全的政府部门去观察。

二、制度规范中的"安全"表达

在理论上，金融与虚拟经济是有一定差异的，虚拟经济法与金融法亦不能等同，这也就决定了虚拟经济运行安全法律制度与金融安全法律制度是有区别的。但是，虚拟经济仍属于一个理论探索中的概念，尚未在现实生活中普及，相关的立法中也尚未出现"虚拟经济"的表述，而金融业是虚拟经济最具有代表性的行业形态，关乎虚拟经济安全的表达多需要借助"金融"或者具体虚拟经济形态(譬如证券、期货)展开，我们的考察也需要相机调整。如前所述，我国的虚拟经济运行安全法律制度是复杂而多元的，要明晰既有法律规范体系的"安全"表达，仍要回到各个具体的法律制度文本中去，考虑到法律制度的效力层级和复杂程度，本书依照四个维度分别展开。[①]

（一）宏观语境中的"国家安全"

依照前文所述，《国家安全法》是包括虚拟经济运行安全在内的经济安全等关系国家安全内容的基本法，也即是统领虚拟经济运行安全的基本法。但是，经济安全进入《国家安全法》的视野是最近几年才完成的，故此，下文所讨论的《国家安全法》仅限于 2015 年新通过的《国家安全法》。

纵观现行的《国家安全法》，并无直接关涉"虚拟经济安全"的相关内容，但针对"经济安全"是有涵盖的，具体内容有两部分：其一是在该法第三条明确"总体国家安全观"要"以经济安全为基础"；其二是该法第十九条规定"国家维护国家基本经济制度和社会主义市场经济秩序，健全预防和化解经济安全风险的制度机制，保障关系国民经济命脉的重要行业和关键领域、重点产业、重大基础设施和重大建设项目以及其他重大经济利益安全"。从中可见，经济安全已经得到了高度重视，并在其中主张建立预防和化解安全风险的机制，但是该制度对于安全的粗线条是显而易见的：既没有明确"安全"的具体范围，也没有关于"安全"的具体举措。有论者指出我国经济金融安全、生态环境安全等方面的系统性专门性立法尚未见端倪，[②]这也表明了单从《国家安全法》来讨论"虚拟经济安全"甚至是"经济安全"是有些单薄的。

（二）国家立法中的"安全"表达

在上文讨论"虚拟经济运行安全法律制度总体样态"的过程中，本书将我国现行效力层级较高的、现行虚拟经济运行安全法律制度的核心文本做了一个整理（表 3-8）。从中我们可以发现，在主要的制度文本表达中有以下

---

① 本部分没有专门对金融监管中的"安全"表达进行单独讨论，是因为在国家立法中普遍性地选择授权给金融监管机构，这使其成为国家立法中有关"安全"要求的直接执行者，没有单独讨论的必要，故此本部分也做省略处理。

② 倪铁，兰天.非传统国家安全法律体系框架建构论纲[J].犯罪研究,2019(1):2-9.

特点:第一,"安全"主要通过立法目的或者机构职责进行表达,也即表明有关"安全"实质被视作为一种价值目标或者功能定位;第二,"安全"在制度文本多是通过"金融稳定""金融秩序""防范和化解风险"等词语所体现,可见"安全"在具体指向上是存在一些差异的。具体来看,我们可以窥见相关表述的细微差异,除了《中国人民银行法》外,"金融稳定"的出现频次较低,更多是某一行业的"稳定"或"稳健"以及"金融秩序",从本质上来讲,"金融稳定"更为强调宏观层面的整体性安全,而"金融秩序"多是行业性安全,这可能与《中国人民银行法》自身担负的宏观调控职能有关,而其他关于某一领域或者行业的立法多是关注这个行业的问题,这也意味着当前立法中对于"安全"的表达是不足的,尤其是具体制度并不关注宏观层面的安全问题,有一种"各扫自家门前雪"之感。

表3-8 我国虚拟经济运行安全主要法律制度的"安全"表达

法律名称	适用领域	有关"安全"表达的条文
《中国人民银行法》	宏观调控与金融监管	第一条关于立法目标的有"维护金融稳定"表述
		第二条关于央行职责有"防范和化解金融风险,维护金融稳定"表述
		第十三条关于央行分支机构职责有"维护本辖区的金融稳定"表述
《商业银行法》	银行业	第一条关于立法目标有"保障商业银行的稳健运行,维护金融秩序"表述
《银行业监督管理法》	银行业	第一条关于立法目标有"防范和化解银行业风险"表述
		第三条关于银行监管目标有"促进银行业的合法、稳健运行"表述
《证券法》	证券业	第一条关于立法目的有"维护社会经济秩序和社会公共利益"表述
		第一百六十八条关于证券监管机构职责有"防范系统性风险,维护投资者合法权益,促进证券市场健康发展"表述

续表

法律名称	适用领域	有关"安全"表达的条文
《证券投资基金法》	证券业	第一条关于立法目的有"促进证券投资基金和资本市场的健康发展"表述
《保险法》	保险业	第一条关于立法目的有"维护社会经济秩序和社会公共利益,促进保险事业的健康发展"表述
		第一百三十三条关于保险监管机构的职责有"维护保险市场秩序"表述
《期货和衍生品法》	期货	第一条关于立法目的有"防范化解金融风险,维护国家经济安全"表述
《期货交易管理条例》	期货	第一条关于立法目的有"维护期货市场秩序,防范风险"表述
《外资银行管理条例》	银行业	第一条关于立法目的有"促进银行业的稳健运行"表述
《证券公司风险处置条例》	证券业	第一条关于立法目的有"为了控制和化解证券公司风险"表述
《证券公司监督管理条例》	证券业	第一条关于立法目的有"防范证券公司的风险"表述
《证券交易所风险基金管理暂行办法》	证券业	第一条关于立法目的有"为保障证券交易系统的安全运转"表述
《外资保险公司管理条例》	保险业	第一条关于立法目的有"促进保险业的健康发展"表述
《存款保险条例》	银行业	第一条关于立法目的有"及时防范和化解金融风险,维护金融稳定"表述
《金融违法行为处罚办法》	金融业	第一条关于立法目的有"维护金融秩序,防范金融风险"表述
《票据管理实施办法》	票据	第一条关于立法目的有"维护金融秩序"表述

（三）金融司法的"安全"表达

虚拟经济运行安全主要是需要预防和应对虚拟经济发展和运行中所产生的种种风险,而依照当下的理论与实践,"风险社会"语境下的风险管理更多仰仗于政府监管而非法院执行。正如"法律不完备性"理论认为的那般,监管者可以积极主动地执法以规避执法不力问题,并且具有更好的灵活性和预防性,[①]法院确实在风险管理中处于一个相对弱势的地位。请注意,法院的处境只是相对弱势而不是绝对弱势,也即表明法院在某些范围依旧有着一定的可为空间。加上中国的司法有着明显的"政法色彩",以至于"我国司法机关的功能定位也一直是以贯彻不同时期国家中心任务、为社会主义建设保驾护航为基调的,"[②]故被称为"能动司法"。虚拟经济的运行安全关系着整个国家的经济安全,以"为大局服务"的"能动司法"介入虚拟经济运行安全是现实中的必然。

实际上,我国的司法确实也是这样的,我们统计了我国最高人民法院和部分高级人民法院所发布的文件中关于"安全"的表达,具体情况如表3-9所示。[③] 从统计中我们可以发现,这是迄今为止所有关于"安全"表达中少见地直接使用了"金融安全"表述,并且在相关的司法文件中,"维护国家金融安全"成为司法的保障和服务对象,这是要求各级法院在金融司法过程中贯彻"安全"的理念,也即形成了所谓的"金融安全的司法表达"[④]。从内容上来看,"金融安全"正在被高层级的法院要求下级在司法裁判活动中予以贯

①　PISTOR K,XU C G.Incomplete law-A conceptual and analytical framework and its application to the evolution of financial market regulation[J].SSRN Electronic Journal,2002:931-1013.

②　栗峥.国家治理中的司法策略:以转型乡村为背景[J].中国法学,2012(1):77-88.

③　需要说明的是,本书并未将与"金融安全"相关的司法文件全部梳理,此处仅仅列出了法院层面对"金融安全"的一个表达和认识(截止时间为2021年1月25日),比如诸多的司法官员讲话和部分司法文件也会提及"金融安全",本书不做详细阐述,具体可参见黄韬."金融安全"的司法表达[J].法学家,2020(4):68-82.

④　有关详细讨论可参考黄韬."金融安全"的司法表达[J].法学家,2020(4):68-82.

彻和执行;从时间维度来看,近年来法院对于"金融安全"的重视程度远超以前,力图在涉及金融类的审判中完全贯彻"金融安全"的系列要求,这与前述的政策话语中越发重视"金融安全"应该是密切相关的。此举实际上也是法院的"能动司法"表现,也被学者概括为整个国家的"文件政治"逻辑在司法场景中的具体表现。① 正是因为"能动司法"的影响,法院在有关"安全"的表达中倾向于将整个宏观形势与金融司法结合起来,具有很强的政治性色彩。从规范意义来讲,与司法权本身的谦抑性有所背离,进而可能会受到部分学者的批评。

表 3-9　我国既有司法文件中的"安全"表达

司法文件	发布单位	文书字号	具体表述
最高人民法院关于为构建社会主义和谐社会提供司法保障的若干意见	最高人民法院	法发〔2007〕2 号	妥善审理金融纠纷案件,保障金融安全。严格金融机构破产案件的受理条件,保证金融机构破产程序与行政撤销、关闭、整顿程序的有效衔接;慎重处理不良金融债权处置案件,保证不良债权处置交易的安全和顺畅,加强对不良债权转让合同的效力审查,防止国有资产的流失
关于为维护国家金融安全和经济全面协调可持续发展提供司法保障和法律服务的若干意见	最高人民法院	法发〔2008〕38 号	人民法院要一如既往地坚持应有的社会责任感,保持对宏观经济形势变化在司法领域引发的各种新情况和新问题的敏感性,自觉地服务于国家对防范金融风险、维护金融安全和保持国民经济稳定的大局,充分发挥审判职能作用,为维护国家金融安全和经济全面协调可持续发展,提供有力的司法保障和优质的法律服务

① 黄韬."金融安全"的司法表达[J].法学家,2020(4):68-82.

续表

司法文件	发布单位	文书字号	具体表述
关于认真落实最高人民法院《关于为维护国家金融安全和经济全面协调可持续发展提供司法保障和法律服务的若干意见》,审理好涉及因金融危机引发的商事纠纷案件的通知	北京市高级人民法院	京高法发〔2009〕39号	全市各级法院要严格按照相关法律、法规、司法解释的规定,以及市高院制定的相关指导意见和办案规范,审理涉及因金融危机引发的商事纠纷案件,做到统一自由裁量标准和裁判尺度,审判程序和实体处理步调一致,努力提高案件审判质量,切实为维护首都金融安全和经济全面协调可持续发展提供司法保障和法律服务
关于为维护国家金融安全和经济全面协调可持续发展提供司法保障的实施意见	陕西省高级人民法院	陕高法发〔2009〕14号	人民法院的各项审判工作与国民经济发展、社会发展稳定密切相关,在当前国际国内经济环境变化、社会矛盾复杂的形势下,全省各级人民法院要自觉服务于国家防范金融风险、维护金融安全和保持国民经济稳定发展的大局,充分发挥审判职能作用,为维护我省金融安全和经济全面协调可持续发展提供有力的司法保障
关于人民法院为防范化解金融风险和推进金融改革发展提供司法保障的指导意见	最高人民法院	法发〔2012〕3号	规范金融秩序,防范金融风险,推动金融改革,支持金融创新,维护金融安全,不仅是今后一个时期金融改革发展的主要任务,也是人民法院为国家全面推进金融改革发展提供司法保障的重要方面。各级人民法院要充分认识为防范化解金融风险和推进金融改革发展提供司法保障的重要性和紧迫性,充分发挥审判职能作用,深化能动司法,把握好"稳中求进"的工作总基调,为全面推进金融改革发展,保障实体经济平稳健康发展提供有力的司法保障

续表

司法文件	发布单位	文书字号	具体表述
关于进一步加强金融审判工作的若干意见	最高人民法院	法发〔2017〕22 号	……紧紧围绕服务实体经济、防控金融风险、深化金融改革三项任务，积极稳妥开展金融审判工作，切实维护国家金融安全，促进经济和金融良性循环、健康发展
关于落实金融风险防范工作的实施意见	上海市高级人民法院	（2018 年公布）	……以防范化解金融风险为主线，严厉打击金融刑事犯罪，合理引导和依法规范金融创新，加大对金融案件的执行力度，通过司法建议、审判白皮书等多种形式延伸审判职能，密切与行业监管等部门的沟通联系，推进完善金融纠纷多元化解决机制建设，着力营造良好的金融法治环境，促进上海经济金融健康良性发展，为上海国际金融中心建设提供坚实有力的司法保障
最高人民法院关于印发《全国法院审理债券纠纷案件座谈会纪要》的通知	最高人民法院	法〔2020〕185 号	债券市场风险的有序释放和平稳化解，是防范和化解金融风险的重要组成部分，事关国家金融安全和社会稳定 坚持保障国家金融安全原则。民商事审判工作是国家维护经济秩序、防范和化解市场风险、维护国家经济安全的重要手段。全国法院必须服从和服务于防范和化解金融风险的国家工作大局，以民法总则、合同法、侵权责任法、公司法、中国人民银行法、证券法、信托法、破产法、企业债券管理条例等法律和行政法规为依据，将法律规则的适用与中央监管政策目标的实现相结合，将个案风险化解与国家经济政策、金融市场监管和社会影响等因素相结合，本着规范债券市场、防范金融风险、维护金融稳定和安全的宗旨，依法公正审理此类纠纷案件，妥善防范和化解金融风险，为国家经济秩序稳定和金融安全提供有力司法服务和保障

司法文件	发布单位	文书字号	具体表述
最高人民法院关于审理票据纠纷案件若干问题的规定	最高人民法院	法释〔2020〕32号(法释〔2020〕18号修正)	为了正确适用《中华人民共和国票据法》(以下简称票据法),公正、及时审理票据纠纷案件,保护票据当事人的合法权益,维护金融秩序和金融安全,根据票据法及其他有关法律的规定,结合审判实践,现对人民法院审理票据纠纷案件的若干问题规定如下
最高人民法院关于为长江三角洲区域一体化发展提供司法服务和保障的意见	最高人民法院	法发〔2020〕22号	完善审理跨行政区域重大民商事案件审判工作机制,密切关注金融政策、新型融资方式对长三角区域经济社会发展的影响,依法妥善审理民间借贷、互联网金融等案件,支持金融领域协同改革,促进防范化解金融风险,维护金融创新和金融安全
最高人民法院关于人民法院为中国(上海)自由贸易试验区临港新片区建设提供司法服务和保障的意见	最高人民法院	法发〔2019〕31号	健全完善金融审判体制机制,支持上海法院,特别是上海金融法院积极回应新片区金融领域改革开放的司法需求,妥善化解各类跨境金融纠纷,保障新片区推动跨境金融服务便利化,保障各项金融创新举措的顺利实施。加强与金融监管部门的沟通协调,为新片区建立统一高效的金融管理体制机制提供司法保障,优化营商环境,切实防范金融风险,维护国家金融安全

续表

司法文件	发布单位	文书字号	具体表述
最高人民法院关于当前商事审判工作中的若干具体问题	最高人民法院	— （2015 年公布）	随着我国金融市场改革发展不断深化，日趋丰富的金融产品与服务在为金融消费者带来便利的同时，因投资性金融产品的误导性销售、金融中介提供服务的行为失范，以及行为人在证券交易市场上实施虚假陈述、内幕交易和市场操纵等行为所引发的纠纷案件也有所增加。对此应予高度重视。在相关案件的审理中，必须将金融消费者权益保护作为重要内容，推动形成公开公平公正的市场环境和市场秩序，进一步提升金融消费者信心，维护国家的金融安全与稳定

（四）地方立法的"安全"表达

在前文的梳理中，我们发现近年来地方层面也积极参与到虚拟经济法律制度的供给中来，并且在中央不断强调地方的风险处置责任之后，逐渐成为一种趋势，那么，既有的地方性立法是否关系"安全"呢？本书将已经立法通过的几部地方金融条例做了整理。根据表 3-10① 的统计范围涵盖，结果显示：其一，地方立法在立法目的和地方金融发展或者金融管理目标上都较为一致地有所涉及，足见地方性立法对于"安全"十分重视；其二，在具体的表述上十分多样，"健康发展""健康平稳""稳定""安全""秩序"等词语均有出现，是既有的制度群相关词汇使用最为广泛的，并且在立法表述中尽量兼顾了宏观层面的"安全"和行业层面的"秩序"；其三，地方性立法更加强调"地方金融"的安全，其中的区域性色彩是一个显著特征。

---

① 此处的相关统计截止到 2021 年 1 月 28 日，因为以省级为单位的地方金融立法正在陆续出台，当前的统计可能有缺漏。

表 3-10 我国部分地方性立法中的"安全"表达

地方性规范名称	相关表达
《天津市地方金融监督管理条例》	第一条关于立法目的有"防范和化解金融风险,促进金融健康发展"表述
	第三条地方金融监督管理应当遵循积极稳妥、安全审慎的原则,坚持促进发展与防范风险相结合,积极引导地方金融组织合法合规经营,保持地方金融安全、高效、稳健运行
《四川省地方金融监督管理条例》	第一条关于立法目的有"防控金融风险,维护金融秩序,促进金融发展,服务实体经济"表述
	第四条地方金融监督管理工作应当遵循积极稳妥、安全审慎原则,坚持发展与规范、创新与监管并重,保持金融健康平稳运行
《河北省地方金融监督管理条例》	第一条关于立法目的有"防范和化解金融风险,维护金融稳定,促进地方金融健康发展"表述
	第四条地方金融监督管理工作应当坚持促进发展与防范风险相结合,遵循积极稳妥、安全审慎的原则,着力构建现代金融监管框架,推动金融服务实体经济,发挥市场在金融资源配置中的作用,促进经济和金融良性循环、健康发展
《山东省地方金融条例》	第一条关于立法目的有"促进金融发展,维护金融稳定"表述
	第三条地方金融工作应当坚持促进发展与防范风险相结合,遵循积极稳妥、安全审慎的原则,保持金融健康平稳运行,构建良好的地方金融生态环境,推动金融服务实体经济,促进经济社会发展
《浙江省地方金融条例》	第一条的立法目的有"防范和化解金融风险,维护区域金融稳定"表述
《上海市地方金融监督管理条例》	第一条的立法目的有"防范化解金融风险,促进本市金融健康发展"表述
	第三条本市地方金融监督管理工作,应当遵循安全审慎、有序规范、创新发展的原则,坚持服务实体经济、防控金融风险和深化金融改革的目标,推动金融服务经济高质量发展

续表

地方性规范名称	相关表达
《辽宁省防范和处置金融风险条例》	第一条的立法目的有"防范和处置金融风险,维护金融安全和社会稳定"表述
《内蒙古自治区地方金融监督管理条例》	第一条的立法目的有"有效防范和处置地方金融风险,引导地方金融高质量服务实体经济,促进自治区经济社会持续健康发展"表述
	第三条地方金融监督管理工作应当遵循安全审慎、规范高效、创新发展的原则,促进金融与经济良性循环、健康发展
《广西壮族自治区地方金融监督管理条例》	第一条的立法目的有"防范和化解金融风险,促进地方金融健康发展"表述
《厦门经济特区地方金融条例》	第一条的立法目的有"规范地方金融组织及其活动,促进金融服务实体经济,维护金融消费者和金融投资者的合法权益,防范和化解金融风险"表述
	第三条地方金融工作应当坚持促进发展与防范风险相结合,遵循创新发展、积极稳妥、安全审慎的原则
《江西省地方金融监督管理条例》	第一条的立法目的有"防范和化解金融风险,维护金融秩序,引导金融为经济社会发展服务,促进金融健康发展"表述

当然,地方层面的立法中嵌入"金融安全"表达是最近几年才出现的,相关的地方金融立法也都是 2018 年以后才开始出现的,笔者以为此与两个现实背景有关:①前文述及的政策话语中近年来对"金融安全"的高度重视,并且将"金融安全"上升到了"国家安全"的高度,同时作为近年来的"三大攻坚战"之一,国家机关层面自上而下都开始重视起来,前述的金融司法即是如此,地方层面也不遑多让;②地方层面高度重视与部分区域引发的金融风险事件有关系,比如早前浙江温州的民间借贷危机、云南的泛亚金融案件都影响特别大,地方政府在其中有着说不清的利害关系,所以中央有意让地方政府自身担负起风险防范和处置的责任,而地方政府一直有意谋取相关的

金融权力。①正是如此,地方层面,基本上是以省级为单位②掀起了新一轮的地方金融立法潮,并且将"金融安全"引入其中,形成了独特的"金融安全"的地方性表达格局。

（五）小结

在上文中,我们选择了一些较为重要的制度文本来考察关乎虚拟经济运行安全的相关表达,出现较多的表述是"金融稳定""金融秩序""防范风险""金融安全"等。其中既有侧重于宏观层面的"金融稳定"和"金融安全",也有限于行业的"金融秩序",更有宽泛的"防范风险"。具体来看,在国家立法层面的"安全"表达有着两极分化,即要么倾向于"稳定",要么只有"秩序",而地方立法则在两者之间平衡得更好一些。当然,相关表达的一个共同点都是将"安全"作为一种理念或者目标被使用在具体的制度文本之中,这是有关"安全"的直接体现,但是这种目标性的指向是否能够得以落实仍然有待于检验。

三、关乎保障安全的具体规范与措施

通过前文的考察,在既有的立法中,"安全"作为一种理念或者目标已经写入了"纸面上的法",但是这一表述在具体的制度设计中是否有着落地的具体安排或举措呢?对此,我们仍然需要从制度文本上予以考察,诚如前文的区分那般,我们大致可以区分为国家立法、司法层面以及地方立法三个不同的维度,此处的具体规范与措施也将从三个层面着手。

（一）国家立法中关乎虚拟经济安全的规范与措施

根据上文的梳理可知,涉及虚拟经济运行安全的国家立法并不少,那么

---

① 关于地方层面参与金融立法的更多阐述可参见刘骏.金融制度的地方性供给:源自民间金融的制度经验[J].社会科学,2018(8):55-64.

② 笔者以为这多半是因为国家对于地方层面立法权的约束,所以主要由省一级人大立法。

相关立法文本中是否有针对虚拟经济运行安全的保障措施呢? 我们针对相关规范开展了进一步的梳理,具体可参见表 3-11。[①] 从表中的统计数据发现,既有的高位阶制度文本中关于保障虚拟经济运行安全的具体措施十分笼统,多是授权性条款,对于安全保障的具体规定则并不明确,其主要可以归纳为以下几个方面:第一,中国人民银行被授予了货币政策和宏观调控的权限,这是一项最为重要的调控权限;第二,针对银行业、证券业、保险业、期货业分别授予监管机构风险防范和处置职权,尤其是银行业的相关规范和措施相对其他领域而言更为详细,这可能与银行业本身的特殊性有着极大的关系。

表 3-11　既有国家立法中保障安全的具体措施

法律规范名称	适用领域	具体措施
《中国人民银行法》	宏观调控与金融监管	第二十三条　执行货币政策及其货币政策工具
		第三十一条　宏观调控授权
		第三十二至三十四条　维护金融稳定的检查监督以及督促其他金融监管机构检查监督权
《商业银行法》	银行业	第六十四至七十二条　商业银行的接管与终止
《银行业监督管理法》	银行业	第十七至十九条　机构和业务准入
		第二十一条　审慎经营规则,包括风险管理、内部控制、资本充足率、资产质量、损失准备金、风险集中、关联交易、资产流动性等内容
		第二十三至二十四条　风险的现场和非现场检查
		第二十七条　风险预警规定
		第二十八至二十九条　突发事件处置
		第三十七至三十九条　问题银行机构的处置

---

① 此处的相关统计截至 2020 年 12 月 28 日,与此相关的最新立法正在不断地更新和出台,本书可能难以及时更新。

续表

法律规范名称	适用领域	具体措施
《证券法》	证券业	第一百四十三条 证券公司出现重大风险的处置
		第一百六十九条 监管机构"依法监测并防范、处置证券市场风险"的授权
《保险法》	保险业	第一百三十七至一百三十八条 保险公司偿付能力监测与处置
		第一百三十九至一百四十九条 问题保险公司的处置与退出
《期货和衍生品法》	期货业	第五条 建立和完善风险的监测监控与化解处置制度机制
		第七十一条 制定期货经营机构持续性经营规则
		第七十三条 不符合持续性经营规则或者出现经营风险的期货经营机构处置措施
		第七十四条 违法经营或者出现重大风险的期货经营机构处置措施
		第八十七条 期货交易场所的风险监测与异常情况处置措施
《外汇管理条例》	外汇业	第十一条 国际收支平衡的保障措施
《期货交易管理条例》	期货业	第十一至十二条 交易所风险管理与紧急处置权
		第十六至十七条 期货机构与期货业务准入
		第四十六至四十七条 期货业监督与处置
		第五十条 期货投资者保障基金
		第五十四至五十七条 期货公司的监督与问题处置
		第五十八条 异常情况风险处置权
《外资银行管理条例》	银行业	第七至十二条 外资银行的机构准入
		第十九至三十四条 外资银行的业务准入
		第四十五至四十六条 风险资产比、资本充足率、流动性控制要求
《证券公司风险处置条例》	证券业	第六至十八条 证券公司的停业整顿、托管、接管、行政重组
		第四十八条 监管机构的风险处置职责

续表

法律规范名称	适用领域	具体措施
《外资保险公司管理条例》	保险业	第七至八条　外资保险公司的准入条件
《存款保险条例》	银行业	第十五条　风险警示职能
《金融机构撤销条例》	银行业	金融机构撤销的具体规定
《非法金融机构和非法金融业务活动取缔办法》	金融业	非法金融机构和业务取缔的具体规定

　　既然高位阶立法中关于虚拟经济安全保障的具体举措较为笼统,势必需要在更为具体的制度文本中探究。本书通过梳理发现,我国的金融监管机构也在尝试建立相应的具体规范:首先,中国人民银行、中国银行保险监督管理委员会、中国证券监督管理委员会在2018年联合印发了《关于完善系统重要性金融机构监管的指导意见》(银发〔2018〕301号),首次就系统重要性金融机构监管问题建构了全面的制度框架;其次,中国银监会在2017年出台了《关于银行业风险防控工作的指导意见》(银监发〔2017〕6号),针对银行业中信用风险、流动性风险、债券投资业、同业业务、银行理财和代销业务等领域的风险防控问题拟定了基本框架。

（二）司法规范中关乎虚拟经济安全的规范与措施

　　前文提及我国的法院有意为虚拟经济安全贡献一份力量,从相关的司法意见我们也可以探究金融司法是否也建立了一套防控风险的制度体系和制度工具呢?对此,我们也简要梳理了一番(表3-12①)。法院在金融债权保

①　此处的相关统计截至2021年1月28日,因为法院发布的司法文件越来越多,尤其是《民法典》颁行以后迎来司法解释和司法文件的大规模调整,本书也可能会更新不及时。

护、破产案件审理、金融犯罪制裁等具体的业务上都做出了相对具体的规定,充分利用了司法裁判工具来实现保障"安全"的公共政策目的。实际上,我们也可以发现,司法层面来保障"安全"的措施多是落脚在司法裁判中,一般做法莫不过于用"金融安全"来审视具体的金融纠纷而传达出法院针对某些金融业务的基本立场,最为典型的即是法院倾向于以"金融安全"为公共利益的切入点而认定某些游走在灰色地带的合同无效,法院期待借此实现引导市场发展的目的。相较于金融监管而言,法院的举措更为隐晦,但是可以看得出我国的最高司法机关特别重视此项工程。

表 3-12　我国司法文件中关于保障安全的具体措施

司法文件	具体措施
《关于为维护国家金融安全和经济全面协调可持续发展提供司法保障和法律服务的若干意见》	(1)依法保障金融债权;(2)制裁金融违法违规行为;(3)依法保障企业发展;(4)依法规范经济秩序;(5)促进政府依法行政;(6)加强知识产权保护;(7)加大案件执行力度;(8)认真开展调查研究
《关于为维护国家金融安全和经济全面协调可持续发展提供司法保障的实施意见》	(1)加大保护国有金融债权力度;(2)依法审理好企业债务纠纷案件;(3)认真审理好金融危机引发的其他案件;(4)依法严厉打击破坏金融管理秩序犯罪;(5)加强调研和司法建议工作
《关于人民法院为防范化解金融风险和推进金融改革发展提供司法保障的指导意见》	(1)制裁金融违法犯罪:依法惩治金融犯罪活动,依法制裁金融违法行为,支持清理整顿交易场所,切实防范系统金融风险;(2)依法规范金融秩序:保障信贷市场规范健康发展,保障证券期货市场稳定发展,促进金融中介机构规范发展,完善金融企业市场退出机制;(3)依法保障金融债权:妥善审理金融不良债权案件,依法制裁逃废金融债务行为,继续加大金融案件执行力度

续表

司法文件	具体措施
关于进一步加强金融审判工作的若干意见	(1)依法处置"僵尸企业"推动经济去杠杆;(2)充分发挥破产重整制度的拯救功能,促进有价值的危困企业再生;(3)积极预防破产案件引发金融风险,维护社会稳定;(4)依法保护金融债权,提升金融债权实现效率;(5)依法审理票据纠纷案件,妥善化解票据风险;(6)依法审理金融不良债权案件,保障金融不良债权依法处置;(7)持续保持对非法集资犯罪打击的高压态势,有效维护社会稳定;(8)依法保障房地产市场平稳健康发展,防范房地产市场的金融风险传导;(9)依法严厉惩治证券犯罪行为,维护资本市场秩序;(10)加强投资者民事权益的司法保护,维护投资者的财产安全;(11)规范整治地方交易场所的违法交易行为,防范和化解区域性金融风险;(12)依法审理涉地方政府债务纠纷案件,防范地方政府债务风险;(13)依法审理涉外投资案件,加强外部金融风险的防范应对
关于落实金融风险防范工作的实施意见	(1)全面加强金融刑事案件审判工作:依法严厉打击各类金融犯罪活动,依法严厉惩治证券犯罪行为;(2)全面加强金融商事案件审判工作:加强涉金融债权类案件审判工作,审慎处理金融创新产品引发的金融纠纷案件,依法审理涉各类交易场所的民事赔偿案件;(3)进一步加大金融案件的执行力度:加大对合法金融债权的保护力度,加大对妨害执行等违法行为的惩治力度;(4)积极发挥审判延伸职能:认真做好金融审判系列白皮书和典型案例发布工作;(5)加强与金融监管部门;(6)行业协会的交流互动
最高人民法院关于印发《全国法院民商事审判工作会议纪要》的通知	(1)下列强制性规定,应当认定为"效力性强制性规定":强制性规定涉及金融安全、市场秩序、国家宏观政策等公序良俗的…… (2)违反规章一般情况下不影响合同效力,但该规章的内容涉及金融安全、市场秩序、国家宏观政策等公序良俗的,应当认定合同无效

(三)地方立法中关乎虚拟经济安全的规范与措施

诚如前述,地方层面兴起的金融立法潮中嵌入了"金融安全"的政治因素,所以目前正在推进的地方性金融条例中也为"安全"的保障设计了部分制度工具和措施,本书针对已经审议通过的地方金融立法做出了一个初步统计(表3-13),①综合比较可以发现:其一,地方性立法在名称上有些许区别,多数青睐于"地方金融监督管理条例",而山东和浙江采用了"地方金融条例",辽宁则独树一帜地采用了"防范和处置金融风险条例"。由此可见,辽宁的名称应该最能体现保障安全和防范风险的实质内涵。其二,已经出台的相关制度规范中,有很多雷同之处,比如在规范的章节安排上多数均有专章的"风险防控"或者"风险防范",只有山东和厦门的地方金融条例将相关内容置于"监督管理"之下,而在具体的举措方面无外乎"地方政府责任""金融组织主体责任""风险监测与报告""风险应对措施""地方政府部门间的风险处置协调机制""中央与地方的风险处置协调机制"等内容,其中的制度学习印记较为明显。② 其三,规范上多半比较笼统,虽然在内容上基本上涵盖了多个方面,但是很多内容不明晰,诸如"地方政府部门间的风险处置协调机制"到底该如何协调几乎都只是点到为止。

表 3-13 我国部分地方性立法中的保障"安全"的规范与措施

地方性法规名称	相关表达
《天津市地方金融监督管理条例》	第四章专章规定了"风险防控",自第三十条起至第三十五条共计6条,包括了金融风险防范和处置工作机制、地方金融组织风险突发事件应急预案、重大金融风险的报告与处置等内容

---

① 此处的相关统计截至 2021 年 1 月 28 日,因为以省级为单位的地方金融立法正在陆续出台,当前的统计还只是部分。

② 有关制度学习的内容可参见刘骏.金融制度的地方性供给:源自民间金融的制度经验[J].社会科学,2018(8):55-64.

续表

地方性法规名称	相关表达
《四川省地方金融监督管理条例》	第四章专章规定了"风险防范"，自第二十九条起至第三十六条共计 8 条，包括了地方政府的风险防范和处置责任、地方金融组织信息公示制度、央地监管部门间的信息沟通和协调机制、政府监管措施、地方金融风险监测预警系统等内容
《河北省地方金融监督管理条例》	第三章专章规定了"金融风险防范"，自第二十四条起至第二十九条共计 6 条，包括了金融风险监测预警与早期预防机制、金融风险的重点监控与处置、各级政府的责任等内容
《山东省地方金融条例》	在第四章的"金融监管"部分的第三十九条至四十六条针对风险防范和处置作出了规定，包括了监测预警与风险评估、风险处置措施、重大风提示与处置、政府部门间协调机制、央地监管机构沟通与协调机制等内容
《浙江省地方金融条例》	第三章专章规定了"金融风险防范与处置"，自第二十二条起至第三十二条共计 11 条，包括了金融风险处置主体责任、金融风险防范和化解工作机制、金融风险监测防范系统、金融风险处置措施、多部门协同机制等内容
《上海市地方金融监督管理条例》	第四章专章规定了"风险防范与处置"，自第三十条起至第三十三条共计 4 条，包括了风险防范和处置的责任主体、央地议事协调机制、风险事件承担主体责任等内容
《辽宁省防范和处置金融风险条例》	在第二章"风险防范"和第三章"风险处置"分别就地方金融风险的防范和处置作出规定，自第九条起至第二十五条共计 17 条，包括了金融机构和政府的防范责任、地方金融风险信息收集与监测预警机制、风险防范信息共享机制、政府部门间协调机制、金融机构突发事件的发现与报告岗位责任制度、风险处置协作机制

续表

地方性法规名称	相关表达
《内蒙古自治区地方金融监督管理条例》	第四章专章规定了"风险防范与处置"，自第二十四条起至第三十二条共计9条，包括了金融风险监测机制、省际合作机制、政府间协同机制、金融风险处置主体责任、风险报告义务、风险防范与处置措施等内容
《广西壮族自治区地方金融监督管理条例》	第五章专章规定了"风险防范与处置"，自三十三条起至第三十八条共计6条，包括了地方金融风险监测预警机制、金融风险防范与处置的部门协同机制、重大金融风险事件报告制度、重大风险应对措施等内容
《厦门经济特区地方金融条例》	在第四章的"监督管理"部分针对金融风险防范与处置作出了规定，主要体现在第三十七条至第四十四条，包括了基于审慎监管的监管措施、金融风险监测预警机制、金融风险处置主体责任、重大风险应对措施、政府间协同机制、地方金融风险处置机制等内容
《江西省地方金融监督管理条例》	第四章专章规定了"金融风险防范与处置"，自第二十六条起至第三十六条共计11条，其中包括风险防范与处置的主体责任、工作机制、数据监测、处置措施、风险报告、央地协同等内容

当然，笔者以为地方金融立法中的安全保障措施落脚于"风险防范与处置"，这在逻辑上是没有问题的。但在梳理后发现的一个突出问题是，地方立法中似乎并没有对金融风险进行分类。一般性的金融风险和区域性的金融风险虽然有着千丝万缕的联系，但两者的差异也是显而易见的，既有的立法中很难看得出针对风险的不同采取了有差别的措施和方案。

（四）小结

纵观上文所梳理关于保障"安全"的具体规范和措施，可以说既有的制度规范关乎虚拟经济运行安全的内容是十分可观和丰富的，既有国家层面的立法，也有地方层面的立法，同时还有金融监管部门的执法文件，亦有司法机关出台的解释性和指导性司法文件，大大小小的制度规范共同构成了旨在保障"安全"的规范体系。然而，笔者在梳理中也发现，相关规范的多元以及体量庞大，也会容易引发整个规范体系的复杂化，我们应该注重从以下的几个方面去理解：第一，不同的规范出台都有着一定的时代背景，譬如最近几年的司法文件和地方立法对安全的体现更为集中和凸显，反而是国家立法显得更弱一些，这是因为前者的出台受到了中央高层重视"金融安全"的政治因素所影响，而国家立法多半是运行了多年的法律，其时代背景元素相对弱化，这与其本身的"立、改、废"程序烦琐也有关联。第二，总体上都在相对具体地针对某类风险构建规则，这与我们所认知的风险类型有着较大的差异，也即"系统性风险""重大风险""一般风险"的界限不是特别明确，相关规范的指向性也难以类型化。第三，"虚拟经济"的表述在现实中不是特别常见，更多是一种学理性的概括，所以既有的制度并不是特别容易能够对应起来，加之理论上的虚拟经济运行安全法律制度是一个基于风险逻辑的制度体系，而现实中的立法多半是针对某一行业而展开，相关的制度规范仍旧需要整合和衔接。

第四章　评估的展开：

我国虚拟经济运行安全法律制度的实践样态

中国的虚拟经济改革与国家的改革开放同步，一开始就包含了法律和以经济为中心的双重目标，二者相伴而生，相伴而行。法治化已成为虚拟经济市场安全发展的刚性需求，法律促进虚拟经济发展，虚拟经济发展需要安全运行，安全运行离不开法律保障。法律制度对虚拟经济保障的质量和实效是关乎虚拟经济运行安全的核心问题，但是对虚拟经济法律制度的评估却不一定为监管者所重视，对事后的虚拟经济运行安全法律制度评估并没有引起足够的重视。对虚拟经济运行安全法律制度的评估应从法律规范本身特性和外在影响来评价，根据前文所述，主要限定于法律文本质量和实际绩效评估。本章对我国虚拟经济运行安全法律制度的文本质量评估主要从文本的合法性、规范性、强制性、稳定性、协调性和可操作性6个层面展开，而对文本的实际绩效评估则从运行合规性、目标的实现程度、运行的额外影响三个角度展开评估。

第一节　我国虚拟经济运行安全法律制度的文本质量评估

一、我国虚拟经济运行安全法律制度的合法性

重大改革要于法有据。立法先行要求重视虚拟经济安全保障制度的合

法性,追求法律体系的统一和谐,为安全保障提供持久的制度动力和发展边界。虚拟经济运行安全法律制度合法性评估,是对法律制度本身特性的评估,是评价虚拟经济法律制度规范是否符合法律标准的评估。合法性评估具体来讲主要包括两方面:①虚拟经济法律制度合宪性评估。宪法是一个国家的根本法,其他任何法律和法规都不能与宪法相抵触。全面依法治国已经成为我国的基本治国方略,要求以宪法为核心构筑我国依法治国的法律体系实现依宪治国。虚拟经济法律法规与实体经济法律法规相对应,是我国法律体系的重要组成部分,如果违背了宪法的规定和基本精神,相关的法律法规也会因违反宪法而无效。②不与上位法相冲突的效力评估。为了维护虚拟经济法内部的和谐统一,按照《中华人民共和国立法法》规定和法律位阶原理,上位法优于下位法。在不与上位法冲突方面,我国虚拟经济法律制度应重点评估行政法规、规章制度是否违反虚拟经济基本法律。

从虚拟经济发展的历史角度,在我国改革开放的早期,囿于虚拟经济摸着石头过河的实践以及对虚拟经济安全保障理论研究和认识的时代局限,遂产生了依规之治,这有其产生的制度环境和理论原因。在这一过程中虚拟经济立法主要以规章立法为主,在特定历史时期这种立法方式和由此产生的虚拟经济规范,为突破既有僵化体制的束缚、减轻金融抑制作用、推动虚拟经济发展创造了制度条件。产生的规范属于先行立法和试验性立法范畴,此时的依规治理有其正当性和合法性。随着我国市场经济体制的逐步完善,依法治国成为治国方略,我国出台了《立法法》等相关法律文件对立法作出了全方位规范,在凡是重大改革都必须于法有据的背景下,我国加强了虚拟经济法律保障,陆续出台了十多部金融法律,为虚拟经济安全保障打造了基本的法律框架和体系。在制定虚拟经济基本法律之下,为了保障虚拟经济运行安全,出台了大量的法规和规范性文件来协同治理安全运行问题,同期出台的法规规章已然高达几千部。立法是利益表达和利益博弈的结果,虚拟经济安全法律保障牵涉监管部门、市场主体、消费者多方利益,立法需要重视各主体主张和利益保护,但是更要避免因部门利益而丧失法律的合法性,即违背宪法和上位法。

为了促进实体经济高质量发展,保障虚拟经济运行安全,近年十多个地方省市陆续出台了地方金融监督管理条例。地方立法机关积极主动制定地方性法规是在缺失金融基本法上位法和统一制度供给的情况下出于安全监管需要不得已而为之,实际发挥了弥补虚拟经济安全保障法律空白的功能,然而在理论和实践中对其合法性存在不同认识。从 2018 年地方金融监管局设立以来,各地方陆续制定了地方虚拟经济监督管理条例,其中山东是最早制定的省份。在上位法缺失的背景下,地方虚拟经济监管立法是否具有合法性,立法的界限等问题一直被质疑。根据我国《立法法》第八条的规定,金融基本制度属于立法保留事项,地方性立法不能制定干预相应内容的制度。《立法法》第七十三条规定,地方性立法可以进行三种立法,分别是执行性立法、自主性立法和先行立法。结合上述两个条文,我们认为地方制定虚拟经济监管法规并没有违反法律保留而不具备合法性。现有的虚拟经济监管立法主要规范银行、保险等从业行为,随着互联网兴起,有别于传统虚拟经济活动的新型虚拟经济业态不断涌现,游离于现有监管法律之外。现有地方虚拟经济监管条例从立法内容分析并未对我国基本虚拟经济制度进行规定,只是对虚拟经济交易活动进行监管干预,从立法类型看是在地方监管职责范围内对中央立法予以落实。目前我国缺乏统一的虚拟经济监管立法,对新兴虚拟经济组织及其经营行为监管而实施的地方立法,根据中央立法授权,为保障虚拟经济安全可以在不违反法律保留事项下进行先行立法,这种地方性立法并不违法。

评估我国现有虚拟经济立法,我们发现监管部门过于依赖部门规章和红头文件。虚拟经济制度是促进和约束虚拟经济发展的规则和红线,虚拟经济发展安全需要防范化解重大的虚拟经济风险,而规章之治和"红头文件"盛行,则可能是产生虚拟经济风险的制度根源。为了杜绝监管套利,实现虚拟经济运行安全,我国应充分利用立法来解决虚拟经济法律保障中的合法性问题,减少规章立法和规范性文件制定,明确监管部门执法事权划分,修订与虚拟经济安全保障不相适应的"法律"。2017年,我国出台了《关于进一步做好"放管服"改革涉及的规章、规范性文件清理工作的通知》,开始围绕"放管服"改革,清理与法律和行政法规相抵触的规章和"红头文件"等。相比较虚拟经济安全保障的规范性文件制定而言,虚拟经济立法显得更为重要。2022年是我国开启全面建设中国特色社会主义新征程的重要一年,虚拟经济运行安全作为开放经济的重点改革领域,更应加强立法的合法性。

二、我国虚拟经济运行安全法律制度的规范性

法律作为社会科学的一个学科通常被认为是规范的,规范性是法的基本特征或基本意义。这种规范性来源于法律是由一个个具有普遍约束力的规则构成,具有形成社会秩序和约束公民行为的功能,并呈现为一个个由法律语言表达的法律条文。对于法律规定的权利是否正义,康德提出可以理解为"任何人的有意识的行为,按照一条普遍的自由法则,确实能够和其他人的有意识的行为相协调"的"全部条件"[①]。法律评估规范性的具体内容和标准并不统一,基于前文的界定,虚拟经济运行安全保障法律制度的规范性评估主要从文本逻辑性和语言规范性展开。

我国虚拟经济法律文本逻辑性,是随着我国虚拟经济发展和对虚拟经济的安全保障的实践深入而不断增强的,也是我国虚拟经济安全保障的不断研究深入和认识加强的结果。以《证券法》为例,从1998年制定到2013年修正,证券法典的基本文本结构没有大的变动,而到了2019修订时文本结构从十二章增加到十四章,增加了信息披露和投资者保护两章。证券市

---

① 康德.法的形而上学原理:权利的科学[M].沈叔平,译.北京:商务印书馆,1991:40.

场是法治市场,法律保障完善则运行安全且市场兴旺,证券法律规范既要有效激活市场活力,同时又要以保护投资者利益为基本取向。投资者既是证券市场的活力来源也是证券市场的假定弱者,如果不保护投资者或者保护不力,将会失去投资者信任导致市场缺乏投资最终失去市场活力。原有证券法文本结构在制定后的二十年内之所以不断修改,根本源于证券法律规则在立法逻辑上忽视了对我国证券投资市场主体的平等及充分保护。经过近三十年证券市场的发展,我国证券市场规模已经跻身世界前列,拥有规模最大的投资者群体并且以中小投资者为主,中小投资者占比达到95%以上。近二十年市场运行中不断出现虚假陈述、内幕交易、操纵市场等违法违规行为,严重损害了中小投资者利益并也危害了证券市场的安全运行。对中小投资者保护不力是既往证券法规范性缺失的表现,需要从法律文本上弥补。保护投资者合法权益是2019年证券法文本修订的基本逻辑起点,最新修订后的新证券法共十四章,重点突出了关于投资者保护及维权问题,大幅提升了投资者保护力度,以构建更加有力的投资者权益保护机制。修改之后的证券法从根本上弥补了证券法律规范法律文本的逻辑缺失。

法律的规范性与逻辑性互为表里,要达到规范性必然要求法律具有逻辑性。从虚拟经济法律的章节目录看,总是按照一定的顺序编排的。以我国《商业银行法》为例,章节包括了总则、商业银行的设立和组织机构、对存款人的保护、贷款和其他业务的基本规则、财务会计、监督管理、接管和终止、法律责任、附则九章。这个章节的编排是以逻辑性为标准,体现了"一般"与"特殊"的逻辑,在前的总则是"一般"制度,在后的其他内容是"特殊"制度。虚拟经济法律文本章节安排基本都遵循了这样的逻辑,体现出虚拟经济安全保障文本的制度设计符合立法的惯常逻辑顺序而具有规范性。

法的规范性是成文法的根本特征,立法的科学性主要体现为规范性,所以立法是否科学关乎立法质量也直接决定法的规范性。央地立法机关为实现科学立法都颁布了一系列规范立法文本质量的法律。在虚拟经济发展过程中,2000年我国制定了《立法法》调整法律文本制定的规范性,1987年国务院制定了《行政法规制定程序暂行条例》来保障行政法规文本制定的规范性。地方性法规从1986年《天津市地方性法规制定程序若干规定》开始到2016年《广州市地方性法规制定办法》,若干享有地方立法权的立法机关也通过制定地方性法规制定办法保障地方性法规文本制定的规范性。在立法技术方面,2000年全国首部地方立法技术规范《上海市人大常委会立法技术规范》颁布,2009年和2011年全国人大法工委颁布了《立法技术(试行)(一)》和《立法技术规范(试行)(二)》。《立法技术规范(试行)(一)》对实践中使用混乱,意思相近且容易引起歧义的常用词语做了规范,如:和、以及、或者;依照、按照、参照;抵销、抵消等。《立法技术规范(试行)(二)》对一些混用或使用不一致的常用语进行了规范,如"作出"与"做出","设定"与"设立";"执业"与"从业","批准"与"核准"等。这些央地立法制度为我国虚拟经济法律文本的规范性起到了重要的保障作用。

"法与法律制度是一种纯粹语言形式,法的世界肇始于语言,法律是通过语词订立和公布的。"[①]立法者通过语言将人民的共同意志转化为具体的条文,借以实现法的目的,这个过程与法律语言的规范性密切相关。立法语言既要遵循现代汉语的一般规范,同时基于目的和内容所限法律规范的语言表达必须遵循法律语言规范性的特殊要求。法律语言是规范的,其最基本的规范性标准是准确,准确性是法律语言的核心。立法语言的准确性,是指能够准确揭示事物特征而非必须要使用确定性语言。按照霍姆斯的观点,法律有一个发展过程,其不确定性也体现了法律的开放性。"法律体现了一个国家经历多个世纪发展的故事,不可能被处理得好像它仅仅包含了一整套数学的公理和引理。"[②]

---

① 舒国滢.战后德国法哲学的发展路向[J].比较法研究,1995(4):337-355.
② OLIVER,WENDELL H J. The Common Law[J].Cambridge:Harvard University Press,2009:3b.

　　良法是善治的前提。虚拟经济法律制度是否能够保障虚拟经济有限发展与安全运行,除了内容具有时代价值和科学性能够指导虚拟经济有限发展,还必须在法律文本上注重语言表达的准确性。虚拟经济安全保障法律也是借由法律规范实现立法者的政治意志,有其独特的概念和术语,比如虚拟经济消费者,这体现了虚拟经济安全保障法律在表述上的专属性,但是在法律语言表述的标准和特点上与其他部门法并无本质区别。"法律以语言来指涉社会和历史的起源,并把法律文本与言语作为社会控制的工具。"①

　　现行虚拟经济安全保障立法是我国在不同社会变革时期,沿袭历史经验,并移植国外虚拟经济制度和学习国外虚拟经济安全保障理论研究成果再加以本土化的历史产物,故虚拟经济安全立法语言失范的存在是虚拟经济发展的必然,对此应理性看待。"法和语言间的不可分割的紧密联系同时也表明语言对法的制定和使用产生的影响:法的优劣直接取决于表达并传法的语言的优劣。"②

　　虚拟经济文本语言的失范问题,可以表现为语言的一般性错误,如标点符号、语法和用词等。这一类问题随着我国立法技术的提高以及立法程序的完善已经非常少见。更多的文本语言问题表现为语言的法律问题,即语义表达的准确性问题,突出表现在概念内涵和外延界定的准确性问题。

　　虚拟经济法律制度立法语言表达的规范性,首先受制于法律语言本身。19世纪德国的概念法学曾经认为法律在现实社会里无所不包,但实际上法律概念囿于社会经济的复杂,无法涵盖虚拟经济的每个方面。"法律概念大多存在引起争议的边界模糊的情况。"③法律中的概念多数为不确定的概念,

————————————

① 徐梦醒.法律规范的话语向度:基于语用的视角[J].华北水利水电学院学报(社科版),2013,29(5):46-48.
② 魏德士.法理学[M].丁晓春,吴越,译.北京:法律出版社,2005:71.
③ 哈特.法律的概念[M].张文显,等,译.北京:中国大百科全书出版社,1996:4.

法律语言的这一特点，使得虚拟经济安全保障法律的概念不确定，需要在具体案件中依据各种事实关系与法律规定内容才能判断。

以我国虚拟经济基本法律中的概念界定为例，1998年制定的《证券法》第一百二十一条中规定的"主要管理人员和从业人员"，其概念外延不明确。我国《保险法》第十二条规定："保险利益是指投保人或者被保险人对保险标的具有的法律上承认的利益"，这里的界定存在语义不明及外延难以确定的问题。法律承认究竟是指法律必须有明文规定还是指只要法律不反对即可，利益是指权利还是指权利和，通过该法律条文难以准确确定。现行《保险法》第十条规定："投保人是指与保险人订立保险合同，并按照合同约定负有支付保险费义务的人。保险人是指与投保人订立保险合同，并按照合同约定承担赔偿或者给付保险金责任的保险公司"，用"保险人"来定义"投保人"，用"投保人"来定义"保险人"，这在逻辑学上属于循环定义。虚拟经济法律的确定性与不确定性矛盾源于法律本身的确定性与不确定性的共存，法律在立法目的、价值、形式理性上是确定的，但在具体规则、概念的规范上，需要法律人借助一定的语境，加以法律解释才能得出符合立法目的的确定性理解和运用。

虚拟经济法律制度立法语言表达的规范性，也受制于虚拟经济发展的阶段和程度，受制于当时立法者的认知和学者的研究，同时也受到域外虚拟经济及其法律保障的冲击和影响。比如证券一词在我国虚拟经济法律上的界定就是代表性例子。证券的界定涉及证券法的调整范围，既要促进资本市场的发展又必须加强投资者保护，故每次修改都成为立法争议的焦点。1998年《证券法》调整的证券范围是股票、公司证券和国务院依法认定的其他证券，其概念外延很显然并没有包括国际上通用的证券范围，但这一概念是与我国当时的证券市场规模和虚拟经济安全保障法律能力相适应的。随着我国虚拟经济发展，证券范围在2005年修订时增加了政府债券和证券衍生品,乃至到现在扩展到虚拟经济投资品的概念。从中我们可以看到在法律文本上虚拟经济立法表达语言的法律问题是非常复杂的,不是单纯的语义语言表达问题。

三、我国虚拟经济运行安全法律制度的强制性

法律的强制性不在于是否体现为命令,最关键的是义务主体在没履行义务时是否会被施加不利的后果,这种不利后果发生的可能性越大,则法律的强制性越强。虚拟经济的存在发展并不仅仅涉及投资者、经营者、股东,还涉及虚拟经济消费者、监管机构,不仅仅涉及市场主体的资金安全,还涉及社会安全和国家安全。无论是涉及市场主体利益部分,还是涉及社会公共利益和国家利益部分都必须予以法律的介入和干预,这正是虚拟经济安全运行保障制度应当具有强制性的依据。

埃德温·W.帕特森曾言:"强制是每一种法律体系和每一项法律规定的必要特征。"①缺少法律责任的法律,势必丧失法律的权威性与强制性,也不会对市场运行的风险化解起到应然功能。回顾历史上我国所发生的虚拟经济安全风险,与立法规定法律责任带给违法者的风险对价不足有直接关联。如果在立法中缺乏严格且足够的法律责任,无论是民事责任、刑事责任还是行政责任,都将严重损害法律的强制性。

我们对主要的虚拟经济法律责任进行了梳理(表4-1),以此从一方面评估我国虚拟经济法律制度的强制性。

---

① E.博登海默·法理学:法律哲学与法律方法[M].邓正来,译.北京:中国政法大学出版社,1999:341-342.

表 4-1 我国既有虚拟经济法律责任梳理

序号	法律规范名称	法律责任专章节	是否有法律责任条款	法律责任条款数
1	《中国人民银行法》	有	有	10
2	《商业银行法》	有	有	18
3	《银行业监督管理法》	有	有	7
4	《信托法》	无	无	0
5	《证券法》	有	有	44
6	《证券投资基金法》	有	有	33
7	《保险法》	有	有	22
8	《期货和衍生品法》	有	有	30
9	《全国人民代表大会常务委员会关于授权国务院在实施股票发行注册制改革中调整适用〈中华人民共和国证券法〉有关规定的决定》	无	无	0
10	《全国人民代表大会常务委员会关于延长授权国务院在实施股票发行注册制改革中调整适用〈中华人民共和国证券法〉有关规定期限的决定》	无	无	0
11	《关于惩治骗购外汇、逃汇和非法买卖外汇犯罪的决定》	无	有	8
12	《外汇管理条例》	有	有	13
13	《关于骗购外汇、非法套汇、逃汇、非法买卖外汇等违反外汇管理规定行为的行政处分或者纪律处分暂行规定》	无	有	12
14	《期货交易管理条例》	有	有	17
15	《外资银行管理条例》	有	有	9
16	《证券、期货投资咨询管理暂行办法》	有	有	6
17	《证券公司风险处置条例》	有	有	2
18	《证券公司监督管理条例》	有	有	14
19	《证券交易所风险基金管理暂行办法》	无	无	0

续表

序号	法律规范名称	法律责任专章节	是否有法律责任条款	法律责任条款数
20	《外资保险公司管理条例》	有	有	7
21	《农业保险条例》	有	有	6
22	《存款保险条例》	无	有	2
23	《金融资产管理公司条例》	无	有	1
24	《金融机构撤销条例》	有	有	8
25	《非法金融机构和非法金融业务活动取缔办法》	有	有	6
26	《金融违法行为处罚办法》	无	有	26
27	《票据管理实施办法》	无	有	5
28	《深圳经济特区金融发展促进条例》	无	无	0
29	《四川省地方金融监督管理条例》	有	有	8
30	《河北省地方金融监督管理条例》	有	有	9
31	《山东省地方金融条例》	有	有	10
32	《大连区域性金融中心建设促进条例》	无	无	0
33	《厦门经济特区促进两岸区域性金融服务中心建设条例》	无	无	0
34	《青岛市金融发展促进条例》	无	无	0
35	《上海市推进国际金融中心建设条例》	无	无	0
36	《天津市地方金融监督管理条例》	有	有	8
37	《浙江省地方金融条例》	有	有	9
38	《辽宁省防范和处置金融风险条例》	有	有	4

从表4-1的38部虚拟经济法律规范中,我们统计到相关法律责任的条款共计2 052条,设置有法律责任专章节和相应法律责任条款的虚拟经济法律规范有23部,涉及法律条款共计300条,未设置法律责任专章节但有相应法律责任条款的有6部法律规范,共计54条,既未设置法律责任专章节也未设置相应法律责任条款的有9部法律规范。这充分说明我国既有的虚拟

经济法律制度对保障运行安全是非常重视法律责任专章节和条款的作用的，也证明我国既有制度从法律责任角度评估整体是具有强制性的。

虚拟经济法律制度以强制性规范为主，兼有任意性规范。虚拟经济法是经济法的子法，本质上体现了国家对虚拟经济运行的干预。与民法调整平等主体之间的关系以任意性规范为主不同，虚拟经济法律制度以强制性、禁止性和命令性规范为主，之所以呈现这样的强制性特点，是因为虚拟经济必须适度发展，虚拟经济法律制度对虚拟经济的调控必须以安全为首要的立法价值取向。在虚拟经济法律的价值目标中，安全、效率和公平这三大主要价值，不是同一层面的，必须以安全为核心和前提。虚拟经济的安全必须是可控的，不危害实体经济发展，不发生系统性的金融风险，只有实现了安全价值，虚拟经济法律的效率和公平价值才能实现。

虚拟经济法律制度中有调整虚拟经济宏观调控和监管的规范，这部分内容以强制性规范为主，又有调整虚拟经济交易关系的法律规范，并且制度内容又以任意性兼强制性内容为主。虚拟经济法律内容既有实体规定，又有程序法规定。如在保险法里既规定保险当事人的权利义务，同时又对保险理赔的程序和时限做了限制性规定。无论是实体法规定还是程序法规定，虚拟经济法律制度都体现出以强制性为主的法律特征。

体现虚拟经济法律制度强制性的法律责任，不仅仅受制于立法技术，也因虚拟经济自身高度技术化、复杂化、互联网化等因素而受到表达干扰。如我国的证券民事赔偿责任认定，现阶段的主要法律依据为2003年最高人民法院颁布(2022年修订)的《关于审理证券市场因虚假陈述引发的民事赔偿案件的若干规定》和国务院办公厅2013年颁布的《关于进一步加强资本市场中小投资者合法权益保护工作的意见》，但上述文件也只是确立了有条件受理虚假陈述案件的法律框架，但因证券民事赔偿法律体系的欠缺，落实证券民事赔偿责任仍是司法实践的难题。

虚拟经济安全运行法律保障制度以虚拟经济安全运行，适度发展为己任,故必须着眼构建防范化解基础性、全局性虚拟经济安全风险的风险防处机制,同时注重权威、高效、专业。2021年以来,为防范系统性虚拟经济风险,我国监管部门出台了一系列制度。银保监会2021年初正式实施《系统重要性银行评估办法》,6月发布《银行保险机构恢复和处置计划实施暂行办法》,要求银保机构在发生重大风险时以市场化和法治化的方式来解决危机,10月制定的《系统重要性银行附加监管规定(试行)》明确了系统重要性银行的附加监管要求,10月制定的《全球系统重要性银行总损失吸收能力管理办法》,构建了我国总损失吸收能力监管体系。尽管这些重要机制和经验对防范系统性风险起到了相应的作用,但因其主要是非法律的规章或者内部治理规则,在安全保障的强制力上无法对各方主体进行有效的保护。

四、我国虚拟经济运行安全法律制度的稳定性

在大多数情况下,法律规则被确定下来比被正确地确定下来更为重要。法律是统治阶级意志的产物,统治阶级需要通过法律运作保障国家和社会的秩序,相对稳定的秩序需要相对稳定的法律来实现,法律制度朝令夕改会对业已形成的稳定法律秩序产生破坏,故立法者应保持法律的相对稳定性以实现法律保障秩序和安全的应有功能。与此同时,社会处于不断运动变化之中,成文法在保持法的稳定性的同时却不能够保持与社会的同步变化,由此出现了法的滞后性。法的滞后性是法不可避免的特性之一,从法律产生之日,就注定会随着时间流逝与社会发展脱节。如果不对法律进行修改完善,则法律会失去对社会生活的调整作用,反而阻碍社会的良性发展。故而对法律的修改,是法保持本身相对稳定性的路径之一。虚拟经济市场是一个法治市场,法治强则市场兴。对虚拟经济法律制度进行修改是一项经常的工作,虚拟经济安全保障法律制度永远处于变与不变的交替变化之中,这是由法律的调整对象——虚拟经济自身的特性决定的。

表 4-2　我国既有虚拟经济基本法律修改修订梳理

序号	法律规范名称	修改年份	修改条款数	总计修改次数及条文数
1	《中国人民银行法》	2003	25	1 次 25 条
2	《商业银行法》	2003，2015	45，1	2 次 46 条
3	《银行业监督管理法》	2006	3	1 次 3 条
4	《信托法》	无	无	无
5	《证券法》	2004，2005，2013，2014，2019	13，227，2，4，150	5 次 396 条
6	《证券投资基金法》	2012，2015	105，9	2 次 114 条
7	《保险法》	2002，2009，2014，2015	61，149，1，7	4 次 218 条
8	《期货和衍生品法》	无	无	无

从表 4-2 可以看出，我国虚拟经济基本法律既根据市场发展保持阶段性稳定，同时又对不适应虚拟经济市场发展要求的内容适时进行修改，通过修改来满足虚拟经济安全发展保障需求，在法律变革中保持相对的稳定性。

随着虚拟经济发展和监管的要求，我国虚拟经济法律制度稳定性面临的一大挑战就是在虚拟经济有限发展理论指导下加紧修订与虚拟经济发展和改革明显不相适应的法律，否则将难以引导虚拟经济改革并成为安全保障的阻碍。究其原因：一是我国基础性虚拟经济保障法律有的还处于初创阶段，是应急性立法和阶段性立法，法律文本因目的、任务和立法所限而存在缺陷；二是虚拟经济自身的投机性、高风险性、风险传导性以及经济危机的诱发性和破坏性等特点，本身就具有天然的扩张性、创新性，不断产生新的产品、业态和市场，不断穿透原有的法律规则，导致法律滞后需要修改以适应安全保障需要；三是我国虚拟经济法律保障要面对的安全保障挑战是多维度的，有传统的虚拟经济安全保障问题、现时的虚拟经济安全保障的问题和未来的安全保障问题三个维度的挑战，并且三个维度的问题可能同时出现。

　　我国处于三期叠加的社会转型期,虚拟经济发展的不平衡性、扩张性都导致我们出现很多法律和司法实践从未规制也没有现成法律依据规制的业态和虚拟经济案件。虚拟经济法律保障的功能在个案上需要通过矫正虚拟经济资产来重新实现资源的有效配置并化解虚拟经济风险,但是否需国家干预要视情况而定。比如安邦保险破产案,是否被接管就涉及是否应当动用公权力去拯救民间企业的新型问题,当初"德隆系"政府没出手而现在接管安邦,是我国虚拟经济法治保障不断改革、创新、发展出现的结果。虚拟经济在创新而法律是保守的,其需要对虚拟经济进行分析、研究后才能决定是否保障与干预,以及如何保障与干预。比如美国2008年次贷虚拟经济危机,是20世纪30年代以来为了纠正1930年银行危机而进行的一系列虚拟经济创新带来的后果,而2008年美国政府积极主动救市,也是为了避免1930年政府安全保障不力带来的虚拟经济风险。所以虚拟经济法律规则永远处于稳定与不稳定的交替状态之中,并在稳定中变革制度打破虚拟经济运行保障的不稳定,通过法律制度立法及运行寻求相对的稳定保障。

表 4-3　2021 年三季度末我国金融业机构资产负债表

	余额/万亿元	同比增速/%
金融业机构总资产	375.68	8.2
其中:银行业	339.36	7.7
证券业	11.99	23.7
保险业	24.32	8.4
金融业机构负债	341.30	8.0
其中:银行业	310.70	7.5
证券业	9.14	27.8
保险业	21.46	8.0
金融业机构所有者权益	34.38	10.2
其中:银行业	28.66	9.9
证券业	2.86	12.1
保险业	2.86	11.1

从表 4-3 可以看出,2021 年三季度末,我国金融业机构总资产为 375.68 万亿元,同比增长 8.2%。其中,银行业机构总资产为 339.36 万亿元,同比增长 7.7%;证券业机构总资产为 11.99 万亿元,同比增长 23.7%;保险业机构总资产为 24.32 万亿元,同比增长 8.4%。① 尽管虚拟经济业态主体资产在不断增加,但虚拟经济运行安全风险也在增加,而虚拟经济风险处置机制尚未完全建立,在保持虚拟经济法制稳定性的前提下,必须突破现有立法,加强虚拟经济基础法治建设。为此我国央行在 2021 年明确提出要制定《金融稳定法》,并已纳入 2022 年全国人大立法项目计划。

五、我国虚拟经济运行安全法律制度的协调性

虚拟经济法律保障制度就是协调虚拟经济市场有限发展与适度发展的政府干预法,其协调性包括法律体系的协调,不同制度规范之间的协调,也体现在法律规范与虚拟经济市场之间的协调。

虚拟经济运行安全法律制度的协调性体现之一是法律体系的协调。虚拟经济法律框架涉及货币的法律在我国主要是《人民银行法》和《票据法》,另外是涉及虚拟经济行为规范的法律,主要涉及信贷交易、证券交易、资产管理交易和保险交易,主要是以《商业银行法》《证券法》《信托法》和《保险法》为主干的法律体系。以我国保险法制定修改为例,中华人民共和国成立后,1995 年《保险法》出台前最早带有保险意味的法律为 1981 年《经济合同法》,该法对财产保险合同作出相对原则的规定。1983 年制定的《财产保险合同条例》对《经济合同法》中关于财产保险原则性规定的细化,是中华人民共和国成立后第一部财产保险合同法规。1985 年国务院颁布《保险企业管理暂行条例》,是中华人民共和国成立后第一部保险业监管法规,这两部条例的制定为 1995 年《保险法》的出台起到了重要的奠基作用。《保险法》出

---

① 人民银行.《三季度末金融业机构总资产 375.68 万亿 同比增长 8.2%》,人民网,2021-12-20.

台后为适应保险业发展,全国人民代表大会常务委员会分别于 2002 年、2014 年和 2015 年对其进行了修正并于 2009 年进行了修订,《保险法》内容也越加全面,修订技术不断成熟。2002 年对诚实信用原则进行强调;2009 年则为平衡保险法与保险业法,对保险业法做出倾斜;2013 年的修订则把重心放在加强保险业监管方面。[①] 除此以外,1992 年出台的《中华人民共和国海商法》对海上保险相关内容作出规定,2010 年《社会保险法》开启了我国社会保险立法的新篇章,2012 年出台了以《军人保险法》为统领,以社会保险为基础,以商业保险为补充的军人保险法律制度。相关保险法律的出台,极大地推动了我国保险市场的变革与创新,又为保险法律制度的不断完善提供了动力,从而推动我国保险法律体系更加完善。

虚拟经济安全运行法律制度体系的协调性还体现在局部性法律和全局性法律的协调方面。我国在虚拟经济领域现行的《中国人民银行法》《商业银行法》《证券法》《保险法》是针对虚拟经济局部运行安全和特别问题运行安全的法律制度,无法处理整体虚拟经济市场的运行安全问题,也无法解决虚拟经济主体破产重整问题。我国当前并没有制定保障虚拟经济全局性、整体性和系统性运行安全问题的法律制度,在此层面还欠缺全局性制度与局部性制度的协调。故需要从顶层立法设计针对整体性、系统性运行安全风险化解的制度,申言之,亟待制定《金融稳定法》构筑既能解决局部性运行安全问题也能解决全局性运行安全问题的虚拟经济运行保障法律体系。

从虚拟经济法律规范对象的逻辑性看,应该涵盖虚拟经济主体立法、虚拟经济行为立法和虚拟经济责任立法。我国的虚拟经济主体立法和虚拟经济行为立法多是整合在一部法律中,如《商业银行法》既有商业银行主体设立的规定,也有商业银行如何开展相关业务的准则。前文强制性部分已对虚拟经济法律责任立法予以了阐述,多数法律中对法律责任加以规定解决

---

① 樊启荣:《我眼中的中国〈保险法〉20 年》,访问时间:2020 年 7 月 6 日。

了有无问题。法律责任条款对相关违法行为的处罚程度在早期立法中规定较轻与违法行为产生的危害性和非法获利不相协调，随着我国虚拟经济立法的修改和完善，这一情况将逐渐得到改善。如《证券法》1998 年并无对证券欺诈的处罚，而在 2019 年修订时，第二百零三条则规定要对证券欺诈行为"处以一百万元以上一千万元以下的罚款。对直接负责的主管人员和其他直接责任人员给予警告，并处以二十万元以上二百万元以下的罚款"。随着虚拟经济的发展演进，虚拟经济法律制度积极适应有限发展，运行安全的现实需要，朝着科学、完备、协调的目标发展。在促进行业健康发展和有效实施监管等方面也取得明显成效。中华人民共和国成立后，特别是经过近20 年来的努力，虚拟经济法律制度体系不断健全，初步形成了以《中国人民银行法》《保险法》《证券法》《商业银行法》《信托法》等基本法律为一般法，辅以法规和行政规章、以规范性文件为补充的协调的虚拟经济法律制度体系，为虚拟经济稳健发展和长足进步提供了牢靠的制度保障。

制度规范之间的协调也是虚拟经济法律制度协调性的表现，体现在三个方面。①虚拟经济内部规范之间总体是协调的但也存在不协调性。如在监管方面，人民银行和相关监管部门对同一问题、不同时期的文件可能会作出差异性的规定，这些规定之间存在协调性欠缺、相互冲突的问题。②体现在虚拟经济法律规范与其他部门法制度规范之间的协调，如《保险法》第四十二条与《继承法》第二条推定死亡顺序冲突。③还体现为国内虚拟经济法律规范与国际、他国虚拟经济法律规范之间的冲突。此类型冲突在我国加入 WTO 后最为显著，也体现在诸如中美贸易谈判协议中。中美两国第一阶段贸易协议，中国作出了全面开放金融市场的承诺，如果缺乏完善的法律制度体系协调应对虚拟经济开放带来的风险，将引发系统性危机。

虚拟经济法律制度要与虚拟经济发展的要求相协调。虚拟经济的有序法律治理需要虚拟经济法律在体系、内容、机构上权衡、取舍。如何构建具有协调性的虚拟经济法律体系并无非此即彼、整齐划一的标准。我国虚拟经济法律系统中《中国人民银行法》是全国人大制定和通过的，具有虚拟经济基本法地位。但当前央行还要在转型期承担众多改革任务和成本，在独立性、透明性、公平性等方面有更好的调控力度，因而作为金融业基本法的《中国人民银行法》还有很大的改革空间以总领、协调虚拟经济安全保障。虚拟经济发端于改革开放，发展到中美贸易谈判开放金融市场，整个发展过程都提出了对虚拟经济安全保障法律制度建设的要求，我国虚拟经济法律也相应地陆续颁布并逐步形成体系。我国虚拟经济安全保障法律体系的形成与发展过程，总体上是与我国改革开放以来虚拟经济发展、虚拟经济干预的程度相协调的，通过对虚拟经济行为、主体和监管秩序的规范，使虚拟经济安全保障有法可依，并基本实现保障有据。

同时，虚拟经济安全保障法律制度存在的不协调问题亟待解决。目前虚拟经济市场中出现的诸多问题，如互联网金融风险、金融创新导致监管滞后，都是虚拟经济法律制度不适应虚拟经济市场发展而出现的问题。如1995 年《中国人民银行法》《商业银行法》确立了我国金融业分业经营、分业监管的体制，该体制是参考美国 20 世纪 30 年代应对金融危机的方式而设立的，这种体制是否需要变革需要根据我国虚拟经济安全保障的整体需要来设计，采取何种虚拟经济监管方式保障安全，必须从我国虚拟经济基本要求出发，以适应虚拟经济市场的安全保障要求为原则，才能够设计出适度协调干预虚拟经济发展的法律制度。

六、我国虚拟经济运行安全法律制度的可操作性

法律的生命在于实施。中国法律经常遭受诟病的一个原因是法律缺乏可操作性。虚拟经济立法必须充分考虑法律规范的可操作性，重视真正需要解决的问题，避免立法因缺乏可操作性而成为一纸空文。我国在立法技术上调整制定法应具备"可操作性"的法律，见于国务院 2001 年制定的《行

政法规制定程序条例》第五条规定:"行政法规应当……具有可操作性。"以及《规章制定程序条例》第七条规定:"规章用语应当准确、简洁,条文内容应当明确、具体,具有可操作性。"虽有可操作性的立法规范,但何谓可操作性并无立法表述与权威定义。有学者认为:"法律制度的'可操作性',不能被理解成国家主体执法的便利和强度,而应该理解为受法律约束主体对立法规则的可理解性和可接受性。"①可以认为法应该具有针对性、适用性,可以解决实际问题。至于法可操作性的评价标准可以从概念界定准确,主体权责明确,程序正当完备、法律行为有规范并表述准确、简洁、规范等方面加以认定。

具体到虚拟经济安全保障法律概念准确,我们以证券立法操作性评估为例。1998 年我国颁布的《证券法》当时最贴近虚拟经济资本市场要求,重点借鉴了国外的成功制度,吸取了我国证券市场的经验和教训,相比 1993年的《股票发行与交易管理暂行条例》在操作性上有了很多改善。如在加强上市公司收购可操作性上,《证券法》规定收购方式可以采取要约收购或者协议收购,《条例》只规定了要约收购;《证券法》规定收购公告上投资者持有上市公司已发行股份的百分之五之后,其所持该上市公司已发行的股份比例每增加或减少百分之五,应当向证券监督管理机构报告;《证券法》在规范交易行为上除作"证券交易以现货进行交易"等一般性规定外,还详细列举了禁止的交易行为,并界定了内幕人员和内幕信息的范围,而《条例》并未规定。与此同时,证券法在制定之初也存在可操作性缺失的法条缺陷。2004 年修正的证券法第七十六条规定国有企业和国有控股企业不得炒作上市交易的股票,炒作是非常不确定的用语,难以准确界定何谓炒作。同样的情形在其他条文也有体现,在法律责任部分,第二百零二条规定的"弄虚作假"行为无法涵盖所有的虚假行为并进行程度的区分,第一百七十六条、第

---

① 崔卓兰,于立深,孙波.地方立法实证研究[M].北京:知识产权出版社,2007:298.

一百九十三条和第二百零二条均没有规定情节是否要达到严重才给予处罚。

法律行为有规范并表述准确、简洁，以我国虚拟经济机构破产处置法律的可操作性评估为例。现有虚拟经济市场主体破产处置法律缺乏可操作性，原因在于没有专门的虚拟经济市场主体破产法。《企业破产法》针对的是一般企业，虚拟经济市场主体与一般的营利性企业相比有诸多特殊性。以银行为例，其核心业务贷款、存款、结算不仅仅是自身盈利之需要，而且也是现代市场经济主体经济活动的基础，没有银行的虚拟经济活动整个市场经济活动本身就不可能得到运行，因此即使为了预防风险采取处置措施也依然会营业。虚拟经济市场主体破产不仅涉及债权人，还涉及数量众多的虚拟经济消费者、投资者、监管层等各类主体，特别是银行破产会涉及存款人，如果因银行破产而拒绝兑付存款人的活期或定期存款将会引发金融风险，同时会引起严重的社会动荡。《企业破产法》第一百三十四条只是提出了虚拟经济市场主体破产的规定，其他虚拟经济一般法和法规、规章的相关规定也缺乏系统性，多为原则性和分散性规定，缺乏可操作性，不能满足当下虚拟经济市场主体破产处置的实操要求。近年来我国银行业风险频发，2019 年银保监会鉴于包商银行的严重信用风险决定对其接管，同年贵州银行和锦州银行也相继发生运行安全风险。虚拟经济要安全运行必须建立有可操作性的市场主体退出制度，2020 年我国已经开始启动对《破产企业法》的修订，其中虚拟经济市场主体的破产制度完善是本次修改的重要内容。

概念界定准确问题，以 2001 年出台的《信托法》评估为例。该法对信托当事人作出了明确的法律约束，但对其他各类机构，如证券、保险、基金、银行从事理财业务如何监管只是授权国务院管理并无明确性规定。《信托法》第四条规定："受托人采取信托机构形式从事信托活动，其组织和管理由国务院制定具体办法"，这类型规定就属于可操作性欠缺的立法。在现实社会中，各类型虚拟经济市场主体实际都从事公开或隐蔽的理财业务，且数量庞大,法律应该对此予以回应,明确相关概念的外延以增强法律的可操作性。

虚拟经济法律制度要防范系统性风险,实现实体经济高质量发展,构建新发展格局的目标,必须完善虚拟经济法律制度的治理体系,提升完善其操作性是实现这一目标的必然需求。当前,我国虚拟经济法律缺乏全局性的系统风险防范稳定法,在个别局部领域也存在制度缺失,如虚拟经济主体破产缺乏明确的、程序完善的法律依据来实现局部运行安全风险处置与虚拟经济主体破产程序的有机衔接,这在一定程度上削弱了我国虚拟经济运行安全保障的可操作性。

虚拟经济法律制定得越细,可操作性就越强,虚拟经济有限发展的界限越清楚,制度的安全保障作用越能发挥。虚拟经济安全保障法律制度制定质量的高与低,其判断依据是能否促进虚拟经济适度发展。能否促进虚拟经济适度发展的前提是虚拟经济法律能否为虚拟经济市场主体所遵守和执行,而具有操作性是衡量虚拟经济法律文本是否达到理想立法水平的重要指标。中国虚拟经济立法的探索性、回应性立法常态,决定了我国虚拟经济法律制度的可操作性是在不断回应现实需求并解决安全保障中不断增强的。评估我国虚拟经济立法的可操作性总体上呈现出由弱到强的趋势,具体体现为从原则走向具体,从柔性走向刚性,从宣示性走向实施性。

第二节　我国虚拟经济运行安全法律制度的实施绩效评估

中国虚拟经济在改革开放的40余年间,长期处于高速增长状态,随之而来的是对法律制度提出了更高的安全保障与创新需求。虚拟经济发展创新需要高效且高质量的虚拟经济法律体系作为支撑。没有虚拟经济法律的安全保障,虚拟经济就会背离虚拟经济发展目的,导致实体经济无法实现高质量发展。总结我国虚拟经济改革开放40余年来的经验,实体经济每一步的发展都与虚拟经济法律的安全保障密不可分。为充分研究法律制度对虚拟经济运行安全的实施绩效，根据前文的界定从虚拟经济运行安全法律制度运行合规性、虚拟经济运行安全法律制度目标的实现程度、虚拟经济运行安全法律制度运行的额外影响三个部分评估实施绩效。

一、我国虚拟经济运行安全法律制度运行的合规性

如前所述，合规性具体包括规制主体的权限、规制权力的使用是否符合原本的规制法安排。虚拟经济运行安全法律制度也是一部规制法，其运行的合规性主要是考察虚拟经济运行安全法律制度是否得到贯彻执行，下文将侧重于评估虚拟经济运行安全法律制度运行是否存在越"法"而为的情形。从前文的梳理可知，我国的虚拟经济运行安全法律制度所包括的内容甚多，涉及国家立法、行政条例、司法解释与司法文件、部门规章与规范性文件、地方性立法与地方规章等多种类型，笔者试图从既有的制度规范出发来审视既有制度运行的合规性。

在前文中，我们可以发现我国既有的虚拟经济运行安全法律制度多是采用行业立法模式，形成了银行业、证券业、保险业、信托业等几个大的板块，并且立法实践相对较早，立法条文较为粗糙和笼统，关于虚拟经济的国家立法出现了较多的授权条款，给予了国务院及其下属的金融监管部门较大的行政立法权，这是填补立法不足的可选性路径之一。但是，低位阶的制度规范与高位阶的制度规范存在冲突乃属于制度本身的合法性问题，此部分已在前文具体展开，此处无须赘述。此外，我们可以发现现有部门的监管行为并无法律授权，其行为也存在合规性问题，鉴于所涉规范较多，此处仅以部分具体事例佐证。

其一，民间金融是一种现实存在，但是既有的国家立法并不直接关注这一问题，然而因民间金融所引发的问题较多，尤其是相关的纠纷多聚集于法院，因此面对众多的裁判诉求，最高人民法院和部分地方法院专门就民间借贷的裁判出台了司法解释或者司法文件，对民间借贷做出了具体规定，这虽

然是为了统一裁判,但实际却构成了民间借贷的基本法律规范,尤其是对民间借贷的利率进行了管制,其背后的尺度合理性并不明确,此乃司法层面的不合规之举。

其二,为了规范民间金融和发展普惠金融,小额贷款公司作为一种微型金融机构出现并开始在金融市场上活跃起来,但相关业务在既有的国家立法层面难以归类,所以既有的金融监管部门也无管理权限,但是为了打破这一局面,当时的银行业监督管理委员会通过《关于小额贷款公司试点的指导意见》(银监发〔2008〕23 号)将小额贷款公司的管理权授权给省一级的地方政府,自此开启了小额贷款公司制度化之路,但从合规性来看,小额贷款公司的相关业务并不在银监会的管辖权之内,此种授权无疑是越权之举。

其三,随着互联网技术的快速发展,虚拟经济与互联网的融合必不可挡,进而孵化出了"互联网金融"模式,其中以 P2P 借贷、股权众筹等为代表,为了应对互联网金融繁荣后的乱象,中国人民银行、中国银行业监督管理委员会、中国证券监督管理委员会、中国保险监督管理委员会等十部委联合下发的《关于促进互联网金融健康发展的指导意见》(银发〔2015〕221 号)为互联网金融发展定下了基调,并且不同的监管部门获得了相应的授权,然而互联网金融衍生出了多种业态,在既有的国家立法框架内,似乎无法归为被授权的监管部门的职权范围之内,相关部委也无权开展自我授权。

上文以近年来颇为典型的新型业态监管情况作为例证展示了我国虚拟经济运行安全法律制度合规性存在的问题,但并不是表明我国虚拟经济运行安全法律制度的运行合规性存在很严重的问题。整体上来看,虚拟经济运行安全法律制度运行良好,并没有出现大的合规性问题,主要在出现一些虚拟经济安全保障新情况之下才会引发法律制度合规性问题。当然,笔者以为我国既有的虚拟经济运行安全法律制度中的授权性条款过多,对监管部门的约束性规定有限,监管部门的行为可以通过自我立法而合法合规,这是将来我国虚拟经济运行安全立法应该警惕的地方。

二、我国虚拟经济运行安全法律制度目标的实现程度

在前文的讨论中,我们认为虚拟经济运行安全法律制度应然的功能定位是风险管理,结合我国虚拟经济的发展实际,我们将其具体拆分为该制度在保障虚拟经济安全、促进虚拟经济服务实体经济、应对开放经济挑战等方面的表现。之所以如此细分,是基于以下考虑:第一,风险管理的本意乃是管控整个虚拟经济运行与发展中的风险,也即保障整个虚拟经济不出现安全性问题,保障虚拟经济的运行安全是我国虚拟经济运行安全制度的首要目标;第二,虚拟经济需要以实体经济为基础,其发展的根基并不能脱离实体经济空转,这是杜绝虚拟经济危机发生的一个重要维度,也是对近年来中央政策中特别担忧的"脱实向虚"问题的直接回应,故虚拟经济运行安全法律制度能否有效促进虚拟经济服务实体经济是其保障虚拟经济运行安全的一个重要表现;第三,除了虚拟经济内部本身可能存在的"脱实向虚"风险,开放经济条件下所带来的外部冲击风险也是一个影响虚拟经济运行安全的不确定因素,既有的制度能否有效应对开放经济的风险挑战也是该制度的一个重要目标,也是本书所关注的重点所在。

(一) 虚拟经济运行安全法律制度保障虚拟经济安全了吗?

诚如前文所述,虚拟经济运行安全法律制度的风险管理功能会衍生出规范虚拟经济运行的衍生功能,而虚拟经济的安全本身可以分为宏观层面的虚拟经济安全和微观层面的虚拟经济秩序两个层面,两个层面所关注的点存在差异,下文分而述之。虽然,前文将虚拟经济运行安全法律制度分为系统性风险控制的法律制度、行业性风险控制的法律制度、区域性风险控制的法律制度,但在功能上无外乎宏观层面的虚拟经济安全和微观层面的虚拟经济秩序,所以此处不再单独区分。

1.宏观层面的虚拟经济安全

顾名思义,虚拟经济运行法律制度的首要目标即是需要保证虚拟经济

运行的整体安全，即不发生金融危机乃至系统性风险，那么，我国既有的虚拟经济运行安全法律制度在这方面表现如何呢？

众所周知，由中国人民银行金融稳定分析小组撰写并公布的《中国金融稳定报告》是关系金融稳定最为权威和系统的报告，其关注范围虽与本书关注的虚拟经济运行安全存在些许差异，但大体上的范围是一致的，也是当前能够获取到的较为系统和全面的相关数据，故此，我们将根据中国人民银行近年来公布的《中国金融稳定报告》窥探一二。依据相关内容可知，央行发布的《中国金融稳定报告》主要聚焦于上一年度金融体系的稳健性状况以及下一年度的风险研判。从表4-3的统计可以看出，中国人民银行针对中国的金融体系稳健性在2012—2020年的基本判断是：金融体系整体稳健，金融风险可控。换言之，国家权威部门认为我国近十年间的金融安全是有保障的，此与我国迄今为止尚未出现金融危机或虚拟经济危机的现实状况是符合的。因此，我们也可以判定我国宏观层面的虚拟经济是安全可控的。

虽然整个金融体系的运行稳健，但是并不意味着宏观层面的虚拟经济安全并不存在问题。同样依照表4-4所统计的《中国金融稳定报告》中情况可知，影响金融稳定的因素一直存在，既有国际金融形势的大环境影响，也有国内金融体系中的不确定因素，"完善系统性风险监测、评估和处置机制"以及"化解重大金融风险"也在报告中多次提及，也即表明我国在系统性风险防范与处置的机制上仍然存在不足。需要注意的是，我国的金融体系运行很多情况并不立法先行，我国的虚拟经济运行安全运行既有制度规范的作用，也有经济政策临时性干预的影响。如上所述，中国宏观层面的虚拟经济安全虽然在整体上是有保障的，但也存在诸多现实挑战，所以我们既不能否定我国虚拟经济运行安全法律制度的切实效果，也不能据此夸大我国虚拟经济运行安全法律制度的优越性，更不能忽视我国的虚拟经济运行安全法律制度的自身短板。

表 4-4 近年来《中国金融稳定报告》汇总

年份	金融体系的稳健性	金融体系的风险形势	未来的风险防控重点
2013	2012 年,我国宏观经济缓中趋稳,金融业改革持续推进,金融机构实力不断增强,金融市场快速发展,金融基础设施建设成效显著,金融服务实体经济的质量和水平进一步提升,金融体系整体稳健	但部分行业、领域和地区的信用风险有所显现,理财产品、表外业务风险不容忽视,具有融资功能的非金融机构和民间借贷风险需要关注	着力提高宏观调控的前瞻性、针对性和灵活性;稳步推进利率市场化和人民币汇率形成机制改革;加强金融监管,促进监管协调,强化重点领域的风险防控;完善系统性风险监测、评估和处置机制
2014	2013 年,我国宏观经济呈现稳中向好的发展态势,金融业改革不断深化,金融机构实力进一步增强,金融市场稳步发展,金融体系整体稳健	部分行业、领域和地区的风险有所积累,流动性风险管理难度加大,同业、表外、理财等业务潜在风险应予关注,具有融资功能的非金融机构风险隐患不容忽视	增强宏观调控的前瞻性、针对性和协同性;加快推进利率市场化;完善宏观审慎管理,加强金融监管;加强金融机构风险处置机制建设,建立维护金融稳定的长效机制
2015	2014 年,我国宏观经济在新常态下保持平稳运行,金融业改革积极有序推进,金融机构实力进一步提升,金融市场创新发展加快,金融基础设施建设不断完善,金融体系总体稳健	国际上,世界经济正处于国际金融危机后的深刻再平衡调整期,增长动力依然不足,金融形势复杂;国内在结构调整中,相关风险日益暴露,全社会债务水平上升,商业银行不良贷款持续反弹,跨市场风险隐患也不容忽视	继续实施积极的财政政策和稳健的货币政策;大力推动金融改革开放,健全和完善金融体系;加强对重点领域金融风险的监测分析,切实防范化解各类金融风险;加强金融政策的协调和落实

续表

年份	金融体系的稳健性	金融体系的风险形势	未来的风险防控重点
2016	2015年，我国宏观经济运行总体平稳，金融业改革全面深化，金融机构实力进一步提高，金融市场规范创新发展，金融基础设施建设扎实推进，金融体系总体稳健，服务实体经济能力继续增强	国际金融市场波动有所加大，国际经济金融形势存在较大不确定性；国内经济结构性问题和矛盾仍然突出，部分地区和领域的潜在风险逐步显现	大力推动金融改革开放，深化重点领域改革；加强金融监管，完善宏观审慎政策框架；完善金融风险监测、评估、预警和处置体系建设；强化对跨行业、跨市场风险的研判，落实监管责任
2017	2016年我国金融业运行总体稳健，金融业在持续推进的改革开放进程中积累了较强的抗风险能力	国际上，世界经济仍处于缓慢复苏进程中，复杂性、不稳定性、不确定性进一步凸显，可能出现更多"黑天鹅"事件；国内的经济金融稳定运行的基础还不牢固，经济下行压力依然较大，区域和行业走势持续分化，挑战和风险不容低估	要实施好稳健中性的货币政策，继续深化金融改革，建立多层次资本市场体系，提高和改进监管能力，要把防控金融风险放到更加重要的位置
2018	2017年以来的一系列措施收到了显著成效，宏观杠杆率过快上升势头得到遏制，金融风险总体收敛，金融乱象得到初步治理，债券市场刚性兑付有序打破，市场约束显著增强。总体上，我国经济金融风险可控，不会发生系统性风险	影响和威胁全球金融稳定的风险因素在增加，特别是全球贸易保护主义抬头，由美国挑起的经贸摩擦，对全球及中国宏观经济和金融市场构成负面影响。中国经济金融体系中多年累积的周期性、体制机制性矛盾和风险正在水落石出，经济运行中结构性矛盾仍较突出	全球经济和金融市场仍存在较大不确定性，中国经济在由高速增长向高质量增长的转型与结构调整过程中，一些"灰犀牛"性质的金融风险可能仍将释放

续表

年份	金融体系的稳健性	金融体系的风险形势	未来的风险防控重点
2019	2018年，金融系统始终坚持稳中求进的工作总基调，推动宏观政策有效实施，金融服务实体经济力度加强，金融秩序不断好转，金融改革开放取得进展，实现了防范化解重大金融风险攻坚战的良好开局	受内外部多重因素影响，中国经济中一些长期积累的深层次矛盾逐渐暴露，金融风险易发高发。国际上，金融市场对贸易局势高度敏感，全球流动性状况的不确定性上升。国内方面，重点机构和各类非法金融活动的存量风险仍需进一步化解，市场异常波动风险不容忽视	要推动优化融资结构和金融机构体系、市场体系、产品体系，进一步提高金融供给对实体经济的适应性和灵活性。要坚决打好防范化解重大金融风险攻坚战，平衡好稳增长和防风险的关系，压实各方责任，稳妥处置和化解各类风险隐患，守住不发生系统性金融风险底线
2020	2019年，中国金融体系重点领域的增量风险得到有效控制，存量风险得到逐步化解，金融风险总体可控，守住了不发生系统性金融风险的底线	当前世界经济仍处在国际金融危机后的深度调整期，加上疫情的冲击，部分企业债务违约风险加大，可能传导至金融体系，金融领域面临的困难和风险增多	完善宏观调控跨周期设计和调节；继续有效防范化解重大金融风险，精准处置重点领域风险

2.微观层面的虚拟经济秩序

随着虚拟经济法律保障制度的不断发展和完善，对虚拟经济市场主体经营行为提出了日益严格的规范性要求，要求虚拟经济从业企业以更加合法、公平和道德的方式开展活动，保障虚拟经济市场秩序的基本稳定，防止风险聚集而形成或诱发系统性风险。对此，我们拟从相关的行业监管层面来审视既有制度在维护虚拟经济秩序上的具体表现。

首先，我们考察了证券行业的情况，为了更为直观地呈现，我们从证券监管执法的维度来展开。

2016 年证监会共对 183 起案件作出行政处罚，开出 218 份处罚决定书，罚没款 42 亿余元，共计 38 人被采取市场禁入，其中罚没款创下历史新高。2017 年，证监会办结立案案件 335 起，同比增长 43%，移交行政处罚部门审理 303 起，移送公安机关涉嫌犯罪案件和线索 31 起，累计对 491 名涉案人员申请采取限制出境措施，依法冻结涉案资金 1.55 亿元。① 2018 年证监会作出行政处罚决定 310 件，同比增长 38.39%，罚没款金额 106.41 亿元，同比增长 42.28%，市场禁入 50 人，同比增长 13.64%，到了 2019 年证监会共作出行政处罚决定 296 件，罚没款金额 41.83 亿元，市场禁入 66 人。2018 年证监会派出机构作出与财会类人员相关处罚 22 份，涉及财会类人员 29 人。2020 年 7 月证监会对广发证券在康美药业相关投行业务中的违规行为，采取了暂停保荐机构资格 6 个月、暂不受理债券承销业务有关文件 12 个月的监管措施，并对相关责任人员予以追责。新证券法及注册制实施后，随着中介机构责任加大，处罚力度也越来越大，目的是倒逼中介机构业务合规、勤勉尽责，实现证券市场良性循环安全发展。

从近五年的证券市场从业机构被罚案件分析，不合规行为依然集中在短线交易、内幕交易、市场操纵和信息披露等方面，违规主体包括上市公司及其从业人员、中介机构、基金公司等主体，违法行为查处案件数量和人数都呈相对稳定的状态，处罚金额则远超五年前，反映出市场从业行为合规性问题依然严重。

美日当初对虚拟经济市场不当行为的管制放松埋下了后期引发经济危机的风险，警醒我国必须高度重视虚拟经济市场经营行为的合规监管。数据显示，2015 年、2016 年和 2017 年证监会行政处罚被诉案件分别为 31 件、

---

① 中国证监会：《证监会 2017 年度案件办理情况通报》，http://www.csrc.gov.cn/pub/newsite/zjhxwfb/xwdd/201801/t20180119_332882.html，访问时间：2018 年 1 月 19 日。

43 件和 48 件，连续三年行政处罚诉讼案件保持实体"零败诉"。① 从证券法律制度监管运行角度分析，相关市场主体不合规的经营行为得到行政监管部门和司法裁判的双重确认。也显示在法律保障虚拟经济安全运行中，法律既给予了虚拟经济市场主体更多经营行为自由，同时金融监管机构也在不断通过强有力的执法措施保障金融行为合规性以避免虚拟经济危机的发生。

其次，我们也搜集了银行业和保险业的情况，同样依靠的也是相关的监管执法数据。

2017 至 2019 年一季度，银保监会作出行政处罚决定 11 735 份，罚没总计 59.41 亿元，罚没金额超过了之前 10 年的总和。② 2019 年全年，银保监会处置不良贷款约 2 万亿元；处罚银行保险机构 2 849 家次，处罚责任人员 3 496 人次，罚没合计 14.5 亿元，银行业金融机构处罚事由最多的是违反审慎经营规则。根据《中华人民共和国银行业监督管理法》第二十一条的规定，审慎经营规则包括：风险管理、内部控制、资本充足率、资产质量、损失准备金、风险集中、关联交易、资产流动性等内容。2019 年排名前十的违规金融机构类型依次为：国有大型商业银行、农村商业银行、股份制商业银行、农村信用社、城市商业银行、财险公司、村镇银行、寿险公司、信托公司、保险公估公司。2020 年上半年银保监会对 684 家机构共计罚款 39 607.29 万元，最高处罚金额为 2 020 万元，对 195 名个人共计罚款 1 272 万元，55 名个人被禁止终身从事银行业务或高管职责资格，64 名个人被处以期限不等的从业禁止，547 名个人被警告。2021 年上半年对银行业共开出 1 635 张罚单，其中近半数罚单是针对银行从业人员个人进行处罚，涉及责任人员 1 018 名，

---

① 中华人民共和国中央人民政府：《2017 年证监会行政处罚诉讼案件情况综述》，http://www.gov.cn/xinwen/2017-12/31/content_5252006.htm，访问时间：2017 年 12 月 31 日。

② 中国银行保险报：《近 60 亿！银保监会过去两年行政处罚金额超之前 10 年总和》，https://mp.weixin.qq.com/s/GIun-TX3Mhp3KQ00PfweMw，访问时间：2019 年 8 月 8 日。

共计 844 张。在机构罚款中，中国银行合计被罚没的总金额最大，达到 1.143
亿元，其次是华夏银行，被罚没 1.07 亿元，排名第三的是国家开发银行，合计
被罚没 1.064 亿元，其中单笔超千万的机构罚单共有 14 张，最大的一张罚单
是针对华夏银行理财产品问题，处罚金额高达 9 830 万元（表 4-5）。①

表 4-5　2021 年上半年被处罚金额银行前十名

排名	银行名称	处罚金额/万元
1	中国银行	11 432.75
2	华夏银行	10 708
3	国家开发银行	10 644.82
4	渤海银行	10 505.14
5	中国工商银行	9 984.1
6	招商银行	7 564.8
7	邮储银行	5 916.97
8	中信银行	4 971.5
9	浦发银行	3 726.85
10	广发银行	3 250.59

从上述数据可知，银保行业因利益驱动在合规经营上仍然存在较大违
规行为。

《商业银行代理保险业务监管指引》规定了商业银行销售保险产品的诸
多限制，如销售人员不得将保险产品与储蓄存款、银行理财产品等混淆，不
得将保险产品的收益与银行存款收益、国债收益等进行片面类比，不得夸大
或变相夸大保险合同的收益，不得承诺固定分红收益，不得进行误导或诱导
销售。但是部分银行工作人员在销售过程中依然采取夸大保险产品收益、
将保险产品与银行存款收益片面类比、隐瞒风险和费用扣除等方式误导消

① 南方周末：《金融业腐败与违规问题叠加，社会责任管理能力需强化——9 月企业社会责任警示事件
分析》，https://view.inews.qq.com/a/20211019A0E2DU00，访问时间：2021 年 12 月 21 日。

费者购买保险产品。之所以出现这些行为,本质还是逐利,制度原因是代销合规监管与风险防控缺失,以及惩罚力度不足导致违规成本不高。

最后,我们还需要关注新型的虚拟经济业态的相关情况,鉴于较为繁杂,我们从互联网金融等新兴业态的视角展开。

虚拟经济法律保障制度有效防范了互联网金融引发系统性风险。互联网金融是指传统金融机构与互联网企业利用互联网技术和信息通信技术实现资金融通、支付、投资和信息中介服务的新型金融业务模式。互联网和虚拟经济结合在一起,本质上还是我国虚拟经济市场的开放性程度较低,当数字通信技术推动互联网普及之后必然推动虚拟经济走进普通百姓。2010 年后由于市场环境宽松,电商作为轻资产性质的商业模式,特别是国家开放民间资本进入限制行业,加上自贸区的设立等政策红利,加之一般商品的虚拟经济化趋势增强,互联网和虚拟经济迅速结合在一起。互联网虚拟经济在给消费者带来虚拟经济消费便利的同时,其安全性风险也日益显现。互联网虚拟经济发展快速、成本低、覆盖面广,但也存在着风险大的弊端。互联网虚拟经济只要行为符合虚拟经济的特征,就应该纳入虚拟经济安全保障。互联网虚拟经济风险主要表现为信用风险大,非虚拟经济机构利用互联网技术进行虚拟经济运作可能缺乏相应的风险承担能力,一旦出现无法承担的风险就有可能大量倒闭引发危机;同时互联网虚拟经济中的网络高利贷和网络暴力催收也会引发群体性事件等社会风险。互联网虚拟经济因为法律监管不足,尤其容易产生非法集资、非法吸收公众存款以及诈骗行为,而因为欺诈手段更新快,管控滞后,给风险防控带来了很大的困难。特别近年来互联网金融诈骗出现了产业化、集团化欺诈趋势,这类欺诈采取公司化运作,规模化盈利,精心策划每一个诈骗环节,从目标客户选择、信息筛选、作案手法研究、资产转移等环节形成覆盖上下游的完整的黑色产业链,形成产业化分工。这方面的典型代表是"E 租宝"案件,金易融(北京)网络科技有限公司以 A2P 的模式,打着融资租赁债权转让旗号销售预期年化收益率

9.0%～14.2%不等的六款产品，涉嫌非法吸收公众存款和集资诈骗，不到两年时间涉案金额超过 500 亿元人民币。腾讯公司 2019 年发布《2018 年互联网金融安全报告》指出，2018 年国内累计发现涉嫌传销平台达到 5 000 余家，活跃人数超过千万，以保本保息、推荐股票为代表的虚拟经济虚假广告诈骗层出不穷，互联网虚拟经济风险依然是虚拟经济风险亟待治理的领域。

互联网虚拟经济因有信息科技参与，致使其安全风险防范存在着诸多困难。互联网虚拟经济具有跨平台、多地域、多环节的特点，需要从政府、虚拟经济服务机构、安全防范机构、商家等主体共同参与治理才能有效防范风险。科技对虚拟经济发展既有推动作用也有不利的影响，科技推动信息技术逐步从虚拟经济业务发展支撑向虚拟经济引领方向转变，虚拟经济活动与技术的紧密耦合既带来了虚拟经济创新，也带来了高度依赖技术的潜在风险。"科技驱动的金融创新所内含的市场风险，存在诱发系统性风险之可能，迫使金融监管层必须予以积极而有力的回应。"

近年来随着云计算、大数据、物联网和人工智能等新技术应用，数据和用户信息泄露等网络安全问题日益突出，互联网虚拟经济网络安全问题日益成为威胁互联网虚拟经济运行安全的最大问题。一旦遭遇黑客攻击，互联网虚拟经济的正常运作就会受到影响，危及消费者的资金安全和个人信息安全。有的风险产生是经营主体急于牟利，甚至在信息技术本身尚未成熟情况下就开始炒作概念推广应用，导致客户信息泄露、资金盗刷等风险。我国互联网信息中心发布的报告显示：2016—2017 年，全球恶意代码样本数目以每天可获取 300 万个的速度增长，云端恶意代码样本也从 2005 年的 40 万种增长至目前的 60 亿种。

虚拟经济运行安全保障法律制度防范了区块链金融风险。对迅速发展的区块链技术，国家高度重视研发和运用，但是不代表其不受监管，不代表可以打着区块链旗号进行非法集资等非法虚拟经济活动。科技的发展可能会引起虚拟经济乱象，但是这不是技术本身的问题，而是技术的使用和监管的问题。区块链技术的运用应运而生虚拟货币,如比特币和 ICO(首次代币发行)等。ICO 是出让初始产生的加密数字货币来募集资金,由于其基于区块链技术,具有去中心化的特征。虚拟货币基于区块链项目产生,主要运行在区块链网络上,其价值取决于使用者。虚拟货币在全球的流动给我国虚拟经济安全带来了不稳定因素,同时也为虚拟经济消费者带来了巨大的风险。比特币从诞生之初的价格 0 到 2021 年 4 月价格最高 6.3 万元,引发虚拟货币投资热。我国国内的 ICO 广泛被用作投机炒作工具和非法金融活动工具,严重扰乱了虚拟经济市场,破坏虚拟经济秩序。不法分子诱导投资人以投资虚拟货币交易为名义,实施诈骗、网络赌博、传销等违法犯罪活动,不仅造成公民财产损失还严重影响社会稳定。虚拟货币交易投资者缺乏相关专业知识,加上虚拟货币交易平台大多使用境外服务器,交易操控机构真实情况不明,给我国虚拟经济监管带来了极大的挑战。

基于对虚拟货币风险的认知,我国早在 2013 年就由中国人民银行等五部委发布了《关于防范比特币风险的通知》在国家层面明确虚拟货币是一种特殊的虚拟商品,不具有法偿性和强制性。2017 年 9 月中国人民银行等七部委联合发布《关于防范代币发行融资风险的公告》,认定在代币发行融资(ICO)是非法融资活动。2018 年以来,以央行为首的监管部门联合开展了互联网虚拟经济风险整治,国内 173 家虚拟货币交易及代币发行融资平台已经全部退出。2021 年 9 月央行牵头发布了《关于进一步防范和处置虚拟货币交易炒作风险的通知》,明确虚拟货币业务活动属于非法金融活动,同一时间发布了《国家发展改革委等部门关于整治虚拟货币"挖矿"活动的通知》(发改运行〔2021〕1283 号)。通过上述监管我国目前已全面禁止虚拟货币"挖矿"和相关交易活动。

未来国内及跨境的虚拟货币发行仍然可能保持多发态势,相关的金融风险亟待防控。"虽然目前由于受到严格控制,虚拟货币对中国金融体系和货币政策基本没有冲击性,但其仍是货币政策框架实质的潜在冲击因素。"

区块链的发展必须符合现有法治的基本制度,必须以促进实体经济发展为目的。当然是否一概取缔,各个国家依据自己的国情,可以实施不同的政策和法律管制。比如新加坡对虚拟货币交易持开放的态度,并不觉得需要全面禁止虚拟货币交易,但新加坡金管局仍然从合规和反洗钱方面对其有非常严格的管制。在国内全面取消 ICO 的情况下,短时间内有效避免了虚拟货币带来的非法集资及诈骗等问题,但是从长远看,应该学习新加坡以开放的态度、严苛的监管发展区块链虚拟经济。

综上所述,我们可以得出以下结论:我国虚拟经济运行安全法律制度在保障虚拟经济安全这一目标上实现得较好,无论是宏观的虚拟经济安全,还是微观的虚拟经济秩序都有着较好的表现,但也有很多问题和风险不容忽视,并且也不宜将既有的成果完全归功于现有的制度规范体系。

(二)虚拟经济运行安全法律制度促进虚拟经济服务实体经济了吗?

"关于金融与金融法的关系。一方面金融是决定金融法的本质和内容的主要因素,没有金融就没有金融法;另一方面金融法必须反映和适应金融关系,规范和引领金融服务行为,促进并保障金融为实体经济服务。"[1]虚拟经济供给侧结构性改革的一个重点方面就是提升虚拟经济服务实体经济能力,而法律促进虚拟经济服务实体经济发展具有重要意义。

1.通过法律制度创新推动虚拟经济服务实体经济

"实体经济是虚拟经济的基础,虚拟经济的产生是以货币的出现和信用的发展为前提的,而货币与信用则是商品生产与交换发展的结果。"[2]现代金融业的过度虚拟化制约着实体经济的发展。虚拟经济是金融与资本市场在

---

① 徐孟洲.金融立法:保障金融服务实体经济:改革开放四十年中国金融立法的回顾与展望[J].地方立法研究,2018,3(6):62-73.

② 胡光志,等.中国预防与遏制金融危机对策研究:以虚拟经济安全法律制度建设为视角[M].重庆:重庆大学出版社,2012:14.

为实体经济服务当中衍生出来的，其产生有其合理性和必然性，但其发展不能是无限发展、野蛮发展，其发展必须是有限的，有约束的，必须要以服务实体经济为目的，要和实体经济相辅相成，超过边界就是"过度虚拟化"，无益于一国整体经济的健康、持续、安全发展。这个边界以是否契合并促进实体经济发展为标准。如果资本只在虚拟经济系统内闭合循环，不流入生产领域，只会在社会形成一批财富掠夺者，如果不通过法律制度去引导、治理，最终结果只会导致劣币驱逐良币，资本都去投机而不是投资实业，实体经济会因缺乏资本供给而无法发展。当虚拟经济产品的金融属性脱离实际价值，资本的介入只是以套利为根本目的时，是完全无助于实体经济发展的，所以我们要从制度上警惕虚拟经济产品"过度金融化"或"过度虚拟化"问题。

我国经济运行面临的突出矛盾和问题，虽然有周期性但根源是重大结构性失衡。其中一个失衡是虚拟经济和实体经济失衡，虚拟经济脱实向虚舍本逐末，不为实体经济服务，导致实体经济萎靡。我国经济发展进入新常态后，增长速度、经济结构和经济发展动力都发生了变化。面对新常态，我们需要更好地发挥主观能动性，创造性地推动虚拟经济安全运行。振兴实体经济成为供给侧结构性改革的主要任务，不论虚拟经济如何发展以及发展到什么时候，虚拟经济都必须以服务和促进实体经济发展为根本目标。新制度经济学强调"制度至关重要"，因为制度限定了市场主体活动的边界和范围。如果制度能够为虚拟经济运行提供激励和责任约束，那么有效的制度安排就会成为经济增长的关键。虚拟经济制度是经济社会发展中重要的基础性制度，深化虚拟经济供给侧结构性改革能增强虚拟经济服务实体经济能力、推动中国虚拟经济健康发展。虚拟经济市场也是法治经济，必须建立在公正透明的规制之上，包括证券市场、期货市场、保险市场在内的中国虚拟经济市场在当前得到进一步发展都源于以法制化为主题进行制度创新。

2.构建了基本完备的法律制度体系服务于实体经济

虚拟经济服务实体经济不仅仅是满足企业的资金需求，更要发挥虚拟经济媒介功能，更好地提高资源配置作用。虚拟经济的收益来源于实体经济，如果虚拟经济在服务实体经济前裹足不前，虚拟经济本身的收益是无法实现的。看待这一现象，不仅仅要从虚拟经济本身寻找问题，更要从服务的对象——实体经济——找原因。从2008年金融危机以来，世界主要经济体处于下行滞涨阶段，长期处于低增长、高失业、低通胀、高负债、高风险泥潭，全球贸易保护主义抬头走向"去全球化"，贫富差距加大，消费乏力。反观我国经济进入新常态处于结构性减速时期，人口红利消失，环境约束增加，资源配置效率因从第二产业向服务业转移而效率不高，种种原因导致了实体经济发展困难，虚拟经济服务实体经济风险加大。从我国虚拟经济四十年发展看，出现"脱实向虚"既有外部原因也有内生原因，外部原因比如实体经济中制造业经营困难，内生原因如对农村金融需求的嫌贫爱富，内部激励机制主张投机行为等。解决虚拟经济服务实体经济的障碍，需要创造虚拟经济服务实体经济的宏观法制环境，如通过制度加大企业"脱实向虚"的交易成本影响虚拟经济的绩效，并随着制度的演进改变虚拟经济市场主体的选择，可以实现制度引导"脱实向虚"走向"脱虚向实"。

制度的稳定对市场交易是一个必要条件，整体稳定的制度框架能够使复杂交易跨时空进行，虚拟经济发展和运行安全，就是以构建现代虚拟经济制度为前提。现代虚拟经济制度首先必须要求虚拟经济体系具备完善的市场竞争结构，即在虚拟经济市场中，有充分多元化的市场主体，同时不同性质、规模、地域的虚拟经济主体能够开展充分的竞争以提升服务质量和提高虚拟经济整体效率和服务机构的绩效。在此意义上，我国加强了市场主体法、竞争法等相关立法的培育和规制。

构建了完善合理的产权结构来提升虚拟经济交易市场的资源配置效率。产权决定虚拟经济市场的运行和效率，是保持虚拟经济市场活力与竞争力的主要条件。产权结构反映到法律制度上，就是要明确以所有权为核心的财产权利，虚拟经济的运行安全就要以完善明确的产权制度供给为基础，以此使市场主体的交易成本和法律责任可以预期，减少交易的外部性。

在虚拟经济市场主体内部初步具备完善的现代治理结构，拥有有效的激励约束机制。虚拟经济市场主体是虚拟经济的最主要的生产主体、交易主体、融贷主体、信用主体，在虚拟经济发展中承担着极为重要的作用。虚拟经济市场主体以企业法人的形态存在，现代企业的运行模式和运行规律都要求法制化，建立现代企业制度。通过完善我国虚拟经济市场主体的内部治理结构，设置虚拟经济交易过程的激励和相互约束，形成虚拟经济市场的激励结构以使其处于均衡的控制状态，激励虚拟经济市场主体进行虚拟经济交易并实现安全运行。

3.通过虚拟经济法律制度供给有效应对了实体经济多元化的服务需求

在经济全球化背景下，实体经济多元化的虚拟经济服务需求，只有通过综合经营和混业经营才能满足。虚拟经济发展需要有效连接融合各虚拟经济市场、虚拟经济业态以此来提高竞争能力服务于实体经济。虚拟经济综合经营、混业经营的发展也是一个演进的过程，这一过程必须坚持市场化、法制化的改革方向，必须按照国际规则和法律规定来办理。法制化，就是要科学建立起符合规律的虚拟经济平稳运行的制度框架和操作细则，做到有法可依，同时提升国家对虚拟经济的监管能力和虚拟经济市场主体的自身风险内控能力，不断提升虚拟经济治理能力，严厉打击违法行为以保护投资者利益，如第十三届全国人民代表大会第一次会议审议通过的国务院机构改革方案，将拟订银行业、保险业重要法律法规草案和审慎监管基本制度的职责划归中国人民银行，就是与时俱进加强虚拟经济监管能力、完善监管体系的体现。

(三)虚拟经济运行安全法律制度能够应对开放经济的挑战吗?

虚拟经济是国家重要的核心竞争力,是国家经济的主要组成部分。虚拟经济运行安全是经济安全乃至于国家安全的重要组成部分,意指国家在经济发展过程中,能够合理获得经济利益并受到保护,免于被侵害或威胁。在开放经济条件下,集中表现在一国能否有效应对国外虚拟经济市场主体和虚拟经济资本的冲击和压力,保持住在国内外虚拟经济市场的竞争优势,有效对本国虚拟经济进行管控,促进本国经济发展目标实现,保障和提高人民的社会生活水平。虚拟经济法律保障安全是以获取经济利益为最终目的,是国家进行战略决策的前提。在开放经济背景下保障虚拟经济安全,法律功能一方面是防范风险发生,取得更大经济利益,另一方面还要保障虚拟经济市场稳健运行,促进虚拟经济市场发展和进步。因此,法律保障虚拟经济运行安全是综合安全,是防范风险与促进虚拟经济发展并重下的安全。法律既要促进本国虚拟经济市场在国际上的竞争力,更要在法律改革讨论中化解虚拟经济现存危机和防范未来的危机。

虽然我国改革开放已 40 余年,取得了举世瞩目的成就,但是虚拟经济的对外开放一直极为谨慎,其开放水平比较有限。可能正是因为开放得不够,我国的虚拟经济与外界的虚拟经济关联度并不高,这也是中国在大型虚拟经济危机中能够相对独善其身的重要原因。比如 2008 年起源于美国并席卷全球的次贷金融危机,中国受到的影响相对较小,其中的一个重要原因在于我国虚拟经济的国际化程度不够高,因为既有的经验证明多数发展中国家在金融开放过程中频发金融危机。[①]

从现实表现来看,我国的制度表现较为一般,其主要体现在以下几点:首先,随着扩大开放进程的推进,与此相关的法律规范开启了修订完善的过

① 董骥,田金方.金融开放的风险效应测度与中国经验特征——基于 85 个国家和地区的面板门限模型检验[J].制度经济学研究,2021(1):190-214.

程,此即表明过去的虚拟经济运行安全制度对此并无没有全面而系统的准备,是适应现实需要所作出的适时调整;其二,对外开放中的虚拟经济多依赖于资本市场,而我国形成了以银行业为主导的间接融资格局,资本市场的发展规模较小,在资本市场上的法律规制存在一些不足,前文提及的《中国金融稳定报告》中多次涉及"完善金融风险监测、评估、预警和处置体系",也即表明我国的金融风险防控体系尚未健全,2015年的"股灾"中的干预失灵证明了这一点,而扩大开放后势必带来国际金融市场的波动性、海外资产的流动性以及外资母公司的风险传导,当下的规制能力与治理水平能否应付尚待时间检验;其三,国民的金融风险意识还不够,无论是相关的融资者,还是投资者,均缺乏法律意识和风险意识,近年来"中概股"频频遭遇做空、内幕交易处罚的新闻常见于报端,法律意识与风险意识的滞后将大大影响扩大开放后的风险应对。

在全球化的语境下,扩大对外开放是大势所趋,亦为我国的国家高层所认可,所以重新审视我国的虚拟经济运行安全法律制度能否应对开放经济的挑战就显得十分迫切且必要。为此我国在近年加大虚拟经济领域对外开放的制度保障,提高开放经济背景下我国虚拟经济运行的治理能力和风险防范能力。2018年4月亚洲博鳌论坛央行宣布取消了银行和金融资产管理公司的外资持股比例限制、中国虚拟经济对外开放的12项措施和落实时间表。2018年6月,国家发展改革委、商务部发布《外商投资准入特别管理措施(负面清单)》明确,在金融领域主要开放的举措包括取消银行业外资股比限制,将证券公司、基金管理公司、期货公司、寿险公司的外资股比放宽至51%。三年多过去,我国已经基本建立了外商投资准入前国民待遇和负面清单管理制度,相关虚拟经济业务领域的外资持股比例限制已经完全取消。2021年7月国务院常务会议,要求加快完善金融机构母子公司跨境往来的规则,优化外资参与境内金融市场的方式和制度。下一步,我国将进一步加大虚拟经济的开放,包括稳妥推进资本项目开放、金融衍生品市场的开放等。但开放的虚拟经济市场不仅要跟上我国开放经济的步伐，更要构筑与虚拟经济开放水平相适应的虚拟经济法律制度体系和治理能力。

三、我国虚拟经济运行安全法律制度运行的额外影响

（一）虚拟经济运行安全制度对社会的额外影响

20 世纪 50 年代以来社会发展和变迁的主要特征之一是虚拟经济化，虚拟经济和社会交融且社会虚拟经济化不断加深已然成为社会发展的趋势。我国从 20 世纪 80 年代发展虚拟经济以来，在 90 年代开始出现这一趋势，在此变革过程中制度作为驱动力量发挥了潜在的影响。虚拟经济是实现虚拟经济资源配置的市场体系，还是社会财富分配的主渠道，资源和财富分配的多与少实质上取决于虚拟经济体系背后的制度安排和所处的政治社会结构。2008 年次贷金融危机引发了人们对虚拟经济系统风险的质疑，虽然不断发展的虚拟经济依然存在缺陷，但是社会经济发展与繁荣离不开虚拟经济的支持，我们要做的是持续改进和发展，不断提升法制对虚拟经济的安全保障能力。一个安全性、包容性的虚拟经济体系需要对法治的尊重，在虚拟经济体系和社会、法律制度的相互演进中，始终把虚拟经济有限发展、安全发展作为底线，以促进社会经济发展和繁荣作为基本原则和目的。

历史的经验不止一次证明，如果在现代化进程中只重经济而忽视社会发展，必然导致社会不稳定。我国处于社会主义初级阶段现代化建设进程中，正处于危机与机遇并存的时期。注重运用虚拟经济法律手段进行社会建设，并推进社会反哺虚拟经济发展，具有重要意义。2020 年我国全面建成小康社会，是贯穿我国虚拟经济法律制度的主线，虚拟经济法治必须以人民为中心，让人民共享经济发展的成果。

随着虚拟经济和虚拟经济制度在现代社会的发展，其属性和特征亦生发出了许多新含义。单纯追求经济利益已经难以满足社会发展和思想文明

进步对虚拟经济的需求,故环境友好、社会普惠等要求也逐渐被纳入虚拟经济发展的目标体系之中。其中,虚拟经济普惠是指"立足机会平等要求和商业可持续原则,以可负担的成本为有虚拟经济服务需求的社会各阶层和群体提供适当、有效的虚拟经济服务。小微企业、农民、城镇低收入人群、贫困人群和残疾人、老年人等特殊群体是当前我国普惠虚拟经济的重点服务对象。提升虚拟经济服务的覆盖率、可得性和满意度是普惠虚拟经济的主要目标。"[1]由此可见,现代虚拟经济与人才人事、社会保障、劳动就业、科教文卫和基础设施建设等重要社会事项都有着千丝万缕的紧密联系,与此同时会对其产生深远的影响。

1.我国虚拟经济法律制度主要通过以下运作形式影响社会建设与发展

根据历史经验,一个经济体在追赶另外一个经济体的过程中,必然伴随着货币的走强。未来按照经济增长速度,中国超过美国经济总量只是一个时间问题,保持货币的稳定既是中国作为负责任大国的国际义务,也是保护最广大人民群众福祉初心的体现。中国人有储蓄的传统,特别是工薪阶层,高收入人群反而贷款加杠杆,如果币值不稳定,搞负利率将会使百姓的财产急剧缩水并加速贫富差距。《中国人民银行法》规定以"保持货币币值的稳定,并以此促进经济增长"为法定目标,我国央行秉承这一目标在长时间内保持了稳定的货币政策,为经济社会发展提供了正向激励,也为我国居民的财产价值稳定和安全提供了基本法律保障。

我国进入新的社会发展阶段,社会主要矛盾已经转化为人民日益增长的美好生活需要和不平衡不充分的发展之间的矛盾。面对新的社会矛盾,国家有义务通过立法保障基层百姓平等获得虚拟经济服务并谋求发展的权

---

[1] 中国人民银行:《中国普惠金融发展情况报告(摘编版)》,http://www.gov.cn/xinwen/2018-09/28/5326318/files/44047c056eea41b68f24005a76a7d3f9.pdf,访问日期:2020年9月26日。

利。联合国起草的《普惠金融体系蓝皮书》将普惠金融体系界定为每个发展中国家应该通过政策、立法和规章制度的支持，建立一个持续的、可以为人们提供合适产品和服务的虚拟经济体系。普惠虚拟经济正是对国家发展"以人民为中心"宗旨的虚拟经济践行，通过可接受的成本将虚拟经济服务和产品惠及更广泛的地区和群体，充分实现百姓的虚拟经济发展权。

通过制度供给赋能普惠金融发展，增强打造社会治理新格局的金融动力。治国安邦重在基层，基层治理最难的最后一公里，恰好是普惠虚拟经济服务的重点。但是发展普惠虚拟经济关乎亿万百姓的基本民生和权利，必须完善普惠虚拟经济制度供给加强运行安全保障。为促进普惠虚拟经济发展，促进公民虚拟经济发展权的充分实现，国家出台了一系列指导性意见，2008年《中国银监会关于银行建立小企业金融服务专营机构的指导意见》（银监发〔2008〕82号）提出建立多种形式、灵活有效的小企业虚拟经济服务专营机构，2014年《国务院关于扶持小型微型企业健康发展的意见》（国发〔2014〕52号）和2015年《推进普惠金融发展规划（2016—2020年）》鼓励大型银行加大小微企业虚拟经济服务专营机构建设力度，2017年《大中型商业银行设立普惠金融事业部实施方案》（银监发〔2011〕25号）支持符合条件的银行设立小微企业特色支行等专营机构。但是这些规范性文件法律位阶都很低，有的指导意见基本没有法律效力，导致虚拟经济制度安全保障的效力受到严重影响。建议提升普惠虚拟经济的规范等级，增强制度对金融赋能社会治理的保障能力，实现虚拟经济之经济效益和社会效果的有机统一。

近年我国移动支付发展迅速，社会上出现了拒收现金现象。"去现金化"不仅违法，还会引发社会矛盾和社会公共事件，本质上背离普惠金融发展的初衷。数字技术的发展，提高了虚拟经济的覆盖面，但是也带来了数字鸿沟，老年人、低收入人群等特殊群体对现金依存度高，在数字虚拟经济科技使用上面临诸多困难。中小商户保留现金收付也可与非现金支付形成有效的竞争。支付方式的选择是消费者权利、受到国家法律的保护。《中华人民共和国中国人民银行法》第十六条规定:"中华人民共和国的法定货币是人民币。以人民币支付中华人民共和国境内的一切公共的和私人的债务,任何单位和个人不得拒收。"基于对弱势群体保护、应对突发公共事件和灾害以及保护信息安全和公平交易需要,我国央行强调现金是法定支付手段,倡导多种支付方式和谐发展,并在近年开展了拒收现金的综合治理,维护了人民币的法定地位,也有效化解了因为支付产生的社会矛盾。

每一个家庭的和谐是社会和谐的基础,责任是家庭的基础,而保险是实现家庭责任最基本的工具。保险是社会化、市场化的经济互助机制,通过法律的制度性安排,让公民和家庭在遭遇突发危险时能够实现"老有所终,壮有所用,幼有所长,鳏寡孤独废疾者皆有所养"的社会和谐状态。保险以市场化方式转移风险,"人人为我,我为人人"的保险互助机制与社会主义"一方有难,八方支援"优越性是高度契合的,与构建和谐社会的基本要求是一致的。

发挥保险机制保障优势,优化保险支持。将社会保险与专项商业保险相结合,加大保障力度。推进贫困人口商业补充医疗保险稳健快速发展,化解"因病致贫""因病返贫"的风险,全面实施大病保险,积极开展农业保险助力工作。通过虚拟经济制度适当降低从业资质门槛,倡导、吸引保险机构到重点农业地区发展农业保险。鼓励保险公司配合各地社会保障部门开展贫困人口补充商业医疗保险,为"候鸟人群"开辟绿色异地理赔渠道。大力支持助学脱贫,开展针对贫困家庭优秀大中学生的教育贷款保证保险。政府监管采取差异化措施,鼓励保险资源实现向重点地区基础民生设施和工程倾斜。

完善虚拟经济征信制度体系,捍卫虚拟经济消费者权益。我国推进了全国征信共享平台建设,依托"信用中国"等政府主导平台强化相关政府信息公开,各机关单位和企业合作协同完善失信联合惩戒机制。在此基础上,推进建立多层级、多领域的涉及小微企业和农民信用的档案平台,扩宽虚拟经济征信基础数据库的覆盖面。建立健全虚拟经济消费者权益保护制度体系，广泛开展虚拟经济知识进千家万户、进企业校园、进社区乡村等普及宣传活动，利用公众号推送、投放宣传广告等渠道探索创新宣传教育的方式，提升群众全民维权意识。

善用虚拟经济法律制度杠杆效应，化解社会人口结构失调和城乡二元化等难题。面对我国人口老龄化危机越演越烈的困境和由此导致的人口结构失调难题，政府通过出台养老虚拟经济融资支持政策，探索建立养老虚拟经济业务专门部门，培养养老服务虚拟经济专业人才队伍。相关企业积极创新相应虚拟经济产品，满足广大消费者的需求。针对城乡二元割裂的现状，寻找一条调动城乡居民，特别是农村居民手头闲散资金的渠道，鼓励城乡居民在合理规划的基础上，进行理财投资，增加城乡居民财产性收入。虚拟经济从业机构应当对城乡居民理财投资进行合法合规指导和专业帮助，协助城乡居民规避风险，避免引发虚拟经济系统性风险，侵害城乡居民财产权和国家虚拟经济安全。

2. 虚拟经济法律制度对社会建设发挥的实际效用

基础虚拟经济服务覆盖面逐步扩展，薄弱领域虚拟经济回报率显著提升。普惠虚拟经济服务成功向县城、乡镇、农村和社区等基层单位逐渐拓展，特别是乡镇级别的银行网点和保险机构等虚拟经济服务机构的覆盖面趋于完善。此外，城镇社区和行政村级别的基础虚拟经济服务覆盖网络也正在有序建成当中，人工网点和自助服务网点数量已经实现极大飞跃。

政府、银行业和保险业持续增大对虚拟经济薄弱领域的支持，中小微企业、高新科创企业和"三农"等领域服务难、融资难的问题得到了一定程度的化解。中小微企业贷款成功难度不断降低，对高新科创企业的融资支持力度和专业化服务水平不断提升，对"三农"领域的融资支持力度增强，风险防范机制进一步得到健全完善。

虚拟经济服务效率质量提高，扶贫攻坚成果丰硕。结合数字经济时代特征,协同发展数字虚拟经济,促进虚拟经济服务行业可持续、可体验,促进服务质量和效率提升。普及基础账户和银行卡的覆盖,降低各类主体对虚拟经济服务的排斥心理。通过探索"随借随还,按日计息"的小额短期信贷模式,满足各方客户的多样化实际需求,有效降低借贷成本。国家指导银行业持续减息让利,发挥能够促使中小微企业融资成本整体降低的"头雁效应"。通过互联网提高风险化解机制的普惠力度,推动普惠保险的社会价值与行业使命实现。为建档立卡贫困户等重点对象提供可持续、可信赖、可见公平的信贷机制,精准到户地保障信贷资金的投资回报率。运用国家财政支出,通过银行贴息等手段大力支持易地搬迁等重大民生工程的实施与完善。将社会保险和小额补充商业保险相结合,鼓励城乡居民积极参加保险,缓解国家财政压力,提高风险转移能力。

虚拟经济基础设施和环境逐步改善。强化社会征信体系建设等任务,加速促进征信体系和征信平台建设,强化失信惩戒机制,营造良好的信用环境。搭建政企银税信息共享平台,以"以税促信、以信申贷"的机制完善企业信用监督体系。多层次推进资本市场发挥功效,扶持重点领域发行专项虚拟经济债券,进一步拓宽重点企业融资途径和规模。积极促进保险基础机制建立健全,鼓励创新型"三农"保险发展,提高产品备案的规范化程度。

缓解人口结构失调和城乡二元分裂的困境。虚拟经济支持在于推动养老服务发展,实现老有所养。尽管拥有广阔的市场前景,但养老服务业正处于发展萌芽阶段,目前依然面临着建设资金缺乏、投资消耗较大、回报周期长、风险大等初创产业都需要经历的困难。养老服务业还未能探索到更加理想的经营方式,这也使得社会民间资本和力量的进入存在着不小的门槛。对于养老服务业而言,虚拟经济支持可以为产业带来巨额的资金;对于养老服务业的经营主体而言,虚拟经济支持将创造出更加宽松的融资环境,便于获取周转资金;对于老年群体而言,虚拟经济支持使他们可以选择更多类型的养老理财产品,填补因养老金不足造成的缺口,同时提高老年群体消费能力，保障其个人生活。对于城乡二元化割据问题，站在虚拟经济法律制度角度，关注产权法律保护和城乡居民财产性收入之间的重要关联，充分激活和调动居民的个人财产，改良财产参与市场交易的氛围，以达成激励居民获取财产性收入，减小城乡二元割据的目的。

发展虚拟经济保障虚拟经济运行安全，有利于促进虚拟经济整体产业可持续均衡发展，推动国民产业转型升级，促进社会公平和社会和谐，引导更多虚拟经济资源配置到社会所亟需的重点领域和薄弱环节。重大改革必须于法有据，推动虚拟经济发展必须坚持走法治化、制度化的道路，才能使改革有法可依，有据可循。虚拟经济对社会的推动作用巨大，必须通过法治供给保持对虚拟经济适度干预使其形成良性发展、安全发展、有序发展的态势，才能在促进社会发展的同时避免其自由扩张带来的负面影响。

（二）虚拟经济运行安全制度目标以外的环境影响

在 21 世纪国际开放经济秩序初具雏形的大背景下，为了保障虚拟经济稳定安全地运行，各国必须出台相应法律予以调整。我国顺应变革之大潮，从 20 世纪 90 年代开始多次出台、修订涵盖虚拟经济服务和监管制度等方面的法律文件，目的就是夯实我国虚拟经济的制度基础并为其提供强制力保障。随着人类文明进入工业 4.0 时代，虚拟经济亦随之生发出新的内涵。历史的经验表明，实体经济发展往往是以牺牲环境为代价的，虚拟经济也不例外，但其对环境的影响方式和结果是间接、多样的。

面对地球环境形势日益严峻的情况，深度促进虚拟经济发展和环境保护的协同发展，已然成为一条突破当前困境的可行路径。在发达国家，绿色虚拟经济发展的制度安排与相关产品已经具有几十年的发展经验，这种模式对发展中国家的经济可持续发展和产业结构转型都起到了非常积极的启示作用。

党的十七大报告指出："建设生态文明，基本形成节约能源资源和保护生态环境的产业结构、增长方式、消费模式。"报告还强调，要使"生态文明观念在全社会牢固树立"。党的十八大以来，中央领导人深刻把握经济发展规律与自然环境保护的关系，提出了"生态兴则文明兴""坚持人与自然和谐共生""绿水青山就是金山银山""推动形成绿色发展方式和生活方式"等绿色发展新理念，指明了经济发展和环境保护要走协同发展新路径。虚拟经济的本质是为人类的生产生活服务，绿色发展日益成为人类的共识，必须要把虚拟经济和环境生态的关系纳入法治保障范畴。

要推进绿色发展，必须要加强以促进绿色生产和消费为目的之一的虚拟经济法律制度安全保障。绿色，应该成为我国虚拟经济法律制度的基本原则，用以协调处理虚拟经济发展和环境保护的关系，促进虚拟经济活动在尊重环境、遵循生态发展规律的基础上运行。这就要求把绿色作为虚拟经济主体义务，涵盖虚拟经济交易全过程，兼顾经济效益和生态利益平衡，贯穿环境保护导向，降低虚拟经济主体的环境风险，实现虚拟经济与环境生态的友好相处，为美丽中国的实现贡献虚拟经济法治力量。

2021年"做好碳达峰、碳中和工作"是国家经济工作重点任务之一，我国提出到2030年前二氧化碳排放力争达到峰值，2060年前实现碳中和，央行在2020年据此提出了完善绿色金融体系的目标。具体来讲，在以后要做好法律制度保障的规划和设计，引导虚拟经济资源向绿色经济发展倾斜，增强虚拟经济应对气候变化风险的能力，逐步健全绿色虚拟经济标准体系、激励约束体系、产品和市场体系。

坚持新发展理念、坚持推动经济高质量发展与改善生态环境质量结合，改革开放以来虚拟经济法律制度的发展与变革，为解决当前的环境问题提供了良好的制度条件。

2012年原中国银监会发布《绿色信贷指引》，促进了绿色投融资增长。2016年在中国人民银行、财政部等七部委联合印发的《关于构建绿色金融体系的指导意见》中明确指出："构建绿色金融体系意在动员和激励更多社会资本投入绿色产业,并有效地抑制污染性投资。构建绿色金融体系,不仅有助于加快我国经济向绿色化转型,也有利于促进环保、新能源、节能等领域的技术进步,提升经济增长潜力。"①该指导意见的出台是规范环境风险并将其纳入虚拟经济制度保障的起点。

在绿色发展的大趋势之下,虚拟经济法律制度必须随着政策导向的变化而变革,地方立法机关和虚拟经济监管机构坚持绿色导向,进行了卓有成效的绿色虚拟经济制度保障探索。如2010年8月,《青海省人民政府办公厅转发省金融办关于支持绿色金融发展实施意见的通知》,提出发挥绿色金融作用。同年,山西省发布《山西省绿色信贷政策效果评价办法(试行)》、辽宁省发布《关于在辽宁省实施绿色信贷政策的指导意见》(沈银发〔2010〕189号),引导地方绿色信贷发展。2018年贵州省发布《关于支持绿色信贷产品和抵质押品创新的指导意见》,2019年安徽省发布《安徽省企业环境信用与绿色信贷衔接办法(试行)》,同年,江苏省生态环境厅发布《江苏省环境污染责任保险保费补贴政策实施细则(试行)》。截至2020年6月底,全国31个省级行政机构共计发布省级绿色虚拟经济政策100部,实施绿色虚拟经济激励和惩戒措施,通过虚拟经济法治手段来引导企业和经营者落实环保主体责任,发挥虚拟经济对于环境生态保护的资源配置功能。

2020年我国监管机构出台了多项法律和规范性法律文件,促进绿色虚拟经济市场的发展与安全。深圳市制定了全国首部绿色虚拟经济法规——《深圳经济特区绿色金融条例》,该条例要求从2022年起,在深圳注册的虚拟经济上市公司须强制性披露环境信息。该条例为深圳建立更加有利于绿色产业发展和传统产业绿色化发展提供了虚拟经济法治营商环境保障,也为全国绿色虚拟经济法治化发展提供了先行示范。生态环境部、国家发改

---

① 《七部委印发〈关于构建绿色金融体系的指导意见〉》,http://www.scio.gov.cn/32344/32345/35889/36819/xgzc36825/Document/1555348/1555348.htm,访问日期:2020年9月24日。

委、中国人民银行、银保监会、证监会联合发布《关于促进应对气候变化投融资的指导意见》为气候投融资作出顶层设计。中国银行保险监督委员会下发了《中国银保监会办公厅关于绿色融资统计制度有关工作的通知》,增加了气候融资统计。银保监会发布的《关于推动银行业和保险业高质量发展的指导意见》提出:"银行业金融机构要建立健全环境与社会风险管理体系,将环境、社会、治理要求纳入授信全流程,强化环境、社会、治理信息披露和与利益相关者的交流互动。"

虚拟经济法律制度的目的在于规制虚拟经济的运行,使其达到平稳、安全的状态,以此进一步促进国民经济的整体发展。但显而易见的是,虚拟经济运行过程所产生的影响极为宽泛,其与环境之间存在极其紧密的关联,并且可以通过相互作用对彼此产生重大影响,这些影响可能是制定制度之前就预想到的,但也可能有很多令人始料未及的情形。据此,对虚拟经济可能对环境造成的影响进行评估是不可或缺的一环。

虚拟经济法律制度和环境都是一类事物和关系的集合体,由多方面的因素构成。换言之,探究虚拟经济法律制度对环境的影响,就是研究构成虚拟经济制度的各个因素在不同特定条件下对构成环境的各个因素所产生的影响以及最终导致的结果。在该模型中,虚拟经济制度直接影响的对象是虚拟经济的相关主体,间接影响的对象是环境,会对环境产生影响的虚拟经济主体主要有政府、中央银行、商业银行和普通企业。

环境是受到虚拟经济制度间接影响的对象,是随着虚拟经济主体的变动而产生变动的因素。虚拟经济制度对环境的作用会受到许多因素的影响,但一国虚拟经济制度对待环境的态度会对环境产生直接且重大的影响,并且存在强弱线性变化。当前顺应人民群众对良好生态环境的期待,绿色低碳、循环发展新方式已成为全社会共识,这将决定我国更加重视采用虚拟经济法律制度来保护生态环境。

政府是虚拟经济制度中的重要主体,会对其他主体影响环境起到导向性的作用。总体来说,政府在虚拟经济运作的背景下,对环境产生的影响具有高效性、规制性的特点。关于高效性,政府拥有庞大的执行力量和超然的地位,是虚拟经济制度的执行主体,其在执行虚拟经济各种制度时可以通过上传下达的行政命令,并借助精密完备的组织体系,对目标对象产生快速、准确的作用。关于规制性,是指政府执行虚拟经济制度的手段是将正向激励和反向惩戒相结合进行的,这是经济法制度重要的现代化特征,于虚拟经济制度也不例外。如果虚拟经济制度对环境的态度向好,政府就会调整经济与环境战略,力图减少发展虚拟经济给环境带来的损害。政府采取的主要措施有:其一,完善各层级行政法规和规章立法,填补环境保护方面的空缺地带,加大对环境违法责任的惩戒力度等。当前我国绿色虚拟经济法律体系的建设,是要以绿色标准规范建设为主,厘清绿色标准界限才能更好地引导资金投入相关产业。其二,注重相关制度的执法力度,加强环境保护的日常监管,加大打击环境违法的执法力度。其三,主动营造全民爱护环境的守法氛围。其四,通过贷款贴息支持环保产业发展,促进经济产业转型。如果虚拟经济制度对环境态度不友好,重经济发展而轻环境保护,则环境将会遭受负面影响。政府立法、执法强度减弱,财政支付贷款贴息的预算将大大减少,对于其他主体产生的约束和引导作用会受到削弱。

中国人民银行(以下简称"中央银行")是虚拟经济政策的最主要制定者和执行者,同时虚拟经济政策在虚拟经济与环境两者关系之间所起到的作用既是相对直接的,又是相对间接的。一方面,由中央银行制定和执行的虚拟经济政策是虚拟经济和环境利益分割的直接载体和主要依据,虚拟经济政策对环境的影响可谓"正中靶心",这是其直接的一面。另一方面,虚拟经济政策不会直接作用于环境,而是通过某些虚拟经济手段进行引导和规制,间接地促进或抑制对环境产生影响的因素,这是其间接的一面。如果虚拟经济制度对环境的态度友好,中央银行会制定利于环境保护的虚拟经济政策,通过提高环保产业票据再贴现率,政策性降低高新环保企业的贷款利率而提高传统高耗能企业的贷款利率，或是适当延长高新环保企业的贷款偿还期限等。如果虚拟经济制度对环境的态度不佳，中央银行将不会在虚拟经济政策上对高新环保企业有过多的倾斜，而是将其与其他类型的产业一视同仁。这对环境的影响并不能说是消极的，但至少可以被评价为不积极的。

商业银行作为虚拟经济市场中的重要主体，对环境起着举足轻重的作用。不像政府和中央银行需要行使经济调控行为，并承担相应职责。商业银行在虚拟经济运行过程中的任务是从事经济博弈和市场竞争，大体来说扮演着被调控、被号召的角色，这是因为商业银行对环境的影响主要是由政府和中央银行带动的而产生的。但与此同时，商业银行相比其他主体，对环境产生影响的手段和方式更为多样化。如果虚拟经济制度对环境的态度良好，商业银行可以在政府和中央银行的指引和带领下，发放绿色信用卡，将节能减排项目纳入征信体系，发放环保贷款，向高新环保项目提供融资途径等方式支持高新环保产业的发展，从而达到积极影响环境的目的。但倘若虚拟经济制度对环境的态度并非友善，同中央银行类似，商业银行不会为高新环保企业提供倾斜照顾手段，这样的做法并不会对环境造成积极的影响。

企业通常是与实际意义上的环境来往、接触最频繁也最密切的主体，其行为才是对环境造成影响最直接的因素。企业是整个虚拟经济市场中较为弱势的主体，不仅受制于法律和政策，还经常在与商业银行的博弈中落于下风。然而，企业作为对政府、央行、商业银行的行为的反馈者，其所做出的反馈行为也反映着对环境的影响。倘使虚拟经济制度对环境的态度友好，企业一方面出于响应国家号召，保证自身的合法合规经营的目的，会进行一系列的节能减排措施；另一方面，国家对高新环保产业的大力扶持也使企业寻到了一条可供突破的创新之路，这会促使部分企业主动转变自身经营策略，积极向高新环保产业靠拢并最终完成产业转型。这些反馈都对环境有着积极意义。如果虚拟经济制度对环境的态度不好，企业便不用为了避免非法违规成本而放弃低成本、低风险、高污染的传统行业来苦心经营高新环保产业，这在短期内可以帮助企业节约成本和时间，提高经济收入，但终归不啻一种自断后路的做法，是不科学且不可持续的。同时，这样的产业肯定会对环境造成巨大且难以逆转的负面影响。

在诸多主体当中，政府和中央银行处于主导地位，其行政行为和调制行为是其他主体的标杆。商业银行处于中介地位，对沟通上下两个层级具有重要的协调作用，同时也是诸多重要虚拟经济手段的实际操作者，与环境影响关联紧密。而企业作为体系中的较底层主体，通过某些具体行为对环境产生或好或坏的影响，也占据了不可或缺的重要地位。可以说，这些主体体系中的重要角色，都会从微观、中观或宏观的角度，对环境产生或积极或负面的影响。

第五章 评估的审视：

我国虚拟经济运行安全法律制度的经验、问题与未来展望

中国虚拟经济安全保障法律制度发展至今已数十年。回顾虚拟经济法律制度的历史变迁，伴随着虚拟经济市场化发展，虚拟经济安全保障立法取得了应有的成就，理应对其成功的经验予以总结。同时，反思虚拟经济法律制度研究与安全保障实践，仍存在着诸多问题。展望未来，虚拟经济发展的不确定因素增加，虚拟经济法律制度安全保障任重而道远，还需要对虚拟经济有限发展法学理论不断创新，为虚拟经济安全保障提供理论支撑。

第一节 我国虚拟经济运行安全法律制度的经验总结

我国虚拟经济的发展壮大离不开具体国情和实际，社会大众对虚拟经济是从陌生到熟悉，安全风险是由小到大，由分散到集中，对其安全保障是从无到有，从分散试行监管到规范统一保障。虚拟经济市场规范一直处于虚拟经济市场发展推动的制度建设过程之中，从运行安全保障的实践观之：法律制度建设是贯穿其中的主线，虚拟经济安全运行制度是有效的并与我国虚拟经济市场发展基本协调。

一、我国虚拟经济运行安全法律制度成功之处

(一)成功防范经济危机发生,实现虚拟经济运行安全

虚拟经济产生的风险是非常复杂的,要防范产生系统性风险必须要先明确风险究竟是什么,究竟如何产生才能有针对性地进行法律治理。以银行业风险为例,银行业的系统性风险重点应防范的是银行体系内重要银行的风险,但是目前银行业的风险又主要集中在中小银行,如之前发生风险的包商银行、锦州银行。在银行信贷资金投放产业上,房地产业一直是信贷资金投向的领域,2018年以来我国各地对房地产业贯彻"房子是用来住的、不是用来炒的"定位,房地产业的调控使得整个产业呈现下行态势,如果出现大量违约,势必转化为银行业的系统性风险。再如面对虚拟经济混业经营的发展,金融控股公司内部风险分散导致初期不容易发现风险,有可能会成为大的虚拟经济风险,混业经营之间不同的业务风险如果没有很好的风险隔离,不同的业务风险也容易传导。因此法律保障虚拟经济运行安全必须分析风险,在精准对焦风险基础上科学立法。

虚拟经济危机的发生,必须要有政府的干预,干预的手段不仅是政府的救市政策,而且是通过立法干预虚拟经济,对虚拟经济市场的运行实施充分的监管。2007年的美国次贷危机,美国政府扭曲了国家干预理论,向失败的银行和虚拟经济市场注入资金。美联储的救助告诉我们虚拟经济的安全比市场经济规律更重要,虚拟经济的稳定高于一切。虚拟经济的稳定是相对的,在发达国家会发生,在虚拟经济基础薄弱的发展中国家更有可能发生。我国作为发展中国家,在虚拟经济创新上层出不穷,分业经营向混业经营转变的过程中,更要高度重视虚拟经济监管,发挥立法的保障作用。

中国人民银行发布了《中国金融稳定报告(2019)》,对2018年以来我国虚拟经济体系的稳健性状况进行了全面评估。报告数据显示,推进互联网

虚拟经济风险专项整治以来,网络借贷机构从5 000家减少到1 490家。在非银行支付服务市场专项整治工作方面,从严监管持证机构,组建网联平台,开展"断直连"工作并按计划顺利完成支付机构客户备付金集中存管;持续打击无证经营支付业务行为,截至2019年6月,共清理处置389家无证机构,其中69家移送公安、工商等部门。①

针对互联网虚拟经济风险制定了一系列法律规范,有效治理了互联网虚拟经济乱象。2012年国内首次提出"互联网金融"概念,至此国内的互联网虚拟经济开始迅速发展,在2015年达到顶峰,在快速发展的同时风险也快速集聚,亟待法律保障安全。2015年7月中国人民银行等十部委联合发布《关于促进互联网金融健康发展的指导意见》,该指导意见提出了互联网虚拟经济的定义及七大业态,从虚拟经济健康发展全局出发,提出了健全制度、规范互联网虚拟经济市场秩序的具体要求。此后,P2P平台的累积风险集中释放,标志性事件是2015年12月"e租宝"平台涉嫌犯罪被立案调查。2016年两会期间,"规范发展互联网金融"被写入政府工作报告。为处置互联网金融风险,2016年10月,国务院办公厅发布《互联网金融风险专项整治工作实施方案》。相关监管机构在之后陆续制定了《非银行支付机构风险专项整治工作实施方案》《通过互联网开展资产管理及跨界从事金融业务风险专项整治工作实施方案要点》《P2P网络借贷风险专项整治工作实施方案》《股权众筹风险专项整治工作实施方案》《互联网保险风险专项整治工作实施方案》等一系列化解互联网虚拟经济风险的法律规范。2017年两会期间,"高度警惕互联网金融风险"被写入政府工作报告。2017年发布《关于开展"现金贷"业务活动清理整顿工作的通知》发布,2017年7月发布《关于对互联网平台与各类交易场所合作从事违法违规业务开展清理整顿的通知》,

---

① 21经济报道:《重磅!央行:国内173家虚拟货币交易及代币发行融资平台无风险退出》,百家号,访问时间:2019年11月25日。

2017 年 9 月,中国人民银行等七部委联合发布《关于防范代币发行融资风险的公告》。2016 年,工业和信息化部、公安部、国家互联网信息办公室等联合发布了《网络借贷信息中介机构业务活动管理暂行办法》。2017 年 9 月,中国人民银行等七部委联合发布《关于防范代币发行融资风险的公告》,全面叫停了 ICO。2018 年 10 月 10 日,由中国人民银行、中国银行保险监督管理委员会、中国证券监督管理委员会制定的《互联网金融从业机构反洗钱和反恐怖融资管理办法(试行)》文件出台并公布,明晰 P2P 网络借贷平台的法律底线和政策红线,明确信息中介性质,要求有关机构不得设立资金池,不得发放贷款,不得非法集资等。通过上述立法治理将所有的互联网虚拟经济创新形式纳入虚拟经济监管的视野,有效地释放了我国虚拟经济的风险。

虚拟经济科技方面,我国大力完善虚拟经济科技的法律制度保障。法律法规是虚拟经济科技健康发展的重要保障和安全网,面对虚拟经济科技的挑战,我国也积极在法律层面予以调整和适应:虚拟经济科技发展对数据安全治理提出了挑战,数据立法方面,国务院办公厅 2015 年出台了《关于运用大数据加强对市场主体服务和监管的若干意见》,中国证券监督管理委员会 2014 年出台了《证券期货业数据通信协议应用指南》《期货交易数据交换协议》《证券交易数据交换协议》,银保监会 2018 年发布了《中国银行保险监督管理委员会关于印发银行业金融机构数据治理指引的通知》。要防范风险,也需要加强虚拟经济基础设施立法,拥抱新技术,如支付清算、征信与信用以及税收、律师、反洗钱等中介服务立法体系。

国家同时通过建立征信系统来防范虚拟经济风险,互联网虚拟经济行业长期安全健康发展的重要保障之一是建立相关企业的征信系统。2012 年以来,中国经济进入了增长速度换挡期、结构调整阵痛期、前期刺激政策消化期的"三期叠加"阶段。虚拟经济的典型代表——银行业的信用风险也从 2011 年第四季度开始持续上升,不良率和不良贷款出现"双升",并一直持续至今。目前中国的征信体系是"政府+市场"双轮驱动的发展模式,央行征信中心负责国家信用信息基础数据库,2017 年以来,为了满足互联网虚拟经济的信息共享需求,以及个人征信的有效供给,中国人民银行批准了国家首个市场化的个人征信机构——百行征信有限公司,截至 2019 年 11 月末,全国共有 22 个省(市)的 135 家企业征信机构在人民银行分支行完成备案。①互联网虚拟经济的风险产生和征信缺位有很大关系,虚拟经济主体的行为全面纳入征信能够为互联网虚拟经济营造更好的发展环境实现多赢的局面。

虚拟经济的基础是货币,支付清算是虚拟经济中不可被替代的第一功能,支付清算通过影响货币流通速度来改变货币流量,从而发挥其促进实体经济发展的功能。但是支付清算的风险是虚拟经济需要高度重视的,为此,我们国家制定了一系列法规,中国人民银行 2009 年制定了《支付清算组织反洗钱和反恐怖融资指引》、2010 年制定了《非金融机构支付服务管理办法》、2017 年制定了《条码支付业务规范(试行)》、2016 年制定了《支付结算违法行为举报奖励办法》、最高人民法院、最高人民检察院 2018 年发布了《关于办理非法从事资金支付结算业务、非法买卖外汇刑事案件适用法律若干问题的解释》。

虚拟经济三大基本要素之一是信息,本质上,虚拟经济就是一个信息经济,围绕信息的产生、收集、交易、公开、使用,要求信息透明、及时、真实、有效。相比较传统的手段,虚拟经济科技在信息治理上有天然的优势。但是如何防范虚拟经济风险,在信息处理上,首先必须建立信息共享共治的手段。在我国要实现穿透式监管,前提也是被监管对象要真实及时全面地披露信息,并有相匹配的不实披露惩戒法律体系。虚拟经济危机告诉我们,虚拟经济运行安全的保障立法必须面对日益复杂化和全球化的虚拟经济市

---

① 李玉雯:《央行上海总部:注销万达征信等 4 家公司企业征信业务经营备案》,https://cloud.tencent.com/developer/news/517094,访问时间:2020 年 7 月 6 日。

场,要阻止或者减少发生系统性风险,需要及时获得并有能力处理相关市场信息。因此提升监管机构获得、分析信息的能力显得至关重要。美国为了应对商业银行混业经营带来的风险,2011年,美联储主席沃尔克提出了一揽子加强虚拟经济监管有效性的政策建议,该建议核心内容是对商业银行混业经营和规模的限制,该政策建议被统称为"沃尔克规制"。"如何区分银行的合法自营交易与非法自营交易就成为沃尔克规则实施中的最大难点。"[1] 进行区分的前提是精确掌握商业银行的信息,为此英国金融服务局尝试通过分析银行每日交易利润的变化来判断,美国的实施措施之一是强制银行公开披露对冲基金和私募股权基金的投资的信息标准。借鉴美国规则,我们加强了对虚拟经济信息透明性、真实性的规范要求,特别是近十年制定了一系列保护虚拟经济消费者个人信息的制度规则。在虚拟经济信息保护的模式上,我国《网络安全法》《金融消费者权益保护实施办法》和《关于银行业金融机构做好个人金融信息保护工作的通知》等制度,确立了"选择进入"规则,虚拟经济市场主体在收集用户信息时必须明确告知虚拟经济消费者,得到其选择同意后方可收集并共享,有效保护了虚拟经济消费者的数据信息权利。

表5-1 我国虚拟经济消费者个人信息保护与利用的主要规定

文件名称	实施日期	发文机关	相关规定
《中国人民银行关于银行业金融机构做好个人金融信息保护工作的通知》	2011年5月1日	中国人民银行	规范银行业金融机构收集、使用和对外提供个人金融信息行为;建立健全内部控制制度;完善信息安全技术防范措施;加强对从业人员的培训;外包服务供应商选择;规范系统接入信息使用;央行及其分支机构的监督职责

---

① 李文泓,王刚.美国实施沃尔克规则的最新进展与启示[J].国际金融研究,2011(9):5-89.

续表

文件名称	实施日期	发文机关	相关规定
《中国人民银行关于金融机构进一步做好客户个人金融信息保护工作的通知》	2012年3月27日	中国人民银行	要求金融机构完善相关内控制度、信息安全防范措施,加强客户个人金融信息保护的培训教育工作,对以上内控事项进行全面检查,并形成书面自查报告,央行针对自查情况进行专项检查
《征信业管理条例》	2013年3月15日	国务院	明确征信机构不得采集的信息,规定信息保存的期限、对外提供、查询、使用、整理及加工等相关事宜
《电信和互联网用户个人信息保护规定》	2013年9月1日	工业和信息化部	除规定信息收集、使用、保存外,还要求建立合理的工作流程、安全管理制度、对工作人员进行培训、每年至少进行一次自查、建立社会信用档案、制订自律性管理制度等
《消费者权益保护法》	2014年3月15日	全国人大常委会	规定消费者享有个人信息依法得到保护的权利;明确经营者收集、使用消费者个人信息应遵循的原则,经营者应明示收集、使用的目的、方式和范围,经消费者同意,并公开其收集、使用规则。经营者及其工作人员对收集的消费者个人信息必须严格保密,采取技术措施和其他必要措施,确保信息安全,发生信息安全事件时应当立即采取补救措施,明确了监管机构、争议解决方式和相应的法律责任
《商业银行法》	2015年10月1日	全国人大常委会	商业银行办理个人储蓄存款业务,应当遵循为存款人保密的原则
《电信条例》	2016年2月6日	国务院	禁止通过电信网络盗窃、毁损个人信息、侵害信息主体的合法权利;禁止窥察电信内容;禁止非法提供电信信息;保护用户通信自由和通信秘密

续表

文件名称	实施日期	发文机关	相关规定
《网络安全法》	2017年6月1日	全国人大常委会	规定网络运营者应当对其收集的用户信息严格保密，并建立健全用户信息保护制度；同时对网络运营者收集、使用个人信息作出规定；并明确用户个人信息的删除权和更正权等
《中国人民银行关于加强跨境金融网络与信息服务管理的通知》	2018年7月11日	中国人民银行	行业自律要求对跨境金融网络与信息服务涉及的基础设备等进行有效监督管理，防范系统性风险，具体包括规定了境外提供人和境内使用人的合规义务、行业自律要求和央行的审慎监管职责，其中合规义务主要有事前事项、服务事项及应急事项报告义务
《金融信息服务管理规定》	2019年2月1日	国家互联网信息办公室	金融信息服务提供者应当履行主体责任，配备与服务规模相适应的管理人员，建立信息内容审核、信息数据保存、信息安全保障、个人信息保护、知识产权保护等服务规范，在显著位置准确无误地注明信息来源，配备相关专业人员审核信息内容，鼓励建立行业自律组织，制订服务规范，推动行业信用体系建设
《互联网个人信息安全保护指南》	2019年4月10日	公安部	规定个人信息原则上不得共享，但满足以下条件除外：共享行为经过合法性、必要性评估、安全影响评估；共享前告知目的、规模和接收方类型；共享应取得个人授权同意及其除外情形；记录共享情况；了解接收方保存、使用和信息主体权利；变更后继续履行信息持有者责任和义务

续表

文件名称	实施日期	发文机关	相关规定
《App 违法违规收集使用个人信息行为认定方法》	2019 年11 月 28 日	国家互联网信息办公室	为"未公开收集使用规则","未明示收集使用个人信息的目的、方式和范围""未经用户同意收集使用个人信息","违反必要原则,收集与其提供的服务无关的个人信息"等的认定提供参考
《个人金融信息保护技术规范》	2020 年2 月 13 日	中国人民银行	明确了个人金融信息的内容、类别,确定了"权责一致、目的明确、选择同意、最少够用、公开透明、确保安全、主体参与"的原则,设计并实施覆盖个人金融信息全生命周期的安全保护策略
《个人信息安全规范》	2020 年10 月 1 日	国家质量监督检验检疫总局、国家标准化管理委员会	针对个人信息面临的安全问题,规范个人信息控制者在收集、保存、使用、共享、转让、公开披露等信息处理环节中的相关行为,包括共享前的安全影响评估;告知目的、类型和可能后果,事先征得授权同意;去标识化、去关联化信息除外;个人敏感信息特别告知、明示同意;合同约定接收方责任义务;记录和储存共享过程;细化共享侵权事件中信息控制者的义务和责任;提出了平台第三方接入责任相关要求;个人生物识别信息共享的特殊规则等
《民法典》	2021 年1 月 1 日	全国人民代表大会	人格权编第六章将个人信息区分为私密信息和一般个人信息而分别适用隐私权规定和一般个人信息保护规定;明确了信息处理的原则、条件和免责事由;确定了个人查阅、复制、更正等权利,信息处理者安全保障义务和补救报告义务等

续表

文件名称	实施日期	发文机关	相关规定
《数据安全法》	2021年9月1日	全国人大常委会	从国家数据安全与发展的角度作出规定,明确了数据监管机构及其职责;细化了国家数据战略的执行主体;要求建立数据分类分级保护制度、数据安全风险评估制度、应急处置机制和审查制度和全流程数据安全管理制度;构建统一政务数据开放平台;对行业组织提出了制定安全行为规范、加强行业自律、指导会员加强数据安全保护的要求
《个人信息保护法》	2021年11月1日	全国人大常委会	规定了一般个人信息和敏感个人信息的处理规则;个人在个人信息处理活动中的权利;个人信息处理者的义务;共享告知内容、取得同意的方式以及敏感个人信息的特殊告知授权规则;履行个人信息保护职责的部门;法律责任

在防范虚拟经济信息系统安全方面,2016年我国出台了《网络安全法》,从法律层面明确提出国家实行网络安全等级保护制度,为虚拟经济信息安全提供了基本法。2019年5月我国又出台了《信息安全技术网络安全等级保护基本要求》《信息安全技术网络安全等级保护测评要求》《信息安全技术网络安全等级保护安全设计技术要求》等国家标准,为虚拟经济发展建立信息安全保护提供了全面的技术性法律支撑。

在防范虚拟经济风险强化虚拟经济监管立法时,不能忽略一个重要的命题,行业自律在虚拟经济风险防范中的重新定位和重要功能。任何长期有效的虚拟经济运行安全立法改革都不能忽视虚拟经济行业的自律控制,减少系统性风险的作用。虚拟经济产业行业自律的主要目的就在于解决今天虚拟经济市场中的系统性风险,通过行业范围内的自我管理,管理自己的风险顺利实现行业自律。围绕化解虚拟经济风险，我国相关行业协会和交易所制定了虚拟经济子行业的自律规制，中国银行业协会 2007 年制定了《中国银行业代理人身保险业务自律公约》、中国银行业协会 2008 年制定了《关于近期围绕贯彻落实中央"扩大内需促进经济增长"政策 加强银行业金融机构自律工作的几点意见》、深圳证券交易所 2009 年制定了《深圳证券交易所自律监管措施和纪律处分措施实施细则（试行）》、中国证券业协会 2010 年制定了《证券投资基金评价业务自律管理规则（试行）》、中国期货业协会 2010 年制定了《中国期货业协会会员自律公约》、中国银行间市场交易商协会 2012 年制定了《非金融企业债务融资工具市场自律处分规则》。考虑到虚拟经济市场日益高度复杂化的虚拟经济产品，以及虚拟经济知识专业化的复杂性，作为"内部人"的参与主体具有获取信息的固有优势。故言之，行业自律规则在防范虚拟经济危机中是有价值的，在管理虚拟经济市场的过程中，这些自律规则约束下的虚拟经济行业协会将会成为政府监管的有效补充，与政府一起作为保障虚拟经济运行安全的共治主体。

中华人民共和国成立以来，我国的虚拟经济安全运行保障体制立法从无到有，从简到繁，对维护我国虚拟经济运行安全起到了重要作用。国务院在 1950 年颁布了《中央人民政府中国人民银行试行条例》，到 20 世纪 90 年代初期都是以此为法律依据。这一时期我国主要的虚拟经济安全保障机构都是中国人民银行，因未与同时期经济体制改革同步立法，其安全保障地位的独立性不足，受行政干预较多。90 年代中期开始，我国在 1995 年颁布了《中国人民银行法》和《商业银行法》，商业银行开始出现立法保障，但是非银行虚拟经济机构仍然比较少。同时期我国开始设立证券交易所，股份制银行开始出现，多层次资本市场逐步发展，对虚拟经济安全运行保障体制改革提出了挑战。1998 年我国相继成立了证监会和保监会，2003 年成立了银监会，并开始对我国虚拟经济安全保障体制进行立法，全国人大在 2003 年制定了《银行业监督管理法》、银监会 2005 年制定了《金融机构信贷资产证券化试点监督管理办法》、国务院在 2014 年制定了《外资银行管理条例》等一系列监管法规。2018 年我国根据虚拟经济发展情况,调整了我国的虚拟经济安全保障体制,设立中国银行保险监督管理委员会,不再保留银监会、保监会。2019 年国家出台了《中国人民银行职能配置、内设机构和人员编制规定》,进一步深化了我国的虚拟经济安全保障体制,《规定》明确将国务院金融稳定发展委员会办公室设置在央行,并在央行原有职能基础上增加宏观审慎职能和部分监管职责。新方案贯彻落实十九大报告中提出的"健全货币政策与宏观审慎政策双支柱调控框架"的要求,撤销中央人民银行原货币政策二司改设宏观审慎管理局,进一步加强了央行的虚拟经济监管职能。从历史的角度看,我国的虚拟经济安全保障体制基本适应了同期虚拟经济的实际需求,与之相对应的监管立法在摸着石头过河中不断总结经验,通过立法稳定监管权限,有力维护和保障了虚拟经济运行安全。

(二)为实体经济服务有效配置虚拟经济资源

实体经济的发展促进了虚拟经济的产生与发展,反之,无论从理论还是实证看,虚拟经济资产价格波动也和实体经济波动之间存在着正相关关系,虚拟经济的发展必须要服务于实体经济。虚拟经济服务实体经济的根本要求,就是有效发挥虚拟经济作为介质和载体的资源配置功能。"实体经济的本质在于:它既是价值的创造方式,也是价值的分配方式,是人类所独有的谋生机制。"[①]虚拟经济服务于实体经济,当然就要增进实体经济的价值,改进实体经济价值的分配。纵观世界主要经济强国近代以来的发展,在实体经济崛起过程中虚拟经济无一不发挥了巨大的作用。虚拟经济强则国强,各西方主要大国在大国竞争中已经从资源争夺开始扩展到虚拟经济资源争夺、国际货币的发行配置等。

中华人民共和国成立后,中国进入了新式立法时期,虚拟经济立法保障

---

① 胡光志.虚拟经济及其法律制度研究[M].北京:北京大学出版社,2007:51.

虚拟经济运行安全最终服务实体经济可以划分为三个阶段:

第一阶段,虚拟经济服务实体经济的萌芽阶段。1949 年 5 月中国人民银行通过制定收兑旧币通令开始收兑各解放区货币,到中华人民共和国成立时,各解放区的旧币已经基本收回,其目的打造一个全新的货币体系,并在"一五"期间,通过清理市场贷款实现一切信用归于国家。第一次全国人民大会召开前,我国颁布了《中央人民政府组织法》《妨碍国家货币治罪暂行条例》《惩治贪污条例》等相关金融业发展的法律法规。随着计划经济发展,我国形成了集中统一的虚拟经济管理体制,建国后改组成立的建设银行和农业银行等商业银行被撤销,中国人民银行也无法进行虚拟经济领域的宏观调控和监管。1957—1978 年,金融立法工作基本处于停滞状态。"在政府与市场的关系方面,政府处于绝对的主导地位,各类市场因素逐渐消失,经济法赖以存续的经济基础坍塌,导致其逐渐失去存在的必要与可能,从而使许多经济法制度在国家经济治理中的地位日渐'沉降',甚至销声匿迹。"①因此,这一时期虚拟经济立法在缺乏内生土壤的基础上,总体上处于虚无状态。党中央、国务院在 1962 年 3 月 10 日做出了"加强银行工作的集中统一,严格控制货币发行的决定",以期改善虚拟经济市场的混乱局面,但是由于民主法治建设遭到破坏,长达十年的动乱使中国虚拟经济受到巨大的冲击,一直到 1977 年才基本恢复了银行秩序,为虚拟经济重新开始服务实体经济创造了必要的条件。

第二阶段,虚拟经济立法的发展阶段。十一届三中全会之后,党和国家作出了把工作重心转移到经济建设上来,实行改革开放,同时开启了我国大规模立法的新时代,围绕经济建设中心以立法推动虚拟经济市场化改革。在这一阶段,通过历史的回顾,可以看到中国的虚拟经济市场,不是自发形成的,而是制度构建出来的。1979 年制定了《中外合资经营法》,1983 国务

---

① 张守文.回望 70 年:经济法制度的沉浮变迁[J].现代法学,2019,41(4):3-17.

院颁布《关于中国人民银行专门行使中央银行职能的决定》使得中央银行制度框架初步确立，规定"成立中国工商银行，承办原来由中国人民银行办理的工商信贷和储蓄业务"，中国人民银行成为专门从事虚拟经济监管和实施货币政策的央行。国家开始利用法制来管理虚拟经济市场，1982 年颁布《经济合同法》规定了借款合同，1986 年《中华人民共和国民法通则》明确规定"合法的借贷关系受法律保护"，开始运用法律来保护虚拟经济借贷关系。1984 年 11 月 14 日，经中国人民银行上海分行批准，上海飞乐音响股份有限公司公开向社会发行股票，这是中国改革开放后第一张真正意义上的股票，标志着中国资本市场的真正开始。1986 年 1 月，国务院发布《中华人民共和国银行管理暂行条例》，虚拟经济监管向法制化方向迈出了重要的一步。证券交易方面，1990 年 11 月，我国第一家证券交易所上海证券交易所成立。为了应对证券监管，1992 年 10 月成立了证监会，标志着中国证券市场统一监管体制开始形成。1993 年 12 月，国务院颁布《关于金融体制改革的决定》，明确了中国人民银行制定并实施货币政策和实施虚拟经济监管的两大职能，并明确提出要把我国的专业银行办成真正的商业银行。至此，专业银行开始进入大规模发展阶段。1994 年三大政策性银行成立，标志着政策性银行体系基本框架建立。1995 年是虚拟经济法制化非常重要的一年也被称为"金融立法年"，我国颁布了《中国人民银行法》《商业银行法》《保险法》《票据法》《担保法》等五部虚拟经济法律和《全国人大常委会关于惩治破坏金融秩序犯罪的决定》，标志着虚拟经济监管进入了一个新的历史时期，开始向法制化、规范化迈进。1996 年 7 月，全国农村金融体制改革工作会议召开，农村金融体制改革开启，同年颁布了《外汇管理条例》。1996 年 9 月开始，全国 5 万多个农村信用社和 2 400 多个县联社逐步与中国农业银行顺利脱钩。1998 年 11 月，中国保监会成立，标志着我国保险监管机制和分业管理的体制得到了进一步完善。1999 年 5 月，上海期货交易所正式成立。1999 年 7 月《中华人民共和国证券法》正式实施，对资本市场发展起到巨大作用。2000 年颁布《金融资产管理公司条例》，2001 年颁布《信托法》。2002 年 12 月中国证监会和中国人民银行联合发布的《合格境外机构投资者境内证券投资管理暂行办法》正式实施，QFII 制度的实施将中国资本市场推进了全球化资本市场体系，可以为中国实体经济发展提供来自世界各地的金融支持。2003 年 3 月 10 日《关于国务院机构改革方案的决定》，批准国务院成立中国银行业监督管理委员会，中国虚拟经济监管"一行三会"分业监管体系正式形成。中央银行在三次变革后，实现了货币政策与银行监管职能的分离，与中国银监会、中国证监会和中国保监会初步形成分工明确、互相协调的金融分工监管体制。2004 年 2 月《中华人民共和国银行业监督管理法》颁布实施，2004 年 6 月《中华人民共和国证券投资基金法》颁布实施。2004 年 2 月，中国香港特别行政区正式开展人民币业务。自 2005 年 7 月 21 日起，我国开始实行以人民币汇率机制改革，以市场化为基础，以供求为参考，其他货币进行调节，形成有管理有弹性的浮动汇率制度。2007 年国务院颁布《期货交易管理条例》，规范了期货交易。

虚拟经济不断创新的要求会导致监管立法的滞后，特别是虚拟经济科技的出现更是加剧了这一问题。虚拟经济科技其实并不是简简单单的虚拟技术，新的虚拟经济科技使得虚拟经济与实体经济在更多层面上有效融合，虚拟与实体的划分并不那么容易。是否真正为实体经济服务应该成为我国判断虚拟经济创新作用的重要标准。2007 年我国的"一行三会"共同制定的《中国金融业发展和改革"十一五"规划》提出了"构建以市场为主导的金融创新机制"的目标，虚拟经济创新的核心是要以市场为主导，科技提升整个虚拟经济产业链的效率，这在某种意义上不仅有助于虚拟经济自身的完善，而且间接有利于虚拟经济更好地服务实体经济。"金融监管立法的总目标应该是保障金融系统在波动的情形下，高效率地促进资源的调动、转移与分配。"①2008 年 12 月 16 日,国家开发银行股份有限公司挂牌,我国政策性银行改革取得重大进展。

在虚拟经济立法第二阶段,我国虚拟经济立法保障快速发展,在银行、证券、期货、保险等各个领域都制定了基本法律,加上一大批配套的法规和规范性文件,基本建立起了保障虚拟经济适度发展安全运行的法律体系,通过立法使得虚拟经济和实体经济都获得了长足的发展。

第三阶段,虚拟经济立法的新时代。2012 年,中国共产党十八大召开,将依法治国战略提升到新高度,将"全面推进依法治国"确立为推进政治建设和政治体制改革的主要任务,为落实全面依法治国,全面深化改革,亟须加强重点领域立法,我国进入了立法的新时代,这也是虚拟经济立法保障的新时代。这一时期虽然没有再进行大规模立法,但围绕防范虚拟经济风险建立多层次资本市场要求,对多部重要法律进行了修改,《证券法》《证券投资基金法》进行了修订、修正,同时适应市场需求对《保险法》《外资保险公司管理条例》和《期货交易条例》进行了修订、修正。新制定的法律法规只有两部行政法规,2015 年颁布了《存款保险条例》,2017 年颁布了《融资担保公司监督管理条例》。互联网虚拟经济成为我国金融创新的最重要成果之一,立法对促进互联网虚拟经济服务实体经济起到了非常重要的安全保障作用。低收入人群所需要的最基本的理财、借贷、融资虚拟经济服务,在互联网虚拟经济出现之前无法获得传统虚拟经济机构提供的服务。在互联网虚拟经济出现之后,通过制度治理降低了虚拟经济基本服务的门槛,满足了低收入人群虚拟经济需求,传统虚拟经济市场主体也借助互联网,第三方支付的发展有效提升了虚拟经济服务效率及用户体验。互联网虚拟经济使得更多的低收入人群能够进行虚拟经济消费,在消费已经成为中国经济增长的第一推动力的背景下,通过消费的增加从根本上推动我国经济增长。同时

---

① 刘庆飞.多重背景下金融监管立法的反思与改革[M].上海:上海世纪出版社,2015:135.

小微企业能够更加便利地融资，对于在传统虚拟经济体制下融资困难的主体，解决了生产资金短缺的问题。

法治，是虚拟经济的基础。虚拟经济立法要保障虚拟经济的发展并服务于实体经济，这反映了实体经济的根本要求。以证券市场为例，虽然实体经济的好坏决定着证券市场股票的走势，但是反过来证券市场向好又有利于实体经济发展，而且证券市场不是实体经济简单的反射，被动的反映，它能动地影响和制约实体经济的发展。当然有时候，证券市场发展不健康、市场法治化不足也会出现与实体经济背离的情况，而这种情况的出现和法治保障缺失有直接关系。证券市场规模越大越规范，流动性越好，通过传导机制对实体经济的反哺功能就越大。在虚拟经济危机发生，逆全球化贸易保护主义抬头的背景下，大力发展中国的资本市场是解决中国当前经济问题的重要途径。目前我国虚拟经济市场开放深度仍低于虚拟经济发达国家，2019年《外商投资法》的生效和相关配套措施的完善，大量外资将会不断进入我国虚拟经济市场，不仅能够壮大国内市场规模，也能够吸引更多成熟的外国机构投资者参与国内资本市场，从根本上有利于中国资本市场的发展。

经过四十年经济改革，伴随着实体经济跃升，我国成为世界第二大经济体，我国的虚拟经济实力也在不断增强，但是虚拟经济基础设施、市场化程度、监管能力、创新发展、国际化程度等方面还和西方发达国家有较大差距，还不能完全适应实体经济的发展和需求。要如何才能更好地适应实体经济的需要，做大做强虚拟经济，走上虚拟经济的强国之路？制度经济学告诉我们，涉及政治、法律等层面的制度要素对经济绩效有着重要的影响。因此道路只有一条，就是建立完善的制度，通过制度环境的不断完善提高改善虚拟经济的绩效。以商业贷款促进实体经济发展为例，在有契约制度安排和注重私人产权保护传统的国家，实体企业的发展更容易获得融资。商业银行信贷风险主要来源于交易双方信息的不对称，法律通过抵押担保制度有助于逆向降低虚拟经济风险，而担保最后是否有效，还需要法律建立征信制度和高效率的司法执行制度。从保障实效观察，法律制度对于虚拟经济的运行安全保障是至关重要的，通过促进虚拟经济的安全和效率改进，从根本上促进实体经济发展。

（三）有效应对了自改革开放以来虚拟经济面临的各种挑战

21 世纪的第一个 10 年，中国爆发了对未来发展方针的激烈争论。是继续走以强势政府推动经济高速发展为特征的"中国模式"，还是针对近年出现的发展不平衡、不协调、不可持续等问题的加剧而重新启动改革，加快建设统一开放、竞争有序的市场和维护公平正义的法治国家。在虚拟经济领域，中央和地方都针对发展中的问题进行了试验性探索。如央行采取灵活措施，逐步走向存贷利率市场化，证监会从审批为主的监管走向强制信息披露的合规监管。党的十八大顺应民心，确立了全面深化改革的方针，提出核心问题是"要处理好政府和市场的关系，使市场在资源配置中起决定性作用和更好发挥政府作用"。之后的十八届三中全会和四中全会又确立了建立统一开放、竞争有序的市场经济和法治国家的顶层设计。十九大、十九届四中全会、十九届五中全会、二十大仍然对社会主义市场经济、法治国家建设高度重视。

21 世纪，国际环境十分有利于发展中国家——特别是新兴市场国家，中国作为世界上最大的发展中国家，通过"一带一路"构筑人类命运共同体，成为推动世界格局重组的最重要动因。中国抓住机会深化改革开放继续坚定不移地推动虚拟经济有限发展，适度发展、法治发展。2013 年 9 月 29 日，中国（上海）自由贸易试验区成立，2014 年沪港通试点获批，《亚洲基础设施投资银行协定》签署，丝路基金成立，2017 年 6 月 21 日中国 A 股纳入 MSCI 新兴市场指数，中国虚拟经济不断融入世界市场。过去两年，中国宏观经济对外面临全球化逆转和中美关系重构，虚拟经济市场风险有效释放。2020 年 1 月中美签订贸易协议，按照国际法优于国内法的法则，在中美贸易协议中作出的承诺将对我国虚拟经济运行安全产生深刻影响。我国承诺在 2020年 4 月 1 日之前,取消所有外国资本股份比例限制并且允许美国独资的服务提供者进入证券、基金管理和期货市场。这标志着中国在信用评级、资产管理、证券、基金管理、期货管理领域对美国敞开大门。美国在虚拟经济领域采取的监管政策,加上虚拟经济市场的发达以及美国虚拟经济企业的创新能力,使得中国在虚拟经济市场监管上面临着一系列的变革和冲击,这种冲击是否会导致虚拟经济市场被美国虚拟经济企业迅速占领,美国虚拟经济机构是否会利用信用评级手段扰乱中国的虚拟经济市场秩序,影响和破坏我国虚拟经济安全都需要我国从制度保障层面及时回应。

以全球资本流动为例,新冠肺炎疫情发生前,全球资本流动在 2007 年达到高峰,之后随着次贷金融危机的爆发萎缩,特别是新冠肺炎疫情暴发使得资本跨境加剧,资本从新兴资本市场流出。在开放经济背景下,我国加大虚拟经济市场的双向开放,使得资本跨境流动更加活跃。截至 2021 年 11月,我国外汇储备规模为 32224 亿美元,跨境资本总体平稳(图 5-1)。①

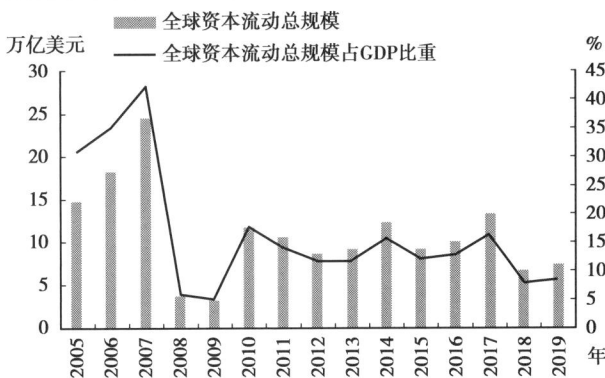

图 5-1 2005—2019 年全球资本流动变化趋势②

① 外汇局:《11 月我国外汇储备规模为 32224 亿美元跨境资金流动总体平稳》,《上海证券报》2021 年 12 月 7 日。

② 图表转引自中国人民银行金融稳定分析小组.中国金融稳定报告 2021[M].北京:中国金融出版社, 2021:15.

更加开放的虚拟经济市场必然带来更多的跨境资本流动,也会导致短期热钱的流入流出增加,这都可能加剧我国虚拟经济的波动性,给虚拟经济运行安全带来挑战。新冠肺炎疫情依然在起伏,世界经济面临更多的不确定性,国际金融市场总体波动性较大,包括虚拟经济主体自利性带来的监管规避也必然削弱监管,需要我国尽快做出法律制度安排,防范我国虚拟经济市场开放带来的风险。

入世以来,我国不断加强改革开放步伐,逐步推进人民币汇率制度改革和跨境资本流动开放。数据显示,2008年我国储蓄率是59%,居民储蓄率从2000年的28.2%上升到2008年的37.3%,而2011年后持续下降,2011年我国储蓄率跌破50%,2017年比2008年累计下降了5.8个百分点,其中,居民储蓄率比2008年累计下降了1.1个百分点。[①] 当前我国面临着老龄化少子化全面提速的人口结构背景,储蓄率下降背景下我国一方面要不断提高储蓄的使用效率,投资于先进制造业,还要倒逼我国加速开放虚拟经济市场引入国外资本,弥补制造业升级资本的不足。虚拟经济市场开放的最终结果是我国要成为全球最重要的虚拟经济市场之一,在这一过程中不仅仅是通过虚拟经济开放引入资本,还要最终走出国内向外输出股权和债权,建立国外资本及储蓄利用的长效机制,只有中国向世界输出虚拟经济商品和服务,以人民币国际化为代表的虚拟经济开放才能真正成功。2015年10月8日,人民币跨境支付系统(CIPS)上线,2016年10月1日,人民币加入IMF特别提款权(SDR)。2019年通过的《外商投资法》已经于2020年1月1日起正式实施,《中外合资经营企业法》《中外合作经营企业法》和《外资企业法》同时宣告废止,新法的颁布很大程度上针对金融领域的对外开放,对外商投资进行规范,是我国应对虚拟经济开放背景下的法治之举。新法结合我国经济发展现实需求既对外商投资予以平等保护,同时也加强对外商投资行为

---

① 《中国储蓄率现断崖式下降？央行这组数据告诉你真相》[EB/OL].2022-1-10.

的法律约束。在虚拟经济市场准入方面，新法着力为外商投资企业营造公平、公正的营商环境，对外资金融机构在发起设立、投资参股及具体的业务范围实现全方位的开放。在外资企业保护方面从资本流动等多个角度强调了对外商利益的保护，并特别强调外国投资者利得资本可以依法以人民币或者外汇自由汇入、汇出。在外商投资企业融资形式方面，进一步拓宽融资渠道，在合规情况下可以选择更加便利多样的融资形式，继续打破我国对外开放的制度障碍。

目前我国处于虚拟经济开放战略实施的加速阶段，2021年9月，中国债权市场规模超过120万亿，国际投资者持有中国债券规模达3.9万亿。2021年10月我国国债正式纳入富时世界国债指数，至此中国已纳入了全球三大债权指数，反映出在全球虚拟经济面临诸多不确定风险冲击下国际投资者对中国虚拟经济发展前景与虚拟经济对外开放的强大信心。在这一过程中，以《外商投资企业法》为代表的虚拟经济法律变革体现和维护了我国继续扩大虚拟经济市场对外开放的信心，为我国虚拟经济市场安全发展创造了良好的竞争环境。

跨境虚拟经济监管的主要方式是协调与合作。随着国家"一带一路"倡议不断推进，虚拟经济科技成为我国虚拟经济走出国门重要的推动者。推进了我国与国际虚拟经济监管国际立法的合作与协调。近些年，跨境的国际虚拟经济监管和合作越来越频繁和必要，在虚拟经济衍生品交易，国际融资、税收合作、数据共享等方面加强监管措施与标准的协商与合作。2016年，中国提出制定《G20数字普惠金融高级原则》，是国际社会首次在该领域推出的高级别指引性文件，实践中已经成为各国指导虚拟经济科技发展的重要原则。《国际财务报告标准》《可作扩张解释的商业报告语言》《促进信息共享双边与多边理解建议书的执行》《巴塞尔协议》等被各国普遍接受，这些规则已经直接影响到我国虚拟经济主体及其安全运行，所以我国应该更积极参与虚拟经济国际立法，在国际虚拟经济监管立法中发挥更大的影响，在参与虚拟经济国际监管立法的同时,我国还应该加强国内立法及其宣传,并对政府、机构及个人进行培训。

二、我国虚拟经济运行安全法律制度成功的秘密

(一) 坚持党对虚拟经济安全保障立法的领导

从古至今,安全追求都是人类社会发展的动力之一。中华人民共和国成立以后,我国长期秉承以政治安全为核心,军事手段为保障的传统国家安全观。进入新时代,虽然传统安全依旧是国家安全的重心,但经济、文化、社会、科技、网络、生物等非传统安全风险已成为事关国家安全和发展、事关社会大局稳定的重大安全问题,无论哪一方面失手,都会影响国家整体安全。出于所处内外环境变化和自身安全需要,我国的国家安全观增加了以人民安全为宗旨,合作和对话为手段的非传统国家安全观,传统安全观与非传统安全观一起构成了我国新时代的总体国家安全观。2002 年党的十六大报告开始使用"传统"与"非传统"来划分"安全威胁",明确指出我国面临着"传统安全威胁和非传统安全威胁"。2014 年,国家安全委员会第一次会议首次提出了"总体国家安全观",这是党中央在国家安全理论的重大创新,成为治国理政的一个重大原则。总体国家安全观要求必须坚持国家利益至上,以人民安全为宗旨,以政治安全为根本,以经济安全为基础。

金融是国家重要的核心竞争力,金融安全是国家安全的重要组成部分,要加快转变金融发展方式,健全金融法治,保障金融安全。虚拟经济安全事关国家安全,事关国家稳定,是经济平稳健康发展的重要基础,是经济安全的重要内容。在长期的虚拟经济发展历史中,无论是苏维埃政权时期,还是中华人民共和国成立后,要做好虚拟经济工作,都必须坚持党对虚拟经济工作的集中统一领导,确保虚拟经济发展改革沿着正确的方向进行。坚持党的领导,是中国特色社会主义法治的本质特征。正是由于党的集中统一领

导,才有了我国虚拟经济从无到有,服务于国民经济的大好局面,才有了我国虚拟经济在应对 1997 年和 2008 年两次世界性虚拟经济危机冲击后的安全运行。

在党的领导下,我国的虚拟经济安全法律制度日益完善,采取了一系列措施加强虚拟经济监管,防范化解虚拟经济风险,维护虚拟经济运行安全和稳定。2015 年我国通过《国家安全法》,以法律形式确立了总体国家安全观的指导地位,该法第二十条规定:"国家健全金融宏观审慎管理和金融风险防范、处置机制,加强金融基础设施和基础能力建设,防范和化解系统性、区域性金融风险,防范和抵御外部金融风险的冲击。"近年来为了预防虚拟经济安全风险我国强化了宏观审慎管理,2011 年正式引入差别准备金动态调整机制,并在 2016 年将该机制升级为宏观审慎评估体系;2017 年建立了央行金融机构评级体系,进一步落实全口径跨境融资宏观审慎政策;2018 年出台了《关于规范金融机构资产管理业务的指导意见》《关于加强非金融企业投资金融机构监管的指导意见》《关于完善系统重要性金融机构监管的指导意见》,就统一资管业务监管标准、加强实体经济和虚拟经济风险隔离,初步建立系统重要性金融机构监管框架;经党中央、国务院同意,依据《国务院关于实施金融控股公司准入管理的决定》,2020 年央行制定了《金融控股公司监督管理试行办法》规范金融控股公司的经营行为,同年还出台了我国系统重要性银行认定的依据《系统重要性银行评估办法》。

进入中国特色社会主义新时代,无论国家、市场还是人民对虚拟经济的运行安全都有了更高的要求。中国的虚拟经济能够实现既有功能,成功经验的最核心一点是在虚拟经济安全保障中加强和改善党的领导,把政治性放在首位,并与经济性、社会性和法律性相统一,党中央统筹协调虚拟经济安全保障工作,不断完善党领导下的虚拟经济安全法律保障制度。2020 年,中央全面依法治国会议对当前和今后的全面依法治国提出了十一个方面的"坚持",第一个坚持就是要坚持党对全面依法治国的领导。在今后的虚拟经济运行安全法律保障工作中,必须继续坚持党中央对虚拟经济工作的集中统一领导,把党对虚拟经济安全保障工作的领导以法治化方式加以具体化落实,贯穿在虚拟经济安全保障的科学立法,保障执法、支持司法、带头守法之中,确保虚拟经济改革沿着正确方向发展,让虚拟经济回归本源,以服务实体经济为出发点和落脚点,确保国家虚拟经济运行安全。

(二)虚拟经济立法贯彻了社会主义发展新理念

立法后评估制度是检验法律实施效果的重要制度,从 20 世纪 70 年代开始就在西方国家开始使用。随着我国虚拟经济的发展,法律制度的供给也越来越丰富,如何保证法律制度的合理性、及时性和有效性,从单纯追求虚拟经济立法数量到法律制度有效规制虚拟经济运行,高质量的法律才能更好发挥经济与社会功能。制度是重要的,虚拟经济领域国家治理体系的完善意味着虚拟经济法制的体系化、安全化和规范化,虚拟经济的良好治理可以表现为国家在虚拟经济无序、失衡、无限发展问题下寻求最优治理结构的努力。在此意义上虚拟经济法律制度总体之功能乃是重整虚拟经济秩序,重建规则,在无序与有限,自由发展和控制之间寻求到和谐的虚拟经济法律制度互补的治理状态,此亦虚拟经济法治的意义。这场虚拟经济法律保障的变革,与实体经济需要紧密联系并与虚拟经济发展相适应,集中体现了"完善和发展中国特色社会主义制度,推进国家治理体系和治理能力现代化"①。

法乃天下之公器,法治取代神治、人治等治国方式,成为社会主义国家的治国方略,然徒法不足以自行,需将公平正义等现代价值理念融汇为法律科学,落实为具体的法律运作。党的十八大以来,中国共产党顺应时代和实践发展的新要求,坚持以人民为中心,提出了坚定不移地贯彻创新、协调、绿色、开放、共享的新发展理念。党的十九届五中全会通过《中共中央关于制

---

① 本书编写组.中共中央关于全面深化改革若干重大问题的决定[M].北京:人民出版社,2013:3.

定国民经济和社会发展第十四个五年规划和二○三五年远景目标的建议》,并在其中强调要"把新发展理念贯穿发展全过程和各领域"。

进入新时代,我们清醒认识到我国仍将长期处于社会主义发展的初级阶段,但虚拟经济的发展环境、发展条件、发展规模不是一成不变的,虚拟经济必须以服务国民经济建设,服务于实体经济发展为中心,必须是适度发展、有限发展、安全发展、高质量发展。理念是实践的先导,虚拟经济法律保障实践必须坚定不移贯彻社会主义新发展理念,这将决定着虚拟经济安全运行保障是否成功。

坚持新发展理念,是在法律保障虚拟经济安全运行中注重保障的全面性、协调性和可持续性,这是适应我国虚拟经济有限发展要求的必然。坚持新发展理念,解决了我国虚拟经济安全运行保障法律在已经形成初步保障法律体系之后,如何高质量保障的问题。虚拟经济安全运行保障,必须要提高贯彻新发展理念的能力和水平,创新发展手段,增强法制对虚拟经济运行安全的保障作用。

创新发展是我国虚拟经济安全保障立法的灵魂。创新发展包含了文化、理念、制度等诸多创新,面对中华民族复兴和百年未有之大变局,我国虚拟经济法律保障坚持了从中国国情出发,在实践中与时俱进创新立法内容,适应了虚拟经济安全保障的制度需求。当今世界,绿色、普惠和消费虚拟经济的重点发展已经成为共识,面对虚拟经济科技创新需求,要打造中国虚拟经济"走出去"和"高水平"引进来的跨境服务能力,必须以制度创新为虚拟经济安全运行提供保障动力。

协调发展是我国虚拟经济安全保障立法的手段。虚拟经济发展既有整体性,也有局部性和结构性,我国坚持用法律制度协调整体和局部发展的矛盾,不断补齐虚拟经济安全运行的制度短板,实现虚拟经济整体结构优化和安全运行,不断增强虚拟经济发展的协调性和安全性。在虚拟经济安全保障立法中,我国还非常注重区域虚拟经济立法的协调,国内立法和国际立法的协调,人大立法和政府立法的协调。

绿色和开放是我国虚拟经济安全保障立法的要求。生态文明是物质文明最原始的基础,是物质文明产生和发展的基本源泉。生态文明建设是把可持续发展提升到绿色发展高度,而绿色发展是推进生态文明建设的必然举措。我国虚拟经济法律保障贯彻绿色发展理念首先表现为绿色立法,在立法过程注重绿色理念,注重立法效益提升,走可持续的立法之路。其次,气候风险已然成为威胁虚拟经济安全的重要来源,特别是极端气候,自然灾害是造成虚拟经济市场不稳定的重要潜在因素。为了应对全球气候变化,在"碳中和"和"绿色经济"已然成为全球趋势背景下,我国虚拟经济保障立法积极调整立法内容,促进我国绿色虚拟经济市场的发展。

伴随我国虚拟经济改革开放的步伐,虚拟经济法制持续推动虚拟经济开放,营造法治化虚拟经济发展环境。虚拟经济开放既包括市场的开放,也包括我国虚拟经济由封闭状态走向开放状态。中国虚拟经济的开放始于2001年入世,以全资法人银行、保险及非银金融机构非控股合资为主。新一轮的进一步开放始于2018年,以持续完成入世承诺,推动中国虚拟经济结构性变革,服务于中国经济持续健康发展为目的。稳步扩大我国虚拟经济市场开放水平,有利于虚拟经济发展充分利用国内外两个市场,实现虚拟经济资源"双循环"。在虚拟经济开放过程中,我国以改革开放促进虚拟经济法制保障建设,不断加强虚拟经济对外开放的顶层制度设计,提高虚拟经济监管的专业性和有效性,建好虚拟经济安全运行的制度"防火墙"、提高防范和化解重大系统性虚拟经济风险的能力。

共享是虚拟经济立法的目的。共享发展理念的核心是劳动者能够共享社会劳动成果,有获得感,最终实现共同富裕目标,要实现这一目的,必须依靠法治。共享是"全民"的共享,市场主体享有平等地位并平等得到虚拟经济服务,是共享虚拟经济发展成果的前提。现实中所有人都需要虚拟经济服务,但并不是所有人都平等享受到服务。科技的发展,为普惠虚拟经济提供了技术条件,我国虚拟经济立法大力贯彻共享理念,建立虚拟经济共享制度,到 2020 年已经基本建成与全面建成小康社会相适应的普惠虚拟经济服务和保障体系,有效提高了虚拟经济服务可得性。大力促进实体经济发展,是虚拟经济发展成果实现共享的物质技术前提。"社会生产力的发展将如此迅速,以致尽管生产将以所有的人富裕为目的……因为真正的财富就是所有个人的发达的生产力。"①我国坚持以法律制度保障为手段,推动虚拟经济高质量发展,以实现经济高质量发展,以虚拟经济结构转型实现经济结构转型,以绿色虚拟经济发展助推经济绿色发展,为虚拟经济成果共享提供坚实的物质基础。

(三)坚持用法治保障虚拟经济运行安全

《中共中央关于全面推进依法治国若干重大问题的决定》指出,实现立法和改革决策相衔接,做到重大改革于法有据,立法主动适应改革和经济社会发展需要。我国的虚拟经济发展,无一不是从上而下的政府强制制度供给,这种方式虽然不一定能提高制度变迁的效率,却能够降低制度变迁的时间成本和交易成本。

在虚拟经济发展中,立法保障与改革是相辅相成、对立统一的关系。所采取的立法策略是先发展虚拟经济市场,摸索积累经验,再将成熟的经验总结为制度,通过阶段性立法来保障虚拟经济发展和运行安全,虚拟经济发展后又对立法保障提出新的安全需求,再继续立法促进虚拟经济变革。我国虚拟经济立法主动适应了虚拟经济发展需要,做到了在法治的轨道上推进虚拟经济发展,在虚拟经济发展进程中完善法治。对虚拟经济缺乏立法但实践比较成熟的,及时启动相关立法程序在法律中予以明确;对实践经验尚不成熟、又需法律作出规定的,采取先作出原则规定,明确虚拟经济的基本

---

① 中共中央马克思、恩格斯、列宁、斯大林著作编译局.马克思恩格斯文集(第 8 卷)[M].北京:人民出版社,2009:200.

框架和原则,发挥立法对虚拟经济安全的引导、推动、规范、保障作用。

总结我国虚拟经济发展40年,一直坚持立法与虚拟经济改革一致并为之服务,把立法蕴含在变革之中,以变革促立法,以立法引领虚拟经济变革是我国虚拟经济运行安全的成功经验之一。

改革开放初期我国虚拟经济处于起步阶段,虚拟经济规模不大同时处于探索之中,1978年我国银行总资产才约6万亿元人民币,刚刚处于虚拟经济发端的我国虚拟经济立法几乎为零。在这一时期,虚拟经济的改革领先于立法,而且所制定的法律层级也不高,带有阶段性和试验性。1992年邓小平同志南方谈话之后,党的十四大提出经济体制改革的目标是要建立社会主义市场经济体制,全国人大适时制定了《公司法》《证券法》《中国人民银行法》《商业银行法》《保险法》等一系列促进虚拟经济发展的重要法律。在中国过去40年经济发展历程中,2008年可以说是一个分界线,实体经济和虚拟经济共同的分界线。前三十年实体经济增长强劲,经济结构失衡但是虚拟经济稳定,后十年进入经济新常态,实体经济增长放缓,经济结构走向平衡协调,但是虚拟经济系统性风险上升。2007—2019年,中国的人均GDP从不到3 000美元发展至迈上1万美元的台阶。在实体经济和虚拟经济都进入新的发展阶段的时期,我国为应对虚拟经济的创新需求,不断加强监管立法,有效化解了互联网虚拟经济和虚拟经济科技发展带来的虚拟经济风险。

1990年12月我国开始有证券交易活动,建立了证券交易所却没有相应证券法规体系保障,但作为虚拟经济重要组成部分的证券市场必须要通过立法予以保障,确保有制度可循。在欠缺证券市场基本法的背景下,1993年4月22日前我国证券市场主要依据地方性法规来管理,1993年4月22日国务院发布实施《股票发行与交易管理暂行条例》,同时结合部分地方性法规对证券市场运行安全予以保障。1998年我国制定了《证券法》,这部证券法千呼万唤始出来,立法历时5年零4个月,先后进行了五次审议,横跨三届人大任期。证券法制定之初我国资本市场处在起步探索阶段,对证券市场认识不足,理论界、实务界对证券法的一些重大问题存在分歧和争论。1997亚洲虚拟经济危机爆发加速推进了证券法立法,我国急于通过立法来化解证券市场国际风险,因而这部法律在内容上最初是很不完善的,对在成熟证券市场可以从事的很多交易行为都予以了禁止。其原因在于当时我国证券市场发育非常不成熟、监管体制不健全、监管能力不足,过早规定这些成熟市场应该具备的制度,只会有害于虚拟经济整体发展并可能产生无法防范的虚拟经济风险。"立法是在发展中建立、健全法律制度,对一些已制定的法律作不断的充实提高,使之完善,这是一个必要、合理的过程。"①我国在证券法立法过程中,贯彻了阶段性立法原则和倒逼立法机制,在当时已经适用的、成熟的、契合我国资本市场的制度上达成立法共识,在立法程序上实现了突破,有力发挥了维护市场法治,支持资本市场改革发展的积极作用,同时也为证券法的不断完善和证券市场改革留下了巨大的变法空间。

任何法律都需要随着实践的进步不断修正,与时俱进。2004年第十届全国人大常委会对证券法进行了第一次修正,此次修订主要是推动股票发行询价机制改革和完善公司债场内交易机制。2005年第十届全国人大常委会第十八次会议对证券法进行了第一次修订,这次修订主要是适应我国资本市场进一步深化改革、稳步有序发展的要求。在这次修订后,我国开始了股权分置改革并取得了成功。2013年、2014年证券法又进行了两次修正,目的是为适应行政审批制度改革和政府职能转变。最近这次"大修"是从2015年4月份开始的,历经三次审议,分次满足了注册制改革、证券交易制度、上市公司收购制度、信息披露、投资者保护、多层次资本市场、证券监管完善等立法需求。2019年的修订,系统总结了多年来我国证券市场改革发展、监管执法、风险防控的实践经验,在深入分析证券市场运行规律和发展

---

① 卞耀武.中国财税金融立法回顾与前瞻[J].中央财经大学学报,2003(1):15.

阶段性特点的基础上,重点围绕全面推行证券发行注册制度、提高证券违法违规成本、完善投资者保护制度、进一步强化信息披露要求、完善证券交易制度、取消部分行政许可、压实中介机构市场"看门人"法律职责、建立健全多层次资本市场体系、强化监管执法和风险防控、扩大证券法的适用范围等内容开展制度更新。从历次我国证券法修改可以看出,逐步通过立法回应和推动证券市场发展的要求,选择恰当的立法策略,通过阶段性立法为证券市场运行安全提供法律保障。

(四)坚持虚拟经济立法"以人为本"

公权力与公民权利的关系是政治伦理中的核心问题,也是虚拟经济立法中需要处理的核心矛盾。传统中国政治理论向来有民本思想,民为国之本不仅对中国历代政治制度产生了深远的影响,也深刻融入了我国历代立法演变之中。我国封建社会的立法经验告诉我们,法律要保持长期的稳定性并发挥效能,必须要有法治的合法性资源,其背后必然要有一套成熟的思想和理念为指引。

"全心全意为人民服务"、"三个代表"重要思想、"权为民所用、情为民所系、利为民所谋",都是传统民本思想在当代的继承与发展,也是马克思人本主义中国化的具体体现。我国已经确定依法治国为国家的基本治国方略,要建设法治和实现法治其背后必须以法治理念贯彻始终。"当代中国最核心的价值追求首先是未来实现国家独立和民族解放,而后在此基础上建立一个公平正义、民主法治、人权的社会。"①人民当家做主是社会主义的本质特征,保障人权是社会主义的应有之义。十八届五中全会提出"坚持共享发展,必须坚持发展为了人民、发展依靠人民、发展成果由人民共享,作出更有效的制度安排,使全体人民在共建共享发展中有更多获得感,确保立法为了人民、立法依靠人民、立法成果由人民共享"。社会主义法治理念的本质

---

① 刘克希.当代中国的立法发展[M].北京:法律出版社,2017:18.

属性是坚持党的领导、人民当家作主、依法治国三者的有机统一。在前文的经验总结中,党的领导和法律的功能对于我国虚拟经济安全运行保障的成功之处已有所阐述,对坚持人民当家做主而言必然要求在虚拟经济法制保障中贯彻以人为本法治理念。

以人为本,体现的是虚拟经济法制保障以人的全面而自由的发展为根本要求,是中国共产党以人为本、执政为民理念的具体化。虚拟经济发展的目的不是为资本而发展,而是要服务于人,要在发展中处理好发展和安全的关系,不能本末倒置以损害消费者利益为代价,否则必将危及国家整体安全乃至丧失治国之基。具体到虚拟经济运行安全法律保障,要求必须把保护虚拟经济消费者合法权益视为法制保障的落脚点和出发点,满足人民的虚拟经济消费需求。党的十九大对中国特色社会主义新时代我国社会主要矛盾作出了新概括:"中国特色社会主义进入新时代,我国社会主要矛盾已经转化为人民日益增长的美好生活需要和不平衡不充分的发展之间的矛盾。"虚拟经济消费者对普惠金融的需求、利益是否得到有效保护和满足是衡量虚拟经济立法保障工作是否有成效的主要标准。

借助科技的力量,我国虚拟经济创新在不断创新服务业态、服务产品等方面取得快速发展。虚拟经济创新既可能有利于其本原目的的实现,也有可能会危害虚拟经济运行安全,虚拟经济创新的标准,从以人为本法治观考虑应以创新是否有利于保护虚拟经济消费者利益衡量。以蚂蚁金服为例,其能够壮大的重要原因是充分利用了消费者在交易中形成的海量信用信息,在未征得消费者的同意下这些信息并不当然能够为虚拟经济经营主体使用,如果任其发展,在未建立完备的虚拟经济消费者保护法律体系前提下,消费者的利益将受到严重损害。

虚拟经济始终贯彻"以人民为中心"的发展思想,加强法制保障落实监管主体责任,大力发展普惠金融,促进虚拟经济可持续均衡发展,提升金融服务品质,扎实推进虚拟经济消费者权益保护工作。近年来,我国不断出台虚拟经济领域消费者权益保护特别是信息保护立法的制度设计。央行在

2013 年制定了《中国人民银行金融消费权益保护工作管理办法（试行）》，2016 年制定了《中国人民银行金融消费者权益保护实施办法》。2020 年党中央、国务院在《关于新时代加快完善社会主义市场经济体制的意见》中提出要"建立健全金融消费者保护基本制度"，同年央行发布《个人金融信息保护技术规范》（JR/T 0171—2020），该标准为虚拟经济消费者个人信息保护的行业标准。2020 年还颁布了《中国人民银行金融消费者权益保护实施办法》，取代了 2016 年出台的《中国人民银行金融消费者权益保护实施办法》，该办法以部门规章形式全面规范了虚拟经济消费者信息保护的规则，把涉及虚拟经济消费者信息的收集、存储、使用、加工、传输、提供、公开行为都纳入了规范范围，还结合一般消费规则规范了银行、支付机构的经营行为，并明确了相关主体的法律责任。该法的立法思路体现了以人为本法治观，既高度重视虚拟经济消费者的个体权利，又探求在促进虚拟经济行业发展与虚拟经济消费者权益保护之间求得平衡。总之，虚拟经济安全保障立法只有坚持以人为本、发展为民，虚拟经济安全保障法制建设才能满足人民群众的需求和期待，为虚拟经济可持续发展奠定基石。

第二节　我国虚拟经济运行安全法律制度的问题审视

不可否认，自改革开放以来，我国虚拟经济运行安全法律制度在我国市场经济的发展过程中，发挥了重要而积极的作用。但是，我们在总结和传承经验的同时，还要根据改革开放的发展状况、国内国外经济环境的变化来审视我国虚拟经济运行安全法律制度存在的不足及可完善之处。就目前情况观之，我国虚拟经济运行安全法律制度存在的不足，可以从以下两个方面进行考察：

一、我国虚拟经济运行安全法律制度的文本质量问题

十八届四中全会决定有两个重要命题：法律是治国之重器，良法是善治

之前提。前者强调形式法治，法律是治国理政的工具，后者强调实质法治即良法善治。虚拟经济运行安全离不开法治的保障，越强调法律的功能越需要提高立法质量。

虚拟经济运行安全法律制度的文本质量存在的问题，由多方面因素构成。

(一) 部门利益阻碍科学立法从根本上影响文本质量

"立法并不是一个法律起草机构的静态文本输出，而是一个动态的社会和政治过程。"①全国人大及其常委会是我国法律的制定主体，但是我国的法律体系并不仅仅指向法律，在宪法框架下，存在着法律、行政法规、地方性法规、部门规章等不同的制度规范。法律、行政法规以及地方性法规等规范的起草无法脱离政府部门，无论是立法规划，还是法案起草，抑或是立法内容等各方面都嵌套着政府部门的影子，同时，政府部门在各个环节参与过程中都试图以此契机扩大自身职能和管理范围，希望通过此举满足部门及其成员利益膨胀的需要。② 部门利益的体现主要为趋利避责，谋求更多的权力却避开本应承担的责任，借由更多的权力达到寻租目的。而部门利益在立法中的体现成因在于人性内在品格"强"与"乐"的追求，③试图拥有更多的权力获得更充裕的满足感。

法律制度的建构本应以人民利益为落脚点与出发点，通过权利与义务的设定规范人民行为的最终目的都是维护国家主体的权益。在法律制度体量不断扩充的背景下，政府部门参与立法的现象也变得普遍，但政府部门作为国家的"管理者"，与人民有着与生俱来且不可消弭的管理与被管理者之

---

① WILLIAM J N. Making the Modern American Legislative State, in Jeffery A. Jenkins and Eric M. Patashnik, LIVING LEGISLATION: DURABILITY, CHANGE, POLITICS OF AMERICAN LAWMAKING [M]. Chicago:The University of Chicago Press,2012:20.

② 刘长云.部门利益与地方保护主义法律化的规制研究[D].长沙:湖南大学,2016:29.

③ 胡光志.人性经济法论[M].北京:法律出版社,2010:20-29.

间的矛盾。虽然政府正在不断转型,尝试着从干预型政府逐步向引导型政府转化,①但在过渡过程中仍然存在着未曾解决的矛盾。矛盾的存在始终推动着政府部门在抉择时以较为强势的态度予以解决,在立法的过程中体现为强化参与,把更多的利益划归为囊中之物。科学立法应体现各方权益的均衡,政府部门的利己行为严重阻碍了"科学立法"的落实,与此同时,立法作为"严格执法、公正司法与全民守法"的起点,立法的非科学化会对后续的执法、司法与守法行为产生负作用,使得整个法治进程出现扭曲。

虚拟经济运行安全保障立法的参与主体是多元的,其中的利益博弈既有虚拟经济监管部门之间的利益博弈问题,也有虚拟经济监管主体和司法主体的利益博弈问题。监管部门利益博弈在涉及虚拟经济监管许可和审批的权限划分中表现尤为明显;监管部门与司法部门之间的博弈则表现在监管部门对法律规则的追求侧重于审慎监管,对法律规范要求具有行业性和阶段性,而司法部门处于居中裁判,则希望法律规范要求具有可预期性和相对的稳定性。不管所求利益有何差别,虚拟经济安全保障立法都必须统一于化解虚拟经济系统性风险,服务于实体经济的目的。在此虚拟经济安全保障立法目的之下,要辩证地、历史地看待立法中的部门利益问题。每一次立法调整,也是一次虚拟经济安全保障权力和体制的改革和整合,不仅涉及权力的变动,更涉及权力调整之后相关群体和行政人事的组织安排,故而立法博弈从讨论、僵持到最后的妥协也是可以理解的立法必经过程。但无论如何博弈,都必须尊重和体现虚拟经济发展的客观规律,这是科学立法的核心。2015 年修订后的《立法法》第八十条规定:"没有法律或者国务院的行政法规、决定、命令的依据,部门规章不得设定减损公民、法人和其他组织权利或者增加其义务的规范,不得增加本部门的权力或者减少本部门的法定职责。"部门规章不得再任性地将自己的部门利益固化,对于《立法法》修改

① 张皓.政府职能模式及其选择性因素探析[J].领导科学,2013(14):8-10.

前后的虚拟经济保障规章，相关立法主体都有义务根据第八十条规定进行立法审查，以判断是否违法增加市场主体义务或减少法定职责。

（二）部分地方利用法规实行地方保护主义妨碍了立法文本的合法性

2015 年新修正通过的《立法法》再一次重申了省、自治区、直辖市和设区的市、自治州人大及其常委会以及省、自治区、直辖市和设区的市、自治州的人民政府在地方性法规和规章制定上的权能，地方立法权再一次扩容。为更有效地部署和管理公共性事务，从中央到地方对人大及政府部门两个序列分别予以体系化建构。同时为避免有关部门不作为和懒政行为出现，国家在社会、经济、文化等不同方面对地方部门提出了发展目标与各类指标排名。为顺利实现国家分配的目标以及希望在各类指标排名中位居前列，地方人大及地方政府在积极施政的同时，也是以"经济人"的心态探寻着绩效最优化的地方发展措施。经济基础对上层建筑的落地有着决定性作用，地方经济发展情况是地方部门执行绩效最直观的反映。我国的国土面积广阔，南北发展不均，东部与中西部地区经济发展呈现出较大的差距，忽视地方差异一味地进行指标考核可能会迫使地方立法呈现出地方保护的色彩，以及唯国家主义的倾向。①

在地方虚拟经济运行安全保障中法律应起到主导作用，但是也离不开基于区域特色和地方虚拟经济发展优势而制定的地方性法规。地方立法权扩容增量后，随着我国虚拟经济新业态的不断丰富，地方人大也随之加大虚拟经济运行安全保障立法，这是对我国国家虚拟经济安全保障法律体系的有益补充。但在地方立法过程中要严格遵循《立法法》的要求，不能与上位法相抵触，破除立法的地方保护主义，自觉维护我国立法的统一性。

---

① 尹奎杰.地方立法中的问题及其破解思路[J].学术交流,2019(10):79-87.

党的十九大报告指出："我国社会主要矛盾已经转化为人民日益增长的美好生活需要和不平衡不充分的发展之间的矛盾。"在虚拟经济地方立法保障上，这种矛盾转化显示为我国在地域性虚拟经济法律制度建设的冲突。立法活动的最终环节便是制度的制定与实施，地方保护也即在地方立法过程中被合法化，披上了一层合乎规范的外衣。"地方立法寻租以合法形式掩盖违法事实，更加严重和长久，致使利益主体获得立法给予的特权。"①而法律制度是对公平正义的表达，徒具法律之名，而行寻租行为的情境背离了立法的初衷，对于全国统一的虚拟经济市场建立有百害而无一利。各地在利益推动下制定对己有利的虚拟经济地方性监管法规或规章，从而表现出各地在同一事项上的立法有所冲突，权利义务内容大相径庭。由此破坏法律的权威性，各地立法不同且都体现出较为浓厚的地方保护主义会给法律的权威带来负面影响，从而使维护虚拟经济安全保障秩序的作用大打折扣。

（三）公众参与立法不足影响虚拟经济文本质量

人民代表大会制度是我国的根本政治制度，人大代表是人民利益的代表，由全国人民代表大会主导立法在理论上体现出了民主立法的内涵。但个性与共性之间的差异无可避免地会导致人大代表在立法活动中仅能代表自己的意见而无法想他人之想、虑民者之虑。可见立法者并不是自然科学家，不是对规律的发现与转述，更多的是在立法过程中体现个人主观意志，因此立法活动是立法者认知水平与主观意识的体现。② 所以在立法活动中仍可能存在着刻画部分人意志的立法现象。为了克服上述弊端，我国不断探索与学习建立了在立法过程中开放征求群众意见的模式，在中国人大官方网站发布草案并公开征求意见。程序的理想追求与现实的复杂情况之间有着不可逾越的鸿沟，参与征求意见稿的意见反馈主体多为专家学者以及

---

① 徐娟.地方立法的治理功能及其有效发挥[J].学术交流,2019(5):74-82.
② 庞正.法治秩序的社会之维[J].法律科学(西北政法大学学报),2016,34(1):3-15.

司法实务人员,普通群众参与意见反馈的比例相较于前述两类主体可谓九牛一毛。在此过程中,法律法规等制度规范的制定仍无法尽可能涵盖民众的规范意识,"一个社会的普通民众长期认同,并且至今没有被证明是错误的基本的经验、基本的道理以及为该社会民众普遍认同与遵守的是非标准、行为准则。"①在规范行为的制度制定与衡量中,民众的意见并非完全不具有可考虑价值,由历史传统延续下来的行为准则对于制度设定具有参考意义,并且法律制度的安排必须回归到民众,需要符合普罗大众的常识、常情与常理。

公众参与立法意识的薄弱来源于对权利争取与义务履行两个层面的忽视,权利的放弃归结于权利创造的价值小于预期,义务履行的避讳可以运用马克思主义法学观"没有无义务的权利,也没有无权利的义务"进行总结,在权利得不到实现的同时,义务履行也就不再成为日常行为的组成部分。社会主体在人性驱使下总是希望能得到满足,"权利—义务"框架下的获得感不足会能动到认可程度上,认可感低就会导致前述放弃权利与拒绝履行义务的情况发生。当参与立法不具有可期待性,大多数人就会秉持着立法最终结果与己无关的态度,不具有参与立法的热情和行动。

中国人大网 2020 年 1 月 26 日结束征求意见的 6 部法律,除《民法典(草案)》超过 1 万人参与外,有 4 部少于 100 人参与,1 部 103 人参与。公众参与立法的积极性不高究其原因,既有我国传统上公众参与立法意识不浓厚的因素,也和缺乏制度性支持和激励措施直接相关。公众参与虚拟经济立法提出合理的建议,需要相关的能力并投入一定的成本,立法机关如何鼓励和引导公众献计献策提出意见和建议,通过物质保障和奖励的方式来增强立法参与人的荣誉感,激发公众参与热情需要有制度性安排。

立法是各利益主体利益博弈的产物,如果相关利益群体不能充分表达

---

① 陈忠林."常识、常理、常情":一种法治观与法学教育观[J].太平洋学报,2007,15(6):16-19,25.

意见,实际上丧失了立法的民主性。公众参与虚拟经济立法既是公众参与国家经济事务民主管理之体现,也是促进虚拟经济立法民主化科学化之必要前提,是提高虚拟经济立法文本质量的应循路径。党和政府历来高度重视公民有序参与立法,党的十八大报告指出,要"拓展人民有序参与立法途径",十九大报告指出,要"创新公众参与立法方式"。二十大报告指出,要"民主立法"。《广州市规章制定公众参与办法》是中国第一部公众参与立法的规范性文件,第一次以地方立法形式确立公民参与立法的具体制度。尽管当前我国虚拟经济立法公众参与现状存在着信息不对称,参与人数少、代表比例构成不均衡,公民参与积极性不高等问题,但是虚拟经济安全运行关系每个公众的切身利益,必须在立法者与公众之间建立起直接、及时、多方位的立法参与渠道,不同利益主体通过有效的沟通与协商最终达成立法共识,这样才能确保虚拟经济安全运行立法最大限度地满足各方利益主体诉求,提升立法保障的科学性和民主性。

(四)虚拟经济安全保障制度位阶较低、应对变革以政策性调控为主

目前,全国人大及其常委会颁布的虚拟经济法律共有 10 部,其他大量的都是以行政法规和部门规章的形式,总计超过 4 000 部。不完善的虚拟经济法律体系会产生不稳定的制度环境,不利于形成虚拟经济和实体经济稳定的发展预期,会阻碍市场主体开展长期战略性的投资与决策活动,也不利于提升监管能力。在现行法律框架下,所有法律法规都应服务于宪法,对宪法中的纲领性制度予以细化和回应。同时,法律在"宪法—法律—行政法规—地方性法规、自治条例、单行条例和规章"逻辑层次中处于第二位阶,效力层级高于其他制度规范。法律在规范社会生活中应该体现出与之相适应的效用,行政法规、地方性法规、自治条例、单行条例以及规章等均是对法律适用的细化或灵活变通,但无论如何调整,都必须遵从法律制度的立法精

神。我国虚拟经济法律制度发端较晚,体系薄弱,正呈现出以政策制定为主,法律颁布为辅的状态。如支付清算规则大多停留在部门规章层面,缺乏上位法的支撑,难以适应支付科技快速发展的需要。根据统计,2020年以来虚拟经济管理部门大致释放出500余项金融政策信息。以虚拟经济中的证券市场为例,"中国证券市场的种种制度安排是从计划经济体制的巨大遗产中产生和发展起来的,缺乏成熟市场经济下的基础性制度安排(民商法、契约观念等),这使得中国证券市场的制度变迁带有浓厚的计划经济体制烙印。"①也就意味着国家在证券市场制度安排中会通过频繁的政策制定手段触及其中,希望能依旧保有对证券市场的计划或规划性掌控,法律制定的主体和程序比政策出台更为繁复,政府部门在传统管理者的观念尚未完全转变的同时仍然坚持在自己权力范围内出台政策,也就导致了虚拟经济立法现实中的"政策多,法律少"现象。

法律是统治阶级意志的产物,是国家统治的工具,政策是一定政治社会集团为了实现所代表的阶级和阶层的利益和目标所采取的措施和步骤。法律是稳定的,而政策是灵活多变的。当前全球经济增长受到新冠肺炎疫情冲击,虚拟经济运行安全面临较大挑战,对于当前虚拟经济安全保障政策为主的现象要辩证认识。我国疫情防控面临外防输入、内防反弹的形势,国务院金融稳定发展委员会确定了"稳预期、扩总量、分类抓、重展期、创工具"的工作方针。虚拟经济安全运行必须要把服务实体经济、恢复实体经济发展放到更加突出的位置,在统筹疫情与经济社会发展的前提下实现高质量发展。面对疫情和复杂的虚拟经济安全运行挑战,我国虚拟经济在2020年总体运行稳健安全。以银行业为例,截至2020年末银行业金融机构资产总额319.74万亿元,同比增长10.25%,增速比上年上升2.14个百分点;负债总额293.11万亿元,同比增长10.39%;银行业金融机构贷款损失准备余额6.33

---

① 艾洪德,武志.中国证券市场制度供给不连续性的研究[J].改革,2002(1):98-102.

万亿元,同比增加 4 945 亿元,增幅 8.47%;拨备覆盖率 182.23%,同比下降
0.59 个百分点;贷款拨备率 3.49%,同比下降 0.12 个百分点。[①] 党中央、国务
院提出"稳健的货币政策要更加灵活适度",如何创新完善虚拟经济对实体
经济的支持方式,要求虚拟经济监管部门既要出台灵活、稳预期的虚拟经济
宏观政策,又要及时将成熟的政策通过立法途径转换为法律,以增强虚拟经
济安全保障的刚性约束。

二、我国虚拟经济运行安全法律制度的实施绩效问题

(一)虚拟经济法制应对安全保障变革的相对滞后与保守

随着社会与经济的革新,虚拟经济在我国发展又更进了一层,虽不至于
替代实体经济,但对其进行规制的必要性越发凸显。虚拟经济要素之一的
资本总是在现有制度安排下不断探索并力图突破现有的活动"边界",职是
之故,虚拟经济市场主体也就随之跳脱了现有的枷锁,成为脱缰之马,任意
行为。法律制度的缺失或不足是虚拟经济市场失序的必然原因,回应滞缓
以牺牲市场弱势群体合法权益为代价,反映出对市场经济秩序保护的忽视。

虚拟经济是从实体经济的虚化开始,是证券、期货、期权以及金融衍生
品等虚拟资本以金融市场为依托进行的一系列经济活动。中国的证券业发
展受国外影响较重,起步比西方发达国家更晚,但自 20 世纪 80 年代便有公
司发行股票,经济活动逐步步入证券业的殿堂。而我国证券法的正式通过
是在 1998 年 12 月 29 日的第九届全国人民代表大会常务委员会第六次会议
上,与我国证券行业的诞生时间相距十年有余。与此呼应,1949 年中华人民
共和国成立初期,中国人民保险公司宣告成立,标志着中华人民共和国第一
家国有性质的保险公司进入国人生活,但追根溯源,中国人民保险公司并非
完全意义上第一家在中国成立的保险公司,而仅是在多种所有制并存的经

---

① 中国人民银行金融稳定分析小组.中国金融稳定报告 2021[M].北京:中国金融出版社,2021:29-30.

济制度中第一家国有性质的保险公司。换言之,保险行业的出现甚至早于1949年,而我国在法律制度中确立保险的时间一直拖延到1981年《经济合同法》的颁布,《经济合同法》中的财产保险合同是对保险的一次原则性规定,为此后的保险制度设计奠定了强有力的基础。随着保险行业的不断发展,1995年,第八届全国人民代表大会常务委员会第十四次会议通过了《保险法》,并在后期不断适应保险业的发展现状而进行了多次修订或修正。

虚拟经济在不断发展,对其进行规范的法律制度也随之做出相应的调整。纵观我国虚拟经济法律制度制定与后期修订情况,明显表现出滞后性,制度空窗期是虚拟经济安全面临破坏的高危时段。正如"我国资本市场虽然扩容速度很快,但是制度建设相对滞后。资本市场的发行制度、信息披露制度、退市制度和投资者保护制度等制度建设滞后,使得我国的资本市场并不能成为经济的'晴雨表',而是更容易受到政策的影响,投资者的利益很难得到有效保护。"①

比如对民间金融监管立法不足。当前我国对民间金融的立法很少,使得民间金融在实际发挥作用的同时也充斥着许多的风险,处于无法可依状态的民间金融机构,往往是出了问题政府才出面解决。我国民间金融的形式是合会、地下钱庄和典当行。对于合会,我国并无统一的治理规范,都是依靠民间的惯例运行。20世纪80年代开始,我国温州地区开始出现地下钱庄,因其便捷的服务在周边地区广受欢迎,但1986年我国颁布了《银行管理条例》明确规定个人不得设立银行或其他金融机构,不得从事金融业务,地下钱庄转入地下,有的直接开始从事洗钱业务。为了打击地下钱庄扰乱金融秩序的行为,2006年我国通过了《反洗钱法》。对于违法的金融活动我们要坚决打击,但是是否可以考虑将类似的地下钱庄转为正式的金融机构,纳

---

① 李世美,韦振锋,狄振鹏.经济"虚实背离"与实体经济资本配置效率:文献述评[J].财会月刊,2019(21):111-118.

入监管体系监管，而不是一味取缔，以便于在正规金融机构不能涉猎的地区进行补充。典当行是中小企业融资的最佳途径，能够满足日常的资金需要，交易灵活，但是也存在着费率较高，容易成为销赃渠道等问题。从防范风险出发，2005 年我国颁布了《典当管理办法》，取代了 2001 年的《典当行管理办法》，完善了对典当行的外部监管。民间金融是我国虚拟经济体系中非常特殊的层次，是我国区域经济发展与虚拟经济法制供给滞后矛盾的自发选择，有其存在的合理性和必然性。民间金融对我国经济有促进作用，但是如果缺乏法律保障，相关机构缺乏法定地位，其行为缺乏合法性预期，容易出现短期化行为，乃至走向非法化，将会为虚拟经济积累风险。在整个虚拟经济体系尚不健全，法律供给滞后的情况下如何保护民间认可而且符合实体经济发展需要的民间金融，是摆在当前立法面前的难题。民间金融的立法监管并不是要全面要求其执行政府金融政策，而是通过法治化的制度安排，避免其落入监管真空，使其能够有行为预期、责任预期、真正发挥其对正规金融机构的补充作用。

金融科技具有跨界化、去中介、去中心和智能化的特点，会对虚拟经济现有的监管体系产生冲击，同时要求金融监管体系进行相应的变革。现有的虚拟经济法律保障制度是金融危机后的产物，是为避免风险、防范风险而设计的，金融科技是面向未来的，是高速发展的科技与金融结合的产物。法律变革的滞后性与金融科技发展高速性之间的矛盾，影响着虚拟经济保障法律的制定、修改与完善。在法律无法及时应对的时候，监管层利用自由裁量权放松管制，在解决实际问题的同时却面临着合法性的质疑。这种做法疲于解释规则处理突发事件，却无益于面向未来。从监管角度来说，短期治理和危机应对行为具有一定的正当性，但从长远出发更需要有长期稳定的制度建设。2015 年我国开始整治互联网金融集中爆发的 P2P 风险、人民银行联合七部委叫停 ICO 等现象集中体现了我国对新型金融科技产品的监管是被动式监管。虚拟经济与科技结合之后出现新的业态或发展到新的阶段,而监管层才开始着手制定新的监管规则,究其原因是监管层的理性也是有限的。面对金融科技发展带来的数据和信息鸿沟,信息不对称更加显著,导致科技发展与法律演进之间常常不能同步进行。未来虚拟经济数据安全监管更将成为虚拟经济科技安全保障的重点,为此,2021 年我国央行发布《金融业数据能力建设指引》,规定了数据治理、数据规范等数据域划分,明确在此领域的能力建设要求,为虚拟经济市场主体的数据能力建设提供指引。

目前我国虚拟经济仍然以《商业银行法》《保险法》《证券法》的方式对传统金融业进行分业监管。面对这样的立法模式,部分金融科技企业出现了监管套利等情况。随着金融科技的不断发展,我国应该做好相应的法治化建设,加强金融科技的基础性立法规范,引导金融科技的健康发展。与金融科技的快速发展相适应,需要尽快提高中国金融监管机构在国际金融科技监管领域的参与程度,逐步加强在国际金融监管体系和立法中的话语权。在当前国际金融监管体系中主要的国际组织都是由西方国家建立并掌控,中国缺乏法律规则的制定权,随着虚拟经济对外开放的不断加大,在金融科技处于世界领先领域的我国需要加强参与金融科技国际监管规则制定的影响力。

(二)虚拟经济安全保障法律体系还不够健全

虚拟经济法仍然没有一个统一的理论体系和制度体系。法律对于虚拟经济的影响仍然没有得到足够的重视,法律本身是缺乏自主性的,不会自动对虚拟经济予以调整。中国作为发展中国家,金融消费者和投资者都还不够理性,风险教育和家长式的说理,基于理性选择的管制模式并不一定适用。虚拟经济法制是内生于我国的虚拟经济系统,要寻求国家虚拟经济的治理之道,首先应该了解虚拟经济系统的组织构成,虚拟经济的安全运行规律是什么。这就要求我们要把眼光转向虚拟经济法背后的经济逻辑和虚拟经济的发生原理。从虚拟经济法制的研究发展来看，更多体现出法律与经济、法律与金融、法律与税收、法律与科技的交叉融合关系。

暂无系统的经济法律原则。经济法作为一个独立的法律部门在学界存在着由来已久的争议与辩驳，但市场失灵与政府失灵无疑是经济法成立的有力根据，通过经济法对人性进行调适可以有效地克服"双失灵"。经济法律制度的安排从现有部署观之，二分的体系将经济法归分为市场秩序法与宏观调控法，同时实体经济法律制度与虚拟经济法律制度的归类方法也适用于经济法制度体系中。但体系的提出并未指引我国经济立法走向系统性。就目前情况来看，经济法律制度仍由分散的法律法规组成，市场秩序法包含了《反不正当竞争法》《反垄断法》《消费者权益保护法》《产品质量法》《价格法》等；宏观调控法则囊括了《中国人民银行法》《商业银行法》《预算法》《个人所得税法》《企业所得税法》等；虚拟经济法律制度中的产权制度、合同制度、货币和信用制度、现代企业制度、担保制度、征信制度等与实体经济法律制度中的商品交易制度等；相较于成熟的刑法立法例与正在不断推进和完善的民法立法体系，经济法律制度显得相对薄弱。刑法与民法在法典化的趋势下，有着普适性的法律原则作为指导。经济法律制度囿于发展现状和现今国情，虽不急于求成而企望予以法典化，但提炼共用的法律原则，助力经济法律制度更具系统性与体系化有着必要的推进价值。系统的经济法律制度原则可同样适用于市场秩序法与宏观调控法，自然而然也可同时运用在实体经济法律制度与虚拟经济法律制度中。

正如哈耶克所说："即使拥有制定得最为完备的法典，亦不可能确保获得法治所要求的那种确定性。"系统的经济法律制度中最具关键意义的是确定能提供指导作用的法律原则，法律原则一经确立，对于社会生发的新型行为能起到很好的规范作用。法律规则虽然在不断回应社会过程中发生更迭修订，但稳定性又是法律权威性的必然要求。为保持法律的权威性，修订更改不能过快亦不能过多，而法律原则的确立能避免修订更改过快过多情形的发生,法律原则的变动来自重大的社会变革,具有较强生命力的法律原则不会因简单的经济模式变化就随之生变。同时,法律原则的确定更是法律制度立法价值的显像,表明了法律原则与制度价值二者之间的内生联系。

农村金融制度供给不足。农村金融包括农村商业金融和农村政策性金融,其服务对象是农业。农业是一个受季节性、自然条件影响较大的产业,生产率较低,投资回报周期长、市场风险大,对金融的需求多样化、数额小,而且往往缺乏抵押。在金融服务领域农村商业金融表现出典型的"嫌贫爱富"特点,单纯用市场机制来解决会出现市场失灵现象,因此必须要加强农村政策性金融供给。农村政策性金融业存在着产业和项目风险,资产结构单一风险和担保能力不足的担保风险。[①] 2019 年 12 月中央农村工作会议指出"要集中资源、强化保障、精准施策,加快补上'三农'领域短板"。要扶持"三农",除了要有农村政策性金融的创新布局,还需要建立法律的约束。在此领域,应该包括规范农村金融的基本性法律,规范农村金融机构的法律法规,规范特定农村金融行为的法律法规,规范与农村金融相关的其他法律法规。政策性金融法、农业保险法、粮食法等都处于空白状态,现有的立法主要是 2012 年颁布的行政法规《农业保险条例》。各国的实践表明,良好的立法是保证政策性农村金融发挥作用的关键,为此急需出台相关立法。

自律监管立法重视不够。"目前的行业自律组织远没有实现其潜在价值,而仅是政府将一小部分职能委托给行业的工具,在政府与私人行业之间处境尴尬。"[②]现行的行业自律立法虽然涵盖了各个行业协会,但是自律职责范围比较狭窄,这可能与制定者为协会有一定的关联,而且约束的行为主要是虚拟经济主体日常经营管理活动。今天虚拟经济面临的风险是全球性的,在主要依靠国内法进行监管的今天,跨国套利严重削弱了一国的监管能

---

① 谢赤,孙柏,汪寿阳.新农村建设的金融支持研究[M].长沙:湖南大学出版社,2009:92.

② ROBERTA K. Should Securities Industry Self-Regulatory Organazations be Considered Government Agengcies? [J].Stan.J.L.Bus &Fin.2008(14):151.

力,需要通过重新立法赋予虚拟经济行业自律组织更大的职权,通过自律努力把金融活动的公共利益确定为活动的核心,把维护虚拟经济运行安全的职责强加给风险的制造者——虚拟经济市场主体本身。在后金融危机时代,我们需要对虚拟经济行业自律立法进行反思和完善,面对日益复杂的虚拟经济市场,利用市场主体自身的力量管理系统性风险,需要我们赋予这些金融机构更大的自律职责和权利。

对于金融科技监管法律保障而言,关键在于如何平衡支持金融创新与防范金融风险之间的关系。为了创造平衡创新与风险的良好监管环境,英国提出了"沙盒监管"并得到其他国家的效仿。"沙盒监管"意在保护消费者权益、严控风险前提下,通过主动合理地放宽监管规则,减少金融科技创新的制度障碍,鼓励更多的金融创新。2017年"沙盒监管"被引入中国,是否可以考虑指定金融科技基本法指导我国的金融科技安全有序运行。在这个基本法指导下,围绕科技与金融各项结合的金融领域,再制定子法监管。在建立这些保护个人金融信息的基本规则之外,我们需要确立保护个人信息特别是数据信息流通迁移的原则,限制信息向非关联第三方流通,避免不当使用风险,需要加强数据安全保护避免市场主体管控数据风险。需要强化数据侵权的法律责任和救济途径。

虚拟经济消费者保护立法不足。次贷金融危机以来,世界各国都普遍意识到要制定保护虚拟经济消费者的法律制度并加以贯彻落实。我国虽然在银行法、保险法等各个虚拟经济的子领域立法中都把保护虚拟经济消费者作为立法目标之一,但是却并未充分落实。因为我国虚拟经济立法的首要目标还是保证虚拟经济的安全与效益,要服务于国家发展的阶段性目标。在如何保证虚拟经济运行安全的前提下,兼顾虚拟经济消费者保护的目的,应该成为我国虚拟经济立法改革的任务之一。

"世界银行认为,腐败是经济和社会发展的单个最大桎梏,它扭曲法律、弱化经济增长赖以实现的制度基础,从而逐步削弱发展。"①虚拟经济在我国国民经济中的地位和作用决定了该行业极易产生腐败,这种腐败涉及我国在发展进程中最稀缺的资金资源,对实体经济的增长的负面影响远胜于公务员腐败,产生的外部性更大。虚拟经济腐败会提高整个实体经济的融资资本,破坏市场公平的竞争秩序,导致虚拟经济市场主体不良资产不断累积和产生,还可能引发实体经济危机。因此,通过法律治理虚拟经济腐败并维护运行安全,实现市场发展稳定是实体经济顺利转轨健康发展的重要保证。实践和研究证明,腐败与法律制度的完善与否和效率高低直接相关。从我国的情况来看,正是由于金融立法的不足和缺失,造成我国近年出现了金融腐败情况,扭曲了市场竞争机制,妨碍了实体经济发展。根据近年来的新闻报道,已有多名证监会发审委人员相继被查,截至 2017 年 11 月,共有 11 位证监会发审委人员相继被查处。而我国《证券法》赋予了证监会二十多项职权,义务却只有区区几项而且并无实质性细则规定。加快虚拟经济腐败的治理立法,除了完善刑法和出台国家监察法,在虚拟经济体系内制定虚拟经济监督管理法和稳定法作为虚拟经济监管的基本法,在此法之下配合监管体制的现状将《银行业监督法》修改为《银行保险业监督法》,并制定"证券监督管理法",以具体的细则相协调。对于金融腐败,加强执法的刚性。"腐败的相对吸引力是法律体系效力的函数,更具体来讲,是被察觉及惩罚概率的因变量。"②在完善监管执法制度的同时,虚拟经济监管执法的有效性亟待提升。

---

① 何德旭,张军洲,张雪兰,等.中国金融安全的多向度解析[M].北京:社会科学文献出版社,2012:257.

② ANDVIG J C,MOENE K O.How corruption may corrupt[J].Journal of Economic Behavior & Organization, 1990,13(1):63-76.

(三) 传统的虚拟经济立法突出行政控制

我国历史沿革决定着法律制度在制定过程中会带有不可磨灭的"行政控制"色彩。从古至今,集权思想占据着重要地位,政府即管理者的思想根深蒂固。随着社会主义制度的确立,对于政府与社会关系的讨论也在不断深入,"大政府,小社会"的格局亦在逐步发生改变。改变的趋势不可逆转,但改变过程中依旧存续着"管理控制"的主人公思想。既有的虚拟经济法律制度,如《证券法》《证券投资基金法》《中国人民银行法》《商业银行法》以及《保险法》等在"法律责任"章节中无一不体现出较强的"行政控制"韵味。几部法律在"法律责任"一章中详尽地描绘着虚拟经济主体违法行为所需追究的行政责任与刑事责任,但两相比较,行政责任在条文中的排篇布局远多于刑事责任,且对民事责任的提及仅为只言片语。行政责任追究是行政权力(公权力)行使最直接的外在体现,行政权力是行政控制发展下的产物。国家从诞生伊始其职能部门就为国家的正常运行配置了行政控制能力,随着法律制度引入社会,国家便把行政控制合法化而衍生出了行政权力。

可以看出,虽然"我国政府在虚拟经济领域也倡导并提供了一系列的法律制度,但我们还得看到政府的强大权威和作用不仅仍然存在,甚至所提供的法律也主要是对这种权威与作用的确认"①。政府的行政控制意识依旧遍布于既有的虚拟经济法律制度中,与其说虚拟经济法律制度是对经济活动进行规范的制度,不如将其看为在规范经济活动的同时进一步强调政府的行政控制权。行政责任与刑事责任追责主体都是国家公权力的代表,前者象征着行政权,而后者则是司法权行使主体。目前,我国包括虚拟经济法律制度在内的经济法律制度中,普遍存在着司法权配置的缺位,皆显化为行政权在制度规范中的确定。

---

① 胡光志.中国虚拟经济制度供给模式之转变[J].西南民族大学学报(人文社科版),2006,27(9):67-74.

（四）存在盲目移植西方法律制度的现象

经济的全球化在法律视野上表现为法律规制的竞争和融合。我国的虚拟经济中的证券、期货、保险市场都是借鉴西方发达国家发展和建立起来的,经济发展可以借鉴,但制度供给不是只要全面移植西方发达国家的法律制度,就可以解决中国虚拟经济的种种问题,提高发展效率解决危机。我国是虚拟经济后发展国家,但是作为保障运行安全的法治现代化问题,是一个既与世界先进法治准则相联系沟通,又具有民族特色的法治现象,在法治变革过程中蕴含着自觉选择中国虚拟经济法律保障道路的深刻必然。

法律与虚拟经济的发展是互相影响、互相推动的,法律推动或者阻碍虚拟经济发展,虚拟经济反过来也会推动法律变革。"经济"一词可以意味着"经邦济世"或"经国济民",即通过国家的治理过程来达到人们福祉的增进。[①] 中国虚拟经济的发展一定要遵循金融发展的内在规律,但是法律的移植和借鉴一定要重视自身国家本土的法律资源,特别是文化传统、接受条件。走全面依法治国的道路,我们必须坚持从中国国情和实际出发,走中国特色社会主义道路。具体到虚拟经济法制保障领域,也不能盲目照搬外国的做法和模式,必须坚定不移地走中国特色的虚拟经济法律安全保障之路。2015 年 6 月,中国股市出现了一次"股灾",上证指数仅用了两个月便从5 178点一路下跌至2 850 点,下跌幅度近达 45%。为了避免金融交易产品价格波动过度,给市场一定时间的冷静期,中国证监会开始酝酿出台熔断机制。熔断机制最早起源于美国,美国的芝加哥商业交易所曾在 1982 年对标普 500 指数期货合约实行过日交易价格为 3%的价格限制。1987 年 10 月 19日,纽约股票市场发生崩盘,由于没有熔断机制和涨跌幅限制,许多股民破产。1988 年 10 月 19 日,美国批准了纽约股票交易所和芝加哥商业交易所的熔断机制。根据美国的相关规定,当标普指数在短时间内下跌幅度达到

---

① 肖江平.中国经济法学史研究[M].北京:人民法院出版社,2002:61.

7%时,美国所有证券市场交易均将暂停 15 分钟。借鉴美国经验 2016 年中国股市的第一个交易日,A 股交易开始实施股指熔断机制。根据规定,当沪深 300 指数触发 5%熔断阈值时,三家交易所将暂停交易 15 分钟,而如果尾盘阶段触发 5%或全天任何时候触发 7%则暂停交易,直至收市。但结果是 1 月 4 日熔断首日,A 股三个交易所指数大跌到暂停交易至收市。2016 年 1 月 7 日开盘 12 分钟,再次触发熔断线,两市在 9 点 57 分恢复交易开盘后,仅 3 分钟,二度熔断触及阈值提前收盘,创造了 A 股休市最快纪录。1 月 8 日起经证监会同意,三大交易所暂停实施指数熔断机制。

"橘生淮南则为橘,生于淮北则为枳"。熔断机制在中国的惨淡收场,充分地说明了虚拟经济法制必须立足于中国国情,与中国的虚拟经济相适应,走中国内生的法治之路。如果盲目移植西方制度,缺乏民意基础,不能与我国的经济政治体制和文化相融合,再好的制度也无法解决中国虚拟经济运行的安全问题。

(五)虚拟经济开放的立法保障仍需强化

从 1978 改革开放以降,我国的经济高速发展,实现了从"封闭"走向"开放",以开放促改革,促发展走开放经济之路得到实践充分印证。改革开放是社会主义制度的自我完善和发展,改革开放的实质就是制度创新,故改革开放之初提出"制度改革"任务,到提出"形成一整套更加成熟更加定型的制度",到提出推进国家治理体系和治理能力的现代化,我国对开放经济发展中制度治理的规律性认识在不断增强。改革开放的成功历史也证明开放经济成功根源之一在于我国制度设计与保障发挥了至关重要的作用,显现出显著优势。制度对地方及国家的经济发展发挥着重要的软环境作用。[①] 虚拟经济运行安全保障制度建设,植根于我国改革开放之中,2021 年政府工作

---

① 赵海怡.中国地方经济发展法治环境及其制度载体[J].西北大学学报(哲学社会科学版),2019,49(1):141-148.

报告中指出要"全面深化改革开放,持续增强发展动力和活力",在新形势之下我国在国际贸易分工中已经成为中心国家,无论是贸易进出口规模,还是利用外资、建设自贸区、参与国际经济治理的话语权都得到显著增强,虚拟经济安全保障治理能力和治理体系的提高必须坚持在法治化的轨道上推进和加强。

我国应坚定不移地以虚拟经济全面深化改革和制度性开放来迎接百年变局。虚拟经济的改革开放,也必须符合国家整体规划,一是构建竞争开放的市场体系,二是必须在法治的框架下运行。

随着我国经济实力的增加,我国在国际舞台上的影响力也越来越大,虚拟经济发展也不再局限在国内。在经济全球化背景下,虚拟经济的全球化也不可避免,入世之初我国虚拟经济市场的开放承诺在改革中渐次兑现,最终我国必然要实现资本项目的对外开放和虚拟经济业态的全面开放。

虚拟经济风险已经不是一国的内部风险,在经济全球化背景下,伴随着虚拟经济市场的全球化,虚拟经济风险也随之全球化。中国是世界经济的重要组成部分,虚拟经济市场的开放是我国改革开放的重要组成部分,虚拟经济的开放必须在我国有充分金融风险防范能力和监管能力下开放,必须在我国参与国际金融治理立法背景下开放。所以虚拟经济开放不仅是虚拟经济市场的开放,同时也是虚拟经济法律制度的制度性开放,而目前的国际金融监管立法主要受西方发达国家的左右,较少考虑发展中国家的利益。在我国实体经济和虚拟经济已经开始全球化背景下,单纯的国内监管和国内立法已经不能完全解决虚拟经济运行的安全保障问题,需要加强参与国际监管合作立法,增加我国在国际合作和立法变革中的话语权,来防范虚拟经济全球化给我国带来的风险。

第三节　我国虚拟经济运行安全法律制度的未来完善

一、继续坚持有限发展虚拟经济的基本立法理念

开放经济条件下我国虚拟经济运行安全法律保障的关键和突破口，在于发展虚拟经济中法律所担负的最终任务或最终使命，是用法律的手段保障其适度发展——即法律应当保障"虚拟经济有限发展"。

虚拟经济的有限发展可以理解为虚拟经济适度发展，即虚拟经济必须在划定的规范范围内运行，忌越界行为。有限指在一定范围内，与适度同义。之所以强调虚拟经济的适度发展是相较于虚拟经济的过度发展与发展不足而言，虚拟经济过度发展暂不符合我国经济发展现状，我国正处于并将长期处于社会主义初级阶段的基本国情蕴含着众多的劳动力需要融入经济发展中，从事实体经济有关的产业活动，同时过度发展的虚拟经济极易破坏市场秩序，损害虚拟经济市场中的消费者合法权益；而发展不足的虚拟经济会阻碍我国经济全球化前进的步伐。

对于有限边界，李薇辉在 2009 年论述为虚拟经济的发展必须符合本国市场环境，在符合实体经济发展的要求上与产业结构提升相协调。[①] 同时，也有观点认为："虚拟经济的适度规模，是以在一定实体经济规模的基础上最能发挥虚拟经济积极作用的以虚拟经济规模为中心值的一个区间。区间的宽度取决于该经济体的经济结构、抵御风险的能力和手段以及政策选择的偏好。"[②]此外，虚拟经济的适度发展与信用体系的建设有着正相关联

---

① 李薇辉.论我国虚拟经济的适度发展[J].上海师范大学学报(哲学社会科学版),2009,38(5):62-67.
② 王爱俭,陈杰.中国虚拟经济规模适度性研究:基于资本市场效率视角的分析[J].财贸经济,2006(8):16-20.

系。① 各国经济发展有所不同,因此处在不同阶段的市场经济需求也就呈现出了差异,立足本国市场环境有利于梳理出虚拟经济在市场经济中所处的位置以及与实体经济的具体关系,审视具体发展方向与路径。保证虚拟经济在规范指引下,与实体经济一并增盈创收,推动经济发展。

虚拟经济虽然带来了诸多利好,但确实存在着原有法律制度无法控制的风险。及时通过制度设计对虚拟经济发展做出回应具有时代意义,无论是对现有虚拟经济法律制度进行迭新,抑或是探索欠缺的法律制度,对于规范虚拟经济市场主体行为、维护虚拟经济市场秩序、保护虚拟经济消费者合法权益都日渐凸显出必要性。全国人大及其常委会在立法还不能尽善尽美时可委托有关政府部门进行论证,提出可行性方案,再对此进行多方讨论、鼓励有关主体参与听证。亦可授权虚拟经济较发达地区人大及其常委会制定地方性法规,地方试点先行,在制度与现实的磨合中对此加以提炼和完善。在地方试点取得成绩时转而授权国务院在吸收现有地方性法规制度要点与精神的情况下制定行政法规,并随着制度的不断成熟转而由全国人大及其常委会制定法律,最终形成虚拟经济领域的良法善治格局。授权过程中需加强监督并适当引导,避免部门寻租与地方保护主义现象发生。

第二次世界大战后美日经济发展证明,虚拟经济运行安全离不开法制保障,坚持适度发展。第二次世界大战后全球经济进入全球化的社会改良时期,从1950年到20世纪70年代中期,美国的非农业生产率平均年增速高达2.9%,人们普遍认为是科技进步的结果,却忽视了制度供给和创新的作用。正是由于世界各国对虚拟经济严格控制规模和加强虚拟经济监管,才确保了战后匮乏的货币等各种资源进入实体经济推动了战后的经济复兴,形成了第二次世界大战后遏制虚拟经济投机并扶植实体经济的成功经验。

---

① 王维平,靳永茂.基于虚拟经济与实体经济协调发展的四维度信用体系构建[J].理论探索,2018(6):82-88.

1974年联合国要求西方发达国家扶持发展中国家实现工业化,共同分享第二次世界大战后的社会经济发展成果。以美国为代表的西方国家为了抑制发展中国家的崛起,开始实行新自由主义的虚拟经济自由化改革,逐步削弱了长期维护虚拟经济市场稳定的监管法规,导致从80年代开始虚拟经济脱实向虚,大量资金流入金融业,滥用虚拟经济杠杆,频发虚拟经济破产案件。1995—2004年,美国废除罗斯福虚拟经济监管法规,大量信贷资金直接、间接流入虚拟经济,催生了虚拟经济泡沫,从而导致高估虚拟经济领域的国内生产总值和生产率。其中,2000年全球发生互联网泡沫破灭,美国为采用虚拟经济方式拖垮其他国家,不得不加强虚拟经济监管改革,反而更加让虚拟经济野蛮生产催生了次贷泡沫,导致了次贷危机爆发后经济停滞甚至负增长。日本在第二次世界大战之后,凭借日本人的勤劳、终身雇佣制和积极的产业、财政和金融政策实现了经济的复苏。但是20世纪80年代开始,受美国诱使和逼迫日本抛弃了第二次世界大战后的成功产业、财政、金融政策,痴迷于金融投机,虚拟经济不受控制,与实体经济背离,当投机泡沫破灭后,经济陷入了长时间的滞涨。

美日虚拟经济的发展历史和事实表明,虚拟经济的发展必须适度,必须与实体经济相适应,必须有约束,毫无约束地发展虚拟经济,可能短时间内会拉高一个国家的经济生产率,但是从长远来看是对经济有害的。其次是虚拟经济运行发展必须有制度约束,美国放弃罗斯福监管法规,才造成了之后的虚拟经济危机。

对虚拟经济进行立法,必须遵从的逻辑:虚拟经济应当以服务实体经济为要,对其进行有限发展。因为虚拟经济只是经济发展到一定阶段的形态,并不是对实体经济予以替换后的全新格局,实体经济仍是市场经济领域的主要成分。回归服务实体经济本源,避免我国的经济运行脱实向虚。同时各类金融机构应该把服务实体经济作为基点出发。①

二、加强立法全面提升虚拟经济运行安全法律制度的文本质量

十一届全国人大四次会议第二次全体会议上吴邦国委员长提出"中国特色社会主义法律体系已经形成"。中华人民共和国成立以来,随着社会的不断迭新与经济的日益勃兴,通过不断地探索与发展,中国立法积累了丰富的经验,从最初的借鉴学习不断形成具有中国特色的立法模式与立法技巧。

(一)制定确保虚拟经济运行安全的基本法

虚拟经济的运行安全至关重要,健全的制度规范为虚拟经济的运行安全提供了操作性指引和正当性支撑,然而虚拟经济本身所涵盖的市场和业态都具有多元化的特征,通过一部法律或者法典一统天下在短时间内难以实现,并且难以克服和消解"法律不完备性"的窘境,故而,制定一部能够保障虚拟经济运行安全的基本法是一个最为可行的选择,亦是次贷危机之后虚拟经济发达国家的选择之一,前文曾提及的《紧急经济稳定法案》即是之一。

正是因为系统性风险成为影响虚拟经济运行安全的首个安定因素,所以上文在阐述虚拟经济运行安全法律制度的理想图景时曾释明系统性风险控制的法律制度是保障虚拟经济运行安全最为关键的制度。然而,在我国的相关立法中,尚未有专门的一部法律来担负起应对系统性风险的使命,即使是地位更为突出的《中国人民银行法》也没有为此提供充足的空间。有鉴于此,为了应对虚拟经济的健康发展,制定一部虚拟经济运行安全的基本法是虚拟经济运行安全法律制度的当务之急。巧合的是,2021 年 3 月 16 日,十三届全国人大代表中国人民银行副行长刘桂平提出了制定"金融稳定法"

---

① 杨佩娟,陈少凌.中国经济"脱实向虚"了吗? :基于资本市场板块指数的网络测度与分析[J].南方金融,2019(12):22-32.

的议案,全国人大常委会也将《金融稳定法》列为 2022 年度立法工作计划初次审议的立法项目,由此可见,我国的虚拟经济主管部门也认识到了缺乏基本法的问题。

（二）以授权的方式解决发展中的立法之急

我国有着体量宏大,人口基数众多的国家现状,对于法律制度的安排无法做到包揽统一,对于发展中的许多问题无法事无巨细都一一做出规定,但是法律又必须是确定的,以保持其权威性和连续性。因此在实际中,我国的立法工作通常在全国人大及其常委会的主导下确立了带有原则性的法律制度,在实施过程中因无法锚定千变万化的社会生活,由此通过国务院与地方人大及其常委会根据全国人大及其常委会所制定的法律予以具体、细化。不断充实补充国家制度,制定出行政法规与地方性法规。

我国《宪法》于"国家机构"一章分别赋予了国务院"规定行政措施,制定行政法规,发布决定和命令"的职权,同时,地方权力机关"在不同宪法、法律、行政法规相抵触的前提下,可以制定地方性法规"。宪法是国家的根本大法,是一切法律法规的指导。"2000 年制定、2015 年修改的《立法法》,根据宪法的规定和精神,进一步完善和细化了我国的立法体制机制,为推进改革开放历史新时期的立法工作提供了重要遵循和法治保障。"①在《宪法》的指导下,进一步对我国"行政法规""地方性法规""自治条例和单行条例""规章"的制定进行了更加细化的安排,从提案、审议到备案各个阶段均做出了详尽的规定。国务院、地方人大及其常委会在法律无法尽其职能作用于规范行为时,便可发力予以矫正。但二者均需在法律的脉络下行走,通过实施办法、细则等对法律的原则性规定进行消化而并非全新创设。

（三）回应型立法应占据重要地位

法律想要尽一切可能规范社会生活,但滞后性又决定着法律并不是万

---

① 胡健.改革开放四十年国家立法[J].地方立法研究,2018,3(6):89-98.

能的。随着社会矛盾的日益复杂化,法律的应然标准与现实社会的实然行为积存了越加繁重的矛盾,法律的枷锁套不完实存的越轨行为的现象日益明显。"任何超前抑或滞后于特定社会需求的法都难以发挥适时最佳效能,超前的立法难以融入社会发展中,而徒有宣示性与纲领性色彩;滞后立法在社会已通过内置规则完成规范后再通过法律嵌入寻求规范效果无疑错过了最佳时机"①而回应型立法能根据社会现象做出针对性的"应激反应",有的放矢。

2017 年修订的《反不正当竞争法》与 2019 年开始施行的《电子商务法》都是在信息技术与经济发展到一定程度的立法反馈,伴随着市场权益架构与行为模式的不断变化,新的侵权行为与破坏市场秩序的行为在原有的框架下无法得到有效的纠正,原有的法律制度凸显出了局限性。无法及时回应现存的市场行为,在市场失灵与政府失灵双重失灵情况下,经济法律制度作为弥补二者缺陷的路径也出现了不足。为了避免出现社会乱序,尤其在经济法所规制的领域,极易出现为牟利而剑走偏锋的市场行为。故而目前我国立法有着回应型立法的趋势,针对新的社会现象与社会行为及时做出回应。

表 5-2　2019 年通过(修订、修正)的经济法律制度

法律名称	通过(修订、修正)时间
《密码法》	2019 年 10 月 26 日通过
《资源税法》	2019 年 8 月 26 日通过
《药品管理法》	2019 年 8 月 26 日修订
《疫苗管理法》	2019 年 6 月 29 日通过
《车船税法》	2019 年 4 月 23 日修正
《反不正当竞争法》	2019 年 4 月 23 日修正
《外商投资法》	2019 年 3 月 15 日通过

---

① 张华麟.回应型立法模式论[D].济南:山东大学,2012:5.

表 5-3　2019 年我国虚拟经济制度回应现状

法律名称	通过(修订、修正、发布)时间
《证券法》	2019 年 12 月 28 日修订
《外资银行管理条例实施细则》	2019 年 12 月 18 日发布
《商业银行理财子公司净资本管理办法(试行)》	2019 年 11 月 29 日发布
《银行保险机构公司治理监管评估办法(试行)》	2019 年 11 月 25 日发布
《关于商业银行资本工具创新的指导意见(修订)》	2019 年 11 月 22 日发布
《关于银行保险机构加强消费者权益保护工作体制机制建设的指导意见》	2019 年 11 月 4 日发布
《关于进一步便利境外机构投资者投资银行间债券市场有关事项的通知》	2019 年 9 月 30 日发布
《关于银行在证券交易所参与债券交易有关问题的通知》	2019 年 8 月 2 日发布
《公开募集证券投资基金信息披露管理办法》	2019 年 7 月 26 日发布
《境外证券期货交易所驻华代表机构管理办法》	2019 年 7 月 25 日发布
《商业银行股权托管办法》	2019 年 7 月 2 日发布
《关于实施〈证券公司股权管理规定〉有关问题的规定》	2019 年 7 月 5 日发布
《最高人民法院、最高人民检察院关于办理操纵证券、期货市场刑事案件适用法律若干问题的解释》	2019 年 6 月 27 日发布
《商业银行净稳定资金比例信息披露办法》	2019 年 3 月 4 日发布

(四)试点先行,制度在试错中确立

我国在立法技术上有着独具中国特色的一面,历经几十年的磨砺在不断前进的过程中亦在不断探索,直面存在的缺陷与不足。该制度不甚全面,但迫于形势发展有革故鼎新的必要时,一些制度总是以试点的方式在局部地区予以开展,后期通过对合法性、合理性、可操作性、实效性以及协调性等进行评估,根据评估结果予以确立或废弃。在试点后发现确不符合我国基本国情并难以与现有制度相融洽的试点制度予以废弃,以待时机成熟再构建有关制度;而通过试点得出时机已然契合的制度可在试点制度的基础上予以完善最终确立。

正如 2011 年起始于上海、重庆两市的房产税征收试点,分别在东部沿海及西部地区选择具有代表性的城市施行此项制度,在试点过程中发现房产税征收的可行性,通过在两地开展房产税制度挖掘我国征收房产税过程中或将面临的现实困境,并在尝试中不断改进现有制度存在的阙如以及完善征收程序。[①] 此外,为谋求经济的持续发展与虚拟经济对消费的促进作用,2014 年施行了《消费金融公司试点管理办法》。根据《国务院关于全面推进北京市服务业扩大开放综合试点工作方案的批复》的有关规定,中国人民银行亦着手在北京开展虚拟经济科技创新监管试点。 由此观之,试点是我国制度发展中越来越重要的环节,对于我国构建符合中国国情的制度有着不可忽视的作用,只有积极探索试点方案才能将制度制定成本降到合理的范围,在不断成熟的走势下,便于形成"小成本,高收益"的制度效益。试点先行,在试错中逐步确立制度是我国改革试点复制推广的灵活运用,合理把握地方实际情况与顶层制度设计的有机结合,保障制度规范更具效益。[②]

(五)"主体、行为与责任"逻辑的立法技巧

我国立法大都采用"主体资格、行为规范与法律责任"的模式进行,这种立法逻辑基本上便与事前(市场准入)、事中(市场行为)及事后(市场监管)相契合,主体的法律制度确认是事前(市场准入)的另类表达,市场主体在特定法律框架下想要获得有关主体地位须符合相关法律制度对于准入的要求,资格与义务履行等需经过确认。 市场主体的主体地位得以确认之后所从事的与经营活动(包括提供实体经济商品或服务与虚拟经济商品或服务)有关的行为都落入法律制度框架中,在规则中游走。法律责任的设定即为

---

① 吴迪,陈耀东.我国房产税试点分析与立法展望[J].延边大学学报(社会科学版),2018,51(6):84-91,142.

② 张克.新中国 70 年改革试点复制推广机制:回顾与展望[J].南京社会科学,2019(10):11-17.

苛责部分市场主体为谋取利益最大化,在从事经营活动时游离于预先设定好的规则之外,通过损害他人合法权益而获利的市场行为。主体、行为规范与法律责任正好符合了市场准入、市场行为监管与事后法律责任追究的要义,从事前准入开始一直延续到事后责任追究,法律制度的设计具有较强的周延性与完备性,尽量触及到市场的各个方面。

法律的初衷就是在施行过程中能保证"万无一失",从失范行为到违法行为都是法律制度的关注对象。失范行为通常意义上是违法行为的发端,法律责任的强制性能恫吓市场主体避免其触碰红线。主体、行为与责任看似是三个分割的部分,实则具有紧密的相关性,行为无法脱离主体存在,责任不会在没有违法行为存在时强加于无关主体。而这一系列都贯穿于某一市场的全过程(事前、事中及事后),市场主体、市场行为以及违法责任总是表达在整个制度文本之中。

对虚拟经济进行立法,必须遵从两个立法逻辑,一个是形而上,具有指导性的制度基调:虚拟经济应当以服务实体经济为要,对其进行有限发展。因为虚拟经济只是经济发展到一定阶段的形态,并不是对实体经济予以替换后的全新格局,实体经济仍是市场经济领域的主要成分。回归服务实体经济本源,避免我国的经济运行脱实向虚。同时各类金融机构应该把服务实体经济作为基点出发。[①] 另一个是形而下,制度层面的具体设定:吸收传统的立法模式,即"主体、行为及责任"逻辑。换言之,分别从事前、事中以及事后对虚拟经济法律制度进行建构,事前制度主要为市场准入的主体识别,通过预设条件把不同资质的主体区别开来,准许符合资格条件的主体进入,遏止不具资格却企图进入,试图进入市场借虚拟经济市场东风牟利的市场主体。主体的准入识别体现出了浓厚的虚拟经济运行安全风险识别法律制

---

① 杨佩娟,陈少凌.中国经济"脱实向虚"了吗?:基于资本市场板块指数的网络测度与分析[J].南方金融,2019(12):22-32.

度内涵。规范行为的事中制度将虚拟经济运行安全法律制度定位为虚拟经济运行安全风险预防法律制度,通过规范虚拟经济市场行为,预防虚拟经济可能引发的风险。最后明确虚拟经济运行安全风险处置法律制度,对于违法行为追究法律责任,通过对法律责任的强制性安排,威吓失范行为。遵从传统立法逻辑在技术层面蕴含着保守与安全的理念,避免过于超前的立法逻辑或域外逻辑不适应中国沿袭已久的制度应用模式,虽有诸多的规范要点,却在实施过程中艰难重重,无法落地。而继续采用传统的"主体、行为及责任"逻辑,能保证立法者在立法活动以及司法部门在实务中适用法律都有经验可循,便于落实。

(六)防止部门利益在立法中寻租

正确处理好政府部门与群众之间的关系。政府部门工作人员的思维应逐渐从"领导干部"转化为"人民公仆",同时,政府部门的主体地位实现从"干预型政府"向"引导型政府"转变。政府部门的宗旨应该更加明确,正确区分不同性质的工作,对于如外交、国防等政府部门应主动进行的工作,有关部门需不遗余力地予以完成;而对于市场秩序等能够由市场自发维持以及法律制度规范的领域,政府部门应保持旁观者的态度,在市场内生作用无法正常发挥时,方以引导市场恢复正常秩序的目标介入其中。

改善政府部门事权与财权的关系。政府部门通过权力寻租无疑是需要通过强权满足自身对利益的追求,无论是政治性的权力还是经济性的财物,都是从自身利益出发,而之所以有对这两类利益的渴求来源于自身职位无法合理提供。改善政府部门事权与财权的关系,有助于政府部门在全面完成本职工作的同时获取等价的经济利益。"事权是财政关系的核心,行使事权是取得财力与财权的依据;而财权是行使事权的物质基础,只有拥有坚实的财权,事权的行使才能有物质保障,事权与财权这种内在联系要求事权的划分必须与财权的划分紧密结合起来,始终坚持根据事权的大小来确定财权的大小的原则。"①只有正确处理好政府部门事权与财权的关系才能得以避免政府部门在行使权力时有所掣肘而不得不通过权力寻租谋利。

政府部门行为得到规范后,在立法规划、法案起草以及立法内容中都能避免一切从部门利益出发的现象,从而保证立法活动更加科学、公正。立法初衷即以人民利益最大化为己任,部门利益作祟是牺牲人民利益寻求少数人利益的歧途,避免部门利益寻租有利于立足虚拟经济立法起点、坚守立法初衷、发挥立法作用、弘扬立法精神。

(七)加强立法的协调性,由单一立法向系统性立法转变

纵观现有的虚拟经济法律制度构建,呈现出了明显的"树木立法"现象,即针对银行、证券、保险、期货等不同领域分别进行立法,如在银行领域制定《中国人民银行法》《商业银行法》《银行业监督管理法》;证券行业通过制定《证券法》与《证券投资基金法》规范证券市场;而在保险领域则单独制定《保险法》以规范保险市场秩序。我国立法上有着"树木立法"的传统习惯,而并非仅在虚拟经济领域独有的现象,《民法总则》与《民法典》出台以前我国民事法律制度也展现出了"树木立法"的形式:《民法通则》《合同法》《侵权责任法》以及《物权法》等。分别立法并非缺陷百出而无一利,在立法技巧尚不成熟、法律制度尚不完善的背景下进行分别立法更节约立法资源,可以避免立法错误;对于整体立法而言,分别立法可能会导致同一领域不同法律规定有所出入而呈现出矛盾,难以达到"公平统一"的法律效果。

分别立法转向整体立法是一个过程问题。虚拟经济发展处于初级阶段时,无论是市场行为还是法律制度都在不断探索,虚拟经济市场主体亦在借鉴虚拟经济发达地区的市场主体经营行为,择利除弊,总结出对己有利、可以创造可观利润的行为范式;虚拟经济法律制度同时也随之发展为对有关行为的合法性进行认定与规范,法律制度的设定与同时期的市场行为彼此

---

① 周琬,杜正艾.建立健全财权、财力与事权相匹配的机制[J].行政论坛,2011,18(5):38-43.

呼应。而后,虚拟经济不断发展,逐步走向成熟。市场主体行为开始有迹可循,虽然不同主体的经营方式有所不同,技术的革新也推动着经营行为的日益变化,但行为的千变万化并不阻碍法律制度对其本质进行识别,从而确保在虚拟经济发展成熟时,虚拟经济法律制度能克服过去的缺点,对市场行为进行有效规制。既然市场行为可以推理归纳出一定的模式,那么对有关法律进行整合,由单行法律立法向虚拟经济系统性立法转变便变得可行,这是立法技术成熟的体现,表明立法者对于虚拟经济中银行业、证券业以及保险信托等不同领域的熟练把握,对于几种虚拟经济业态的共性与特性有了更深刻的认识,从而有能力在同一部法律制度中同时予以规定。而分别立法通常是立法初期的选择,立法者在起草拟定新领域的法律制度时,对新鲜事物的认识较为片面浅显,还未进入问题的实质,只是单纯地就事论事。"林场立法"与"树木立法"不只是法律制度外在表现形式的变化,也不是简单的体系性构造,更标识出我国对虚拟经济制度发展的深入理解与认识,可以把握好倡导虚拟经济发展与限制虚拟经济发展的矛盾内因及二者间的边界与向度。

三、积极改进虚拟经济运行安全法律制度的实施绩效

(一) 坚持中国虚拟经济立法安全定位不动摇

1.以维护市场交易秩序为重任

虚拟经济的发展是随着科学与技术的更新不断向前推进的,技术的发展催生出产品供应与需求的多样化,虚拟经济的发展为市场交易提供了更多的可能性。虚拟经济的构成特征决定了相关行业具有较强的风险传导性,极易危及市场整体秩序,而当下的虚拟经济立法通常就着眼于对虚拟经济市场秩序的维护。无论是新修订的虚拟经济法律制度,还是修订以前的虚拟经济法律制度,都同样重视对市场秩序的维护,可见规范虚拟经济活动

的重中之重便是避免失范与违法行为对相关市场秩序的破坏，维持市场的稳定。这不是近来反思得出的箴言，而是自市场经济建立以来就沿袭的经验。

为达到此目的，我国在立法实践中特意在立法目的里反复强调对市场秩序的维护。2019 年修订的《证券法》在第一条中明确指出立法目的之一是维护社会经济秩序，促进社会主义市场经济发展；无独有偶，2015 年修正的《保险法》中亦提出了要维护社会经济秩序的目的；同时，最新的《商业银行法》和《外汇管理条例》也毫无例外地提出了对秩序维护的要求。

虚拟经济是市场经济发展到一定阶段的产物，但无论其发展现状如何都必须服务实体经济，实体经济强调在和谐稳定的市场秩序中发展并回馈市场经济。同样，虚拟经济在发展的过程中也必须重视对市场秩序的维护，一旦市场秩序遭受破坏，包括实体经济与虚拟经济在内的一切经济活动都将难以存续。

2.强调对虚拟经济消费者合法权益的维护

消费者属于在市场经济中屡次被抬上权利舞台的主体，消费者因个体性与专业缺乏性在市场经济交易过程中处于了弱势地位，经济法律制度构建的一个重要原因便是试图通过国家干预保护处于弱势地位的消费者，最终实现实质公平。消费者权益保护意识的觉醒印证着对传统制度规定的形式公平无法起到保护所有市场主体的作用的认识，而逐渐提炼出了实质公平概念。无论是市场秩序法、宏观调控法还是社会分配及保障法都强烈地表现出对实质公平的追求：市场秩序法中竞争法体系是保护消费者寻求实质公平的典型例子；同时宏观调控法与社会分配及保障法的要义也是为了避免出现强者越强、弱者越弱的马太效应而进行二次分配以及国家调控。

现有的虚拟经济法律制度考虑到了消费者在有关市场中"底气"与"专业知识能力"明显不足。同时，"经济人"的有限理性以及市场的信息不完全等因素综合一起，虚拟经济经营主体在谋取自身利益的过程中大都秉持忽视交易相对方——消费者的合法权益的态度。因此在制度设计过程中强调了对消费者合法权益的保护,并形成惯例。《证券法》《证券投资基金法》《中国人民银行法》《商业银行法》以及《保险法》等法律制度均在立法宗旨以及立法目的中表达了对消费者利益的维护,可见强调维护消费者合法权益是我国虚拟经济立法工作的经验之举,而不仅是《消费者权益保护法》的部门法职能。

虚拟经济消费者属于虚拟经济运行安全中的主体之一,虚拟经济法律制度以保护消费者合法权益为初衷,有助于虚拟经济市场的安全稳定。应将虚拟经济消费者"权利义务观"的塑造贯穿在法律制度运行的全过程:首先,权利义务观的教育普及能够带领消费者深入立法阶段,清晰认识到虚拟经济运行过程中可能存在的侵权类别,防患于未然,当切身接触时能及时止损;此外,对于虚拟经济法律制度革新过程中对消费者权益保护与义务框定中可能不符合情理的举措予以反馈,让立法者进一步思考所立条文的合法性与合理性;最后,通过此举可以同时提升虚拟经济消费者对制度与虚拟经济的了解和把握程度,促进其谨慎参与虚拟经济交易,压缩虚拟经济经营者非法运行的存在空间,防范现实中各种危及虚拟经济运行安全的行为发生。[1]

3.以促进虚拟经济安全发展为核心

特定时期虚拟经济法律制度的制定蕴含着规范虚拟经济发展的企图,现有的虚拟经济法律制度一方面在对市场行为划定边界的同时也是对虚拟经济市场的保护,并促进虚拟经济可持续发展。强调虚拟经济市场经营主体在从事虚拟经济活动时的义务看似有着过分约束发展的意蕴,但换言之,只有不断规范虚拟经济市场经营主体的行为、防微杜渐,才能提供一个主体

---

[1] 靳文辉.法权理论视角下的金融科技及风险防范[J].厦门大学学报(哲学社会科学版),2019(2):1-11.

地位平等、彼此诚信的市场氛围。虚拟经济的发展离不开所依托的市场环境，在虚拟经济领域法律制度的确立即为对虚拟经济市场环境的正本清源，亦即对虚拟经济发展的促进。

虚拟经济法律制度对于促进虚拟经济安全发展体现在微观和宏观两个方面：在微观层面，"制度界定了个人行动的范围、限度和方式，对社会而言，制度维持了社会秩序的稳定和整体目标的实现。制度协调着社会交往关系，规范着人的活动，形成人的生活世界。"[1]同样，虚拟经济法律制度对具体经营者提出了权利义务要求，经营主体必须在法律规定的范围内从事经营业务，可以在一定程度上避免因市场的外部性、信息不对称等原因给交易相对方造成权益损害，可以促进具体经营者合法经营并由此得到认可、便利发展；在宏观层面，虚拟经济法律制度大都提出了促进社会主义经济发展的要求，虚拟经济与实体经济共同构成社会主义经济。辩证地看待虚拟经济与实体经济的关系可以看出虚拟经济虽不能替代和超越实体经济，但虚拟经济在有限的范围内发展同样可以作用于社会主义经济的整体发展。因此，虚拟经济与社会主义经济的发展有着正相关关系，同样也就可以推导出既存的制度规范在促进社会主义经济发展的同时也会促进虚拟经济安全发展。

4.将促进发展实体经济放置在首要地位

共同发展实体经济与虚拟经济是市场经济的内在要求，但二者在发展过程中有所偏重。实体经济历经长久发展，通过在不断地前进更新、迈入歧途、认识纠正过程中，已经过渡到较为成熟阶段，市场主体双方（生产经营者与消费者）对实体经济的内在规律已熟稔在心，并且与实体经济有关的市场准入制度、市场运行制度以及风险防控制度等法律法规也日趋稳定，能及时全面地对实体经济市场活动中的法律问题作出回应。"2008 年美国爆发金

---

① 陈婷.制度与人的发展研究[J].马克思主义理论学科研究,2018,4(6):174-180.

融危机的一个重要原因，就是实体经济空心化、资金脱实向虚。为此，2012—2013 年以来美国政府通过财政政策、货币政策、产业政策及其结合，逐步引导资金回归实业，并成为发达经济体中率先走出衰退、持续复苏的国家。"①同时，实体经济是我国市场经济的重要组成部分，对于我国经济发展有着不可替代的重要地位。

表 5-4　中共中央作出重视实体经济发展的决策部署

重要事件（文件）	关于发展实体经济的表达
2019 年 10 月 28 日，《中共中央关于坚持和完善中国特色社会主义制度、推进国家治理体系和治理能力现代化若干重大问题的决定》	健全推动发展先进制造业、振兴实体经济的体制机制。实体经济从来都是我国发展的根基。发展实体经济，推动经济高质量发展，必将为推进国家治理体系和治理能力现代化打下坚实的基础
2018 年 1 月 30 日，中共中央政治局第三次集体学习	要深化供给侧结构性改革，加快发展先进制造业，推动互联网、大数据、人工智能同实体经济深度融合，推动资源要素向实体经济集聚、政策措施向实体经济倾斜、工作力量向实体经济加强
2017 年 10 月 18 日，《决胜全面建成小康社会 夺取新时代中国特色社会主义伟大胜利——在中国共产党第十九次全国代表大会上的报告》	建设现代化经济体系，必须把发展经济的着力点放在实体经济上，把提高供给体系质量作为主攻方向，显著增强我国经济质量优势

综上，对于实体经济与虚拟经济二者在市场经济中的地位，无论是学界对"脱实向虚""虚实背离"的否定、对目前发展错位的扭转探索，还是中央层面在重要会议、文件中多次对发展实体经济的强调，都体现出实体经济与虚拟经济在发展过程中应有所侧重，二者并非处于同一顺位。虚拟经济是新生事物，能够给市场经济带来利好，但是暗含着许多尚未成型、仍未显现

---

①　马雪娇.美国经济虚拟化的教训[J].中国金融,2017(10):82-83.

出来的隐患。而实体经济则经过长时期的发展,具有可控性,并且在我国人口众多的国情现实下,发展劳动密集型产业与重视实体经济高质量发展紧密契合。一方面,能充分保障就业,实现劳动力的有效配置;另一方面,可以推动实体经济继续向良好方向发展,融合各方力量共同助力实体经济向前迈进。

(二)充分吸取域外虚拟经济运行安全保障的成功经验

以美国、日本及德国为表率的经济发达国家在近些年经济发展中体现出了独特的制度魅力,无论在实体经济领域还是虚拟经济领域中均制定了具有本国特色的制度,与"市场内生力量"共同发挥作用,促进经济往势好方向发展。放宽政策与加强监管对于虚拟经济的发展呈现出相反的作用,为保证虚拟经济有限发展,势必需要在政策上予以确认,强化对虚拟经济的监管,避免出现虚拟经济市场乱序。而纵观三国虚拟经济监管法律制度发展沿革,均显现出由宽松制度到严格监管制度的转变。

美国的虚拟经济在银行、证券、保险业等领域的不断发展中逐步走向完善,并厘清与实体经济的关系。通过强化对银行、证券以及保险业的监管,保证虚拟经济与实体经济双向发展,同时,时刻把握发展向度,避免虚实背离、脱实向虚。

美国的银行业发展始于1783年独立战争后,同于一切新事物的发展规律,美国银行业肇始之初规模很小,并随着工商业的发展而不断扩大。因此,便于1863年与1864年分别通过了《联邦货币法》与《联邦银行法》,开始对货币流通和银行设立等进行管理。随着美国众多大小型银行及分支机构的设立,强化对银行业的监管以及促进银行业的安全稳定体现出了强烈的时代需求。由此,1913年通过了《联邦储备法》。几部法律的落地实施并没有很好地避免金融危机的到来,储户丧失对银行业的信心。为重拾储户对银行的信任,美国于1933年通过了《格拉斯-斯蒂格尔法》,竭力保护银行储户的存款。在新的制度环境中运行十余年后,诸多银行开始伺机将经营范围延展至证券、保险等行业,但是出于"分业经营、分业监管"的要求,银行业不得直接从事证券及保险业务,从而探寻出控股经营的新模式,为保护消费者合法权益,维持银行业等在内的虚拟经济市场秩序,美国国会于1956年通过了《银行控股公司法》,以此解决对银行控股公司"监管空白与监管重复"的问题。随着金融衍生品的更迭创新,固有的政策制度难以契合美国银行业的发展以及促进本土银行参与全球竞争,故而1999年美国通过了《金融现代化法案》,一改分业经营的初衷,确立了混业经营模式,提供充分的市场竞争环境。随着经济全球化的不断深化,各国外资银行占比逐步攀升,为控制外资银行,保障本国银行业安全,美国于2007年分别通过了《外商投资与国家安全法案》与《关于外国人兼并收购的条例》,将银行业列入国家安全领域名录,并予以重点关注,提高了外资银行的准入要求,提出了外资银行在美国运行的严苛条件。此前,对于外资银行的监管,美国也曾出台过有关制度,如:1991年《外资银行监管加强法》、1994年《里格-尼尔跨州设立银行和分支机构效率法》、1997年《社区再投资法案》、2001年《爱国者法案》以及2002年《银行控股公司与银行控制变化法》等。2008年的金融危机接踵而至,美国重新调整监管制度,出台了《紧急经济稳定法》。①

美国证券业监管法律体系较为完备,在出台了两部基本法律法规的基础上,再配备与证券发行以及证券交易有关的法律制度,共同维持市场秩序,确保消费者的合法利益得到合理保护。而这一系列的立法都以"信息公开披露"和"制裁实施证券欺诈与其他法律禁止行为"为宗旨,即证券发行者披露信息必须真实、准确、完整且及时,是否购买取决于消费者在接收到发行者所披露的信息后的决定;再者,如证券发行者进行证券欺诈行为或者从

---

① 肖健明.开放条件下我国银行业金融安全法律制度的构建:以国际法与比较法为视角[D].武汉:武汉大学,2010:57-68.

事法律禁止的行为,将不可避免地面临法律的苛责与制裁。为上述规则做出突出贡献的两部美国证券监管法律基石为 1933 年《证券法》与 1934 年《证券交易法》:1933 年《证券法》将重心放置在证券发行阶段,强调在首次发行销售证券时需做出真实、充分、准确的信息披露。而在发行前期,证券发行人需向美国证券交易委员会提交注册报告书以期获得批准。此外,在发行阶段含有任何欺诈、虚假陈述特征在内的交易行为都会被认定为非法,突出对消费者的保护。而 1934 年的《证券交易法》则主要针对证券交易市场,即发行之后的环节。对于证券交易过程,该制度规定了证券机构向公众披露信息以及向监管部门报告的义务,报告义务包含了定期报告制度与临时报告制度。两项措施均表露出证券机构的公开透明性,需及时向有关监管部门与消费者公示机构运行情况,同时避免内幕交易等违法行为隐藏其中。在上述两部较为全面的法律规制下,美国还通过了系列附属法律,如1935 年《公用事业控股公司法》、1940 年《投资公司法》、统称为《蓝天法》的证券监管地方性法律、1946 年《投资顾问法》、1984 年《内幕交易处罚法》、1988 年《内幕交易及证券欺诈制裁法》以及 1990 年《证券强制赔偿及廉价股票改革法》与《国际证券执法合作法》,同时,宣告美国金融分业经营格局结束的 1999 年《金融服务现代化法》的出台,使得美国证券业的法律制度体系更加完善。[①] 纵观美国 1933 年《证券法》与 1934 年《证券交易法》,均关注着证券机构与消费者等平等主体之间的民事法律关系,同时也强调相关监管部门介入证券市场的监督管理法律关系。[②] 由此看出,美国立法在重视市场秩序良性发展的同时也用最后的防线保护着消费者合法权益,与我国传统的虚拟经济立法经验相吻合。

美国保险业堪居世界上最发达的保险市场,甚至超越了发展较早的英

---

① 童强.美国证券监管制度研究[D].长春:吉林大学,2004:13-15.

② 李东方.证券监管法的理论基础[J].政法论坛,2019,37(3):78-88.

国保险。市场的发达源于监管制度的发达,而美国监管制度也是伴随着保险业的发展而逐步发展起来的,并非与生俱来。美国保险公司从原有的火灾保险公司到商业保险和人寿保险,在自由主义思潮的影响下保险公司成立简便、日益增多,同时出现了诸多钻空伺机牟利的空壳公司。美国保险业法律制度的雏形见于宾夕法尼亚州,归因于宾夕法尼亚州 19 世纪初期经济快速发展,美国其他州的经营者受利益引诱前往,而宾州州政府为避免其他州的保险公司对本州保险业造成冲击,保护本州经济利益,采取了限制其他州的营利单位前往经营有关业务的措施,并于 1810 年通过法律予以确定,随后这一举措得到了其他州的效仿。从 19 世纪 50 年代起,各州纷纷成立了保险监管的专门机构,如新罕布什尔州的保险委员会、纽约州的保险监督官委员会以及协调各州保险监管的美国保险监督官协会。1933 年美国政府通过了《格拉斯-斯迪格尔法》确立了美国银行、证券及保险等金融行业的分业经营与分业监管格局。1945 年通过《麦克雷-福格森法》确立保险行业可获得豁免形成垄断,同时对联邦与州政府的监管权限与保险费率进行了严格规定。而严格的监管制度并没有持续过久,其对于保险业的发展表现出抑制性,状态过严与过松都非保险市场监管的良剂,自 20 世纪 70 年代一直持续到 21 世纪初,有效的偿付能力监管随之浮出水面并成为保险监管的主要面向。这一时期,保险公司的设立与准入较之于严格监管时期更加容易,保险公司的偿付能力是进入市场的重要因素,因此保险公司需将自己的保险条款以及保险费率报送到州保险监管署,由保险监管署进行审批准许。州保险监管署通过相关的保险法律法规及条例等进行监管,而联邦则适用全美保险监督官协会表决通过的示范法进行偿付能力监管。进入 21 世纪以后,美国金融创新不断发展,金融衍生品层出不穷。保险业的衍生品在实质上或不局限为保险产品,现存的监管制度可能存在监管重复或监管真空。国际保险监督官协会分别于 2002 年、2003 年出台了《保险公司治理结构指引》与《保险监管核心原则》。随后在 2005 年,国际保险监督官协会提出了涵盖市场行为、偿付能力和公司治理结构三个方面的保险监管制度,从单一层面的监管转向三个要素的监管,监管严格程度逐步加深。在联邦层面,对监管内容的拓宽也在 2008 年《现代金融监管结构蓝皮书》、2009 年《金融改革框架》与《金融监管改革:新基础》中体现出来,且进一步强调了对系统性风险的重视。

日本虚拟经济监管制度是一个动态的变化过程,其主要趋势表现为起初提出虚拟经济发展的严苛要求;而后在 20 世纪 70 年代金融自由化潮流下,日本放松监管,同时将虚拟经济的发展交由市场,随着亚洲金融危机与次贷危机爆发,众多金融机构在自由化潮流中走向破灭后,日本意识到宽松的监管政策并不利于虚拟经济在本土的发展,从而再次走向了政府多方位多角度介入的严监管环境中。

日本银行监管制度由 1942 年《日本银行法》(后经 1997 年、2004 年两次修改)、《大藏省设置法》、《金融监督厅设置法》以及《日本普通银行法》共同构成。几部法律法规从银行业市场准入、银行业务以及存款保险制度等方面入手对日本银行业进行监督管理,体现出了强烈的政府干预色彩。根据《日本银行法》《日本普通银行法》《大藏省设置法》以及《金融监督厅设置法》规定,日本银行业监管机构主要为金融监督厅与作为中央银行的日本银行,二者共同发力促进日本银行业良序发展。对于拟进入银行业市场的机构,务须配有充足的资金及高效的管理部门,具有足够的偿付能力。在各类银行从事业务过程中,金融监督厅与大藏省均会干涉其中,涉及银行间的合并、解散或入股则需要金融监督厅的许可,而对于银行内业务范围的拓展或缩减,则需要向大藏省备案。同时,日本也同西方发达国家一致,注重银行业的存款保险制度,于 1971 年由日本政府、日本银行以及其他银行共同建立。在日本银行存款保险制度的护航下,银行客户可至多获得 300 万日元的保险赔偿额,极大地增强了民众对银行的信任。[①]

20 世纪 60 年代,日本开始振兴证券市场,而战后起步时期的日本证券市场体现出了强烈的"政官财三位一体"的色彩,证券监管机构大藏省与大和、野村、日兴、山一等四大券商保持着密切联系,同时为四大券商带来了垄断地位。这一时期以"证券业限制"为主线,从而排挤了诸多中小券商进入市场。大藏省的寻租行为与四大券商的系列垄断行为引起了日本国内民众及有关人士的批判。为改善民众与券商之间的矛盾,缓和民众对政府监管机构的不信任,日本于 1992 年出台了《金融制度改革法》,此外在这之后的第四年即 1996 年又制定通过了《金融制度改革方案》,共同克服 20 世纪 60—90 年代证券监管存在的问题。一方面,将证券限制条件放宽,允许银行等金融机构控股成立证券子公司进入证券行业;另一方面,于 1998 年完成许可制到注册制的转变,允许更多的公司获得从事证券业的资格。同时,促进证券行业市场化,交易手续费等均交由市场决定,利用市场的资源配置作用,提升行业竞争。除此之外,监管机构也做出调整,在大藏省下设证券监视委员会,形成专门的监管部门对证券机构的日常经营活动进行监督调查。[②] 日本证券行业的制度体现出两个方面的特点:一、将高标准的市场准入要求调低,使得证券业更趋市场自由化,将证券机构放置在完全竞争的市场环境中;二、虽然市场准入的标准有所降低,但监管部门并没有放松监管,反而加强了对证券业的监管,以设立专门的监管部门对证券机构进行事中监管与事后监管。

日本保险行业曾为日本虚拟经济业态中最具封闭性的行业部门,即便在 1992 年《金融制度改革法》出台后初步确立了日本银行、证券及保险混业经营的模式下,保险公司仍具有限制,相关制度并未对保险公司的经营领域

①　付妍妍.银行监管法律制度研究[D].哈尔滨:黑龙江大学,2007:23-26.
②　沈鹏.证券监管的限度:从法学角度的引介性分析[D].北京:中国政法大学,2003:64-66.

解除限制,仍禁止保险公司以子公司的形式从事银行业务与证券业务。真正的限制解除源自 1998 年的《金融体系改革一揽子法》,该法案允许各类从事虚拟经济业务的公司跨行业经营而无须通过设立子公司进行,允许保险公司设立子公司等。随着涵盖保险业在内的虚拟经济制度迭变,日本虚拟经济监管部门也在不断地发生变化,起初是由财政部门大藏省对所有虚拟经济机构进行严格监管,同时拥有虚拟经济监管法律制度制定的权力。到了 20 世纪 90 年代,日本保险业监管主体开始发生变化,监管主体转变为金融监督厅与具有临时性质的金融再生委员会。这一时期,银行、证券以及保险行业的监管权由大藏省过渡为金融监督厅,而大藏省依旧保有法律制度制定权及对存款保险机构的监管权。当金融再生委员会成立后,存款保险机构的监管主体也由单一模式转换为协同监管模式,金融再生委员会与大藏省一同对存款保险机构进行监督管理。最后发展至今,日本保险监管主体则渐渐变为金融厅,金融监督厅、金融再生委员会的监管权以及大藏省的法律制度制定权都逐步移交到金融厅手上,形成了统一监管体系。①

德国虚拟经济制度体系与前述两国有所不同,独特的全能银行经营模式标志着银行总揽了银行、证券、信托及保险等金融业务,②因而在针对银行业进行法律制度安排的同时自然而然地将各类金融业务行为规范囊括在其中。梳理银行业法律制度的同时会将证券、信托以及保险行业的制度叙述在其中。

德国银行业立法体系主要延续了 1957 年《联邦银行法》与 1961 年《有关银行系统法》,两部法律并驾齐驱,以中央银行法与一般银行法的身份地位共同构筑成德国银行业的制度壁垒。《联邦银行法》的主要功能体现为对中央银行的监督管理,而《有关银行系统法》则行《联邦银行法》之不能,将

---

① 阎佳佳.我国保险监管法律制度研究[D].长春:吉林大学,2011:25-28.
② 汪艳秋,成春林.中国银行业改革与发展的若干思考:基于美、日、德三国银行业的经验[J].改革与开放,2005(4):15-16.

除中央银行外的所有银行机构纳入自己的监督管理范围之内,如本国成立的私有银行、公法银行、合作银行以及外资银行。两部银行法强化了对银行机构的监管,除设立了独立的银行监管局外,还赋予了中央银行、财政部和其他政府部门监管权,共同对银行金融市场进行管理。① 1990 年,东德与西德合并为德意志联邦共和国,法律制度在冲突与融合中逐步确立了"以德国《基本法》《商法》《民法》为依据,以《金融法》《联邦银行法》为核心,以《抵押银行法》《投资银行法》《证券交易法》《防止内幕交易法》《破产法》《公司法》等系列监管法律为基础"②的诸多法律规则。德国的银行业法律制度所关注的环节较全面,从事前监管到事后安全均具有完备的制度要求与措施,在进入银行业市场前需满足高标准的资本充足率,由于不同性质的银行背后的资金实力有所不同,进而有不同的充足率要求,但自 1988 年巴塞尔协议后德国境内各类银行的资本充足率均在上升,市场准入门槛随之提高,在准入环节即掌控着金融运行安全的咽喉,杜绝没有足够保障的机构进入银行业市场,避免给虚拟经济消费者带来噩耗、损害虚拟经济市场的竞争秩序。除此以外,各类银行经营过程中需接受监管局的全面监管,包括银行执照的获得途径、对审慎性规则的执行情况以及定期报告等环节。德国银行业事后安全并不等同于我国法律制度事后救济的追责,而是具有实质性效用的存款保险制度。将传统的联邦银行的最后贷款人身份转嫁到存款保险公司,从国家"隐性"的信用担保转化为具有实质意义的"显性"货币担保。③

德国虚拟经济运行安全法律制度数量虽不甚多,但规定内容较为全面,条文涉及面广。通过加强对全能银行从事银行、证券、信托以及保险等虚拟经济业态的监管,保证市场秩序的稳定。同时,因混业经营的国家经济特征,正好体现了虚拟经济立法工作中所倡导的"林场立法",可以避免监管当

---

① 陈庆柏.德国对银行业的法律管理[J].金融科学,1993(1):87-92.

② 李瑞峰.银行监管法律制度的国际比较以及对我国的借鉴[D].北京:对外经济贸易大学,2005:21.

③ 张庆.论德国银行监管体制与结构模式[D].成都:西南财经大学,2008:174-184.

局在监管环节中因制度散乱而出现"同案不同判"现象。

表 5-5　美、日、德虚拟经济监管宽严程度嬗变

国家	虚拟经济运行安全法律制度下监管宽严程度嬗变路径
美国	监管宽松→监管严格
日本	监管严格→放宽监管→监管严格
德国	监管宽松→监管严格

纵观美国、日本与德国三个国家在虚拟经济运行安全方面,虽经历了宽严程度不同的监管发展,但最终都迈上了趋严的道路,换言之,都越加重视虚拟经济在国内经济发展中的适度发展。日本曾一度受自由化思潮的影响,放宽监管政策,将虚拟经济业的发展放手于市场中,但最终受到亚洲金融危机与美国次贷危机的影响,日本虚拟经济发展大打折扣;美国虚拟经济发展早期受市场经济应回归市场本身的思想的影响较重,因而完全相信市场作用力能解决发展中遇到的问题,并极力反对政府插手其中,因而美国对虚拟经济的监管是在多次危机爆发后逐步转向政府介入再随后加强监管的;德国则向来重视市场秩序的稳定,对于市场竞争的管控走在世界前端,做出了良好的表率。德国在对市场秩序稳定追求的同时,对虚拟经济发展的监管也在不断完善,力图通过强化监管继续维持国内经济市场的良好秩序。严格的监管表露出对虚拟经济自由发展的不信任,历次经济危机的爆发都根源于虚拟经济的失控,亚洲金融危机因泰国、韩国等国家汇率政策的变化而爆发并蔓延至全球,波及世界多国;美国次贷危机则是因为次级抵押贷款业内在的隐患爆发出来而招致席卷全国的经济危机,并逐渐扩大到其他国家与地区。而这两次危机的爆发都显示出虚拟经济一旦驶离正轨,将造成难以预料的危害,较之于传统的实体经济,其危害性不可同日而语且不具有可预见性,虚拟经济监管制度的缺失或过宽便间接诱使危机爆发。从严监管有助于政府部门实时掌握虚拟经济业的发展实况,一方面能够及时

了解到虚拟经济对国家整体经济发展的能动作用效果，另一方面为虚拟经济从业者划定行为边界，便于防范失范行为与违法行为发生，避免引发系统性虚拟经济危机。

同时，美国、日本与德国三国均在一定时期反思当下监管制度存在的问题，兴利除弊，保证虚拟经济与虚拟经济运行安全法律制度的可持续发展。制度与经济发展都是具有时代性的，同样的经济形态不可能永久不变，如同美国、日本与德国实体经济发端之时，国内并无虚拟经济业态，因而此时的经济运行安全法律制度便只针对实体经济。随着三个国家虚拟经济的诞生，美国于不同当权者时期也在不断制定规范虚拟经济的法律制度，日本的《日本银行法》与《日本普通银行法》等金融制度法也在不断更替，德国国内的《联邦银行法》《有关银行系统法》等也面临着修改。三个国家的虚拟经济法律制度始终处在一个动态变化过程，而非一锤定音。这是世界各国法律制度的必然选择，并不必然限于特定领域如虚拟经济方面，只要是调整社会关系的法律制度，无可厚非会不断地变革。

再者，美国、日本与德国三个国家在虚拟经济发展过程中都逐步发展起了存款保险制度，当然存款保险制度在世界大多数国家都逐渐得到了发展，存款保险制度并不仅仅是应对风险问题的简单制度，而是有着深刻系统性风险防范思考的制度要求。虚拟经济不能完全放手给市场调节，市场总是不完备的，就像制度偶尔也会存在滞后性与局限性一样，市场与生俱来的弊端是无法避免与克服的，只有通过对市场与虚拟经济二者间矛盾的深入思考，反思出市场在调节虚拟经济过程中存在的不足和缺陷，然后通过制度予以弥补。虚拟经济具有高度的投机性，只有使其在进入虚拟经济市场前就具备足够的风险承担力才可避免泡沫经济的出现，存款保险制度的初衷即是强化虚拟经济主体风险承担能力。同样，对虚拟经济风险的防范就需要认清虚拟经济发展中潜藏的各类风险源，在市场准入、市场运行以及退出各个阶段进行梳理，认清风险源再合理评测防范机制，最后厘定有关制度。

(三)提炼具有普适性的虚拟经济法律原则

虚拟经济法律原则提炼面临的最大困境便是经济法暂无统一的具普适性的法律原则。经济法在对外开放不断扩大、市场经济不断发展的过程中体现出了愈加重要的作用,调整对象特定的经济法律制度也展现出了较之于民法、行政法不同的魅力。民法中贯穿了平等、自愿、公平、诚实信用等基本原则,行政法中则有着合法性原则、合理性原则、比例原则、程序正当原则、诚实信用原则以及权责统一原则。而经济法由于包含了两个方面的法律制度,因而在法律原则的确定中可谓见仁见智,不同学者对此理解不一。有如"生存保障原则、人性差序平衡原则、平衡经济发展原则、制约国家干预原则"①,"适度干预原则、经济民主原则、社会本位原则、经济公平原则、资源优化配置原则、经济效益原则、可持续发展原则"②,"平衡协调原则、维护公平竞争原则、责权利相统一原则"③,"调制法定原则、调制适度原则、调制绩效原则"④等。由此可见,经济法暂无统一的法定法律原则,现存的各类法律原则均来自不同学者对"经济法原则是什么、有何作用"的不同理解从而做出了不同的归纳,在一定程度上体现出学说构建的需要。

经济法本就有着社会法的属性,经济法律原则更多地需要回归市场以及社会,促进和谐发展,因而建立统一的经济法律原则有助于促进市场经济行为以及国家宏观调控行为的规范化,形成统一、具有体系性的行为规范。经济法原则可以避免在法律规则滞后时陷入制度规范的空白,原则应该在规则无法实施时发挥其作用,提供规范行为的参考。同时,系统的经济法律在原则上可以使虚拟经济行为在制度缺失环境中,仍有迹可循。综合上述观点,经济法的法律原则可按市场效率与实质公平两类探寻。市场效率能

---

① 胡光志.人性经济法论[M].北京:法律出版社,2010:230-239.

② 李昌麒.经济法学[M].3版.北京:中国政法大学出版社,2007.

③ 史际春,邓峰.经济法的价值和基本原则刍论[J].法商研究(中南政法学院学报),1998(6):9-14.

④ 张守文.经济法学:2006年版[M].2版.北京:北京大学出版社,2006:56-59.

制约国家过度干预,达到资源最优配置,同时能保证市场主体都受益于效率的最优化;实质公平能保障人性差序平衡、经济公平与经济民主。在市场秩序方面体现为对消费者弱势地位的保护,通过制度设计规范经营者与生产者的行为,促进买卖双方的实质公平实现,而在宏观调控层面,个人所得税等二次分配也是实质公平在经济法制度中的体现。

在上述基础之上审视虚拟经济法律制度的原则首先要以市场效率与实质公平为蓝本,本着促进市场效率最优化以及保障实质公平的前提下总结具有普适性的虚拟经济法律制度原则。虚拟经济运行安全法律原则应紧紧围绕公开透明原则、风险控制原则以及适度与均衡发展原则进行,公开透明要求从事虚拟经济活动以及对虚拟经济进行监管的有关事项与数据应及时公开,保证信息的透明。虚拟经济与实体经济的区别之一在于其外显不够,虚拟经济消费者在参与虚拟经济交易过程中掌握的信息完全少于虚拟经济经营者,而信息是虚拟经济交易的关键,缺乏对信息数据的掌握会误导虚拟经济消费者做出准确判断。同时监管部门的监管数据决定了虚拟经济市场中各经营机构的实际经营情况,能更便利地帮助消费者认识抉择。公开透明对于促进市场效率有着正作用力,市场失灵的一个重要因素便是信息的不完全,同时虚拟经济买(消费者)卖(经营者)双方在信息上的对等也助益于二者平等地位的实现,推动实质公平落实。风险控制原则在虚拟经济运行安全中起着建设性作用,虚拟经济运行安全法律制度的设定前提就是维护市场安全,控制风险发生。虚拟经济法律制度在制定时就应考虑整套体系对风险防控所能发挥的作用,法律关注行为,但背后所隐含的实质是维持特定领域或特定范围的稳定关系,而这种关系因法律制度种类的不同而有所不同,具体落实到虚拟经济法律制度即为虚拟经济市场秩序关系的稳定。均衡与适度发展原则是在厘清虚拟经济与实体经济二者之间关系的前提下进行提炼所得,实体经济作为市场经济发展的主要部分,虚拟经济并不能完全取而代之,只能在实体经济为主虚拟经济为辅的市场经济中谨慎前行。

虚拟经济运行安全法律制度中必须强调均衡与适度发展原则，明确虚拟经济发展的边界，在发展势态见好的时段不能忘乎所以，抛却对市场经济主次的认识，始终坚持在特定限度内发展，服务实体经济。

（四）加强立法关注虚拟经济发展运行阶段性安全和科技安全问题

虚拟经济的发展速度不断加快，随着科学技术的引入，我国虚拟经济业态也逐步形成了"数字经济""金融科技"等新兴虚拟经济形态，虚拟经济领域的银行、证券、保险、期货信托等更具技术性。与此同时，我国对外开放正在不断扩大，对外开放的大门不会关闭，只会越开越大。虚拟经济在对外开放深化阶段，面临着与国际接轨的问题：一方面，认真思考如何与进入国内更加发达的外国虚拟经济经营者竞争，获得活力；另一方面，如何在国内站稳脚跟的前提下走出国门，进入全球经济大潮，与全球的虚拟经济经营者协作竞争。

虚拟经济领域存在于银行、期货、证券等诸多行业，面临的情况各有不同。在虚拟经济发展初期，以发展基础设施和法制为关键，安全保障法律随着国家发展和虚拟经济内外部环境的变化而变迁调整。虚拟经济运行安全法律制度虽然创制于政府，但是制度一旦形成就有了自己的生命力，会受到虚拟经济市场和政府治理的修正和牵引。2021 年，面对更加不确定的环境，创新和变革的制度能力如果不足，设计得再精心规划也不能保证安全保障法律治理的连续性和有效性。

虚拟经济安全保障法律制度必须在稳中求变，加强法律制度的动态治理，这种动态是虚拟经济法律思想、虚拟经济法律观念、虚拟经济法律规范的持续更新，以促进虚拟经济交易，提供安全保障改进因信息不对称、公共产品和外部性带来的市场失灵。虚拟经济安全保障法律制度必须在面对危机冲击时保持稳定性与灵活性的平衡，这种平衡不是一劳永逸的变革或仅仅是从危机中恢复，是为了长久的发展和可持续的繁荣而不断推进的变革。

　　虚拟经济的发展规模本质是由实体经济发展的需求决定的,虚拟经济的生命力来自为实体经济提供服务。实体经济转型升级和经济新业态出现呼唤着虚拟经济创新。虚拟经济的发展也越来越由科技所定义,技术对虚拟经济功能发挥所产生的影响在不断提升,如网络小额贷款通过大数据风控手段为传统虚拟经济较少涉及的低收入人群借贷需求的满足提供了可能性。虚拟经济创新主题已经由产品创新转向虚拟经济业态的创新,技术的演进甚至可能会颠覆传统虚拟经济。创新不足会导致虚拟经济服务实体经济的能力减弱,而过度创新又会导致监管弱化,结果是虚拟经济脱离实体经济。归根到底,必须在确保虚拟经济健康安全稳定与鼓励虚拟经济创新之间求得平衡。故而,及时跟随科技发展动态更新安全保障法律制度及监管体制显得十分必要。

　　金融科技是指通过科学技术推动的金融创新,利用现代科技成果优化或创新产品、经营模式和业务流程。[1] 与其他金融衍生品一样,金融科技的实质仍然是金融,只是将科学技术运用其中、创新品种。"在路径模式上,科技作用于金融大体有间接和直接两种路径。一般而言,科技作用于金融体现为间接路径,科技首先影响的是经济活动的生产、分配、交换与消费模式,如在生产领域演化出众包模式,在出行服务方面出现共享模式等,从而培育出新兴经济业态,催生出新的金融需求。在直接路径中,科技直接作用于金融的产品、流程及业态,提升金融行业处理数据的方式和能力,进而在运营层面提高金融行业效率、降低成本、增加安全性,在核心能力层面增强风险识别、配置和管控的水平。"[2]虚拟经济科技比传统虚拟经济产品更具风险性,虚拟经济市场主体利用科技衍生出的科技产品更加精准,对于虚拟经济消费者的需求有着更加清晰的认识,与此同时,对传统虚拟经济市场主体的

---

[1]　Financial Stability Board. "Financial Stability Implications from FinTech. Financial Regulation Research," 2017.

[2]　刘绪光,肖翔.金融科技影响金融市场的路径、方式及应对策略[J].金融发展研究,2019(12):79-82.

产品与市场活力提出了挑战。传统虚拟经济市场主体需要不断更新自己的科学技术以期能跟上新兴虚拟经济科技产品,而目前的虚拟经济科技提供者大多为科技巨头,对科技的运用与产品的研发更得心应手。此外,虚拟经济科技的引入会加强虚拟经济系统间的风险传导,技术的维护也成为虚拟经济领域风险产生的可能因素。

法律需要应对虚拟经济科技发展带来的挑战。虚拟经济与科技结合,科技与监管匹配,是防范化解包含互联网虚拟经济在内的虚拟经济安全风险的可能跨径。2016 年 3 月,全球金融稳定理事会发布了《金融科技的描述与分析框架报告》,指出金融科技是指通过技术手段推动金融创新,形成对金融市场、机构及金融服务产生重大影响的业务模式、技术应用以及流程和产品。中国虚拟经济科技发展迅速,2018 年全球虚拟经济科技企业排名前 10 中有 4 家中国企业,超过其他任何国家,2018 年中国移动支付用户数超过 9 亿,渗透率超过 92%,交易金额超过 200 万亿元,交易笔数超过 400 亿笔,移动支付交易笔数占全球交易笔数的 53%,在全球领先。与此同时,国家也注意到金融科技在金融监管中的强大作用,中国人民银行金融科技委员会 2019 年第一次会议提出,将持续强化监管科技应用,提升防控能力,增强金融监管的专业性、统一性和穿透性。"金融科技中,科技已演变成金融发展的核心环节,深入金融行业本质,而不再仅是推进金融发展的渠道。"[1]

虚拟经济科技发展既要鼓励科技创新与虚拟经济融合又要防范由此带来的风险,达到保护虚拟经济投资者和消费者权益的目的,就必须从法律角度深入思考虚拟经济如何适应虚拟经济科技的发展要求。"监管科技,在某种程度上,是金融科技与法律融合的典型表现方式。"[2]2016 年美国、英国、新加坡和澳大利亚等国家的金融监管当局先后出台了新的虚拟经济法律、

---

[1] 陈生强.金融科技的全球视野与实践[J].中国银行业,2017(5):46-49.

[2] 徐冬根.论法律语境下的金融科技与监管科技:以融合与创新为中心展开[J].东方法学,2019(6):106-113.

法规来适应虚拟经济科技给法律提出的挑战和防范虚拟经济运行安全风险。如2019年1月美国众议院通过了《金融科技保护法》,该法案设立了一个"独立的金融科技工作组",目的是要研究当前的虚拟经济科技法律框架,虚拟经济科技如何被用于借贷以及消费者如何参与虚拟经济科技。虚拟经济科技是虚拟经济发展进程中的正常现象,是技术创新在虚拟经济领域的必然反映,不管如何发展都不能改变虚拟经济的金融本质。虚拟经济越智能化、技术化,运行越需要法律制度治理,越需要科技与法律高度融合。以制定出能够维护虚拟经济安全和市场稳定,保护虚拟经济主体合法权益的法律制度。法律需要成为维护虚拟经济安全运行的重要保障,同时法律自身也在不断完善和革新过程中顺应科技发展的要求,将科学的精神和理念融入虚拟经济立法和执法之中。值得注意的是不能过分夸大虚拟经济科技对虚拟经济运行安全的负面冲击,科技毕竟是辅助手段,最主要的风险还是来源于虚拟经济体系本身。虚拟经济科技法律治理最终的衡量标准是看技术是否能够弥补虚拟经济的短板、增进虚拟经济的安全。在一个法律健全,监管机制完备的框架下,新的技术应用才会沿着安全有效的路径发展,才能产生正面、积极的效果。因此推进虚拟经济体制改革,完善虚拟经济法律保障机制,是应对虚拟经济科技挑战的应有之义。

虽然中国人民银行在近期启动了虚拟经济科技创新监管试点工作,"探索运用信息公开、产品公示、社会监督等柔性管理方式,努力打造包容审慎的金融科技创新监管工具,着力提升金融监管的专业性、统一性和穿透性。"[1]同时,国内也在逐步深入研究英国、澳大利亚、新加坡等国家在虚拟经济科技领域的"监管沙盒"制度,而英国作为首推"监管沙盒"制度的国家,其提出的概念为:"在确保金融消费者权益不受损害的前提下,开展创新业务的金融科技企业和金融机构按事前确定的简化审批程序,提出申请并获

---

① 人民银行启动金融科技创新监管试点工作[J].中国信用卡,2020(1):87.

得限制性授权后,在特定范围内对新产品进行测试,金融行为监管局将全程予以监控并作出评估,以最终认定是否对该产品给予正式授权的监管行为范式。"[1]在中国人民银行在推动试点的过程中,应认识到我国东部沿海与西部地区在虚拟经济科技等领域发展层次不同的问题,如何保证"监管沙盒"制度有效地在全国范围内落实;其次,应把握好在监管测试时与虚拟经济监管部门的协调工作,避免多头处理与互相推诿;再次,监管沙盒制度的实施需要有关制度予以确立,将试点经验逐步转换为具有法律效力的制度;最后,监管沙盒制度的采用初衷也是对虚拟经济消费者合法权益及虚拟经济市场秩序的维护,因而在因地制宜时不能忘本,放弃对虚拟经济消费者合法权益与虚拟经济市场秩序的保护。在学习借鉴过程中难免存在着不足需逐步完善的地方,试点实际上就是一个认识问题与解决问题的过程。在试点监管取得一定成效的基础上,总结反思监管过程中存在的问题并及时将试点监管举措制度化。

"数字经济"的官方首次提出是在 2017 年 3 月的国务院《政府工作报告》中,数字经济可以理解为"市场经营者利用互联网技术,统计互联网交互过程中所储有的个人信息数据,从个性到共性对社会消费趋势进行分析,进而再针对个体得出最大程度符合个体消费者需求的经营策略的经济形态。"[2]数字经济时代的到来无疑改变了人们的生活,带来了难以想象的便利,同时也伴随着带来了一些前所未有的危害,对于虚拟经济消费者的个人隐私、数据安全以及同类虚拟经济经营者间的竞争都埋下了隐患。在个人隐私侵害方面主要体现为某些虚拟经济经营者过度攫取消费者数据,滥用消费者个人信息数据,未采取安全保障措施,任由消费者隐私被技术盗取等。而在虚拟经济经营者之间的侵权行为主要包含了危及消费者权益及同

---

① 李昊.监管沙盒的国际实践、效果分析及我国推行的路径选择[J].南方金融,2019(7):3-10.
② 范卫红,王廷兴.数字经济下不正当竞争行为分析:兼评新《反不正当竞争法》[J].电子科技大学学报(社科版),2019,21(5):31-36.

类经营者的不正当竞争、垄断行为等。在数字经济下平台具有用户黏性,已经具备用户规模的平台能迅捷跨界进入虚拟经济领域,从而形成竞争优势,更有甚者顺势成为寡头的垄断者。因此在虚拟经济运行安全制度完善的过程中应明确监管部门的权能范围及对数字经济下虚拟经济发展的理性认识,客观分析数字经济下平台所形成的寡头格局,同时厘清规制对象的不正当行为与滥用行为,在界定过程中保持包容审慎的态度,不能惰于执法与过度执法。同时,数字经济的竞争处于动态变化中,产品周期短,市场边界并不绝对化,市场准入门槛较低,优势地位的获得更趋容易。自然而然地也导致进入与退出、优势与差劣变化频繁,认定优势地位等更加复杂。① 数字经济涉及主体更加多元,除了虚拟经济行业经营者与消费者外还存在着平台,而平台角色也有所不同,有的平台即经营者,而部分平台处于"中立地位",是独立的第三方。因此在加强监管,强化制度安排时需要强调协同治理,多方参与。在监管治理过程中,主体表现出了多元与复杂的特征,"一方面,治理主体同时也可能是治理客体。比如,数字经济企业既是企业自治的重要一方,同时又是政府治理对象和公民监督治理对象。另一方面,公民既是数字经济产品和服务的提供者,同时又是消费者。而且由于数字经济与社会生产生活高度融合,各类组织和公民几乎都与数字经济发生关系,某种程度上也都是数字经济治理的主体。面对如此复杂的治理主体,再加上数字经济发展变化快、技术含量高等特点,更需要建立有效、高效的协同治理机制,确保各方信息沟通及时、协调合作有力、协同治理有度。"②数字经济时代以数据和互联网技术为载体,不断推动虚拟经济发展,从跨界进入市场行为以及监管主体方面转换思路是保证虚拟经济有序发展,虚拟经济消费者合法权益得以不受侵害的有效路径,"包容审慎"以及"穿透式监管"等原则的运

---

① 熊鸿儒.对数字经济时代平台竞争的几点认识[N].中国经济时报,2019-08-16(5).
② 杜庆昊.数字经济协同治理机制探究[J].理论探索,2019(5):114-120.

用有助于拨开云雾见实质,分析出行为的合法性与否。

我国对外开放只会继续扩大而不会紧缩,虚拟经济作为国内经济的重要部分,与实体经济一样面临着国外经济带来的挑战。对外开放的扩大加剧了国内监管体系的复杂性。开放条件下,国内外共存的虚拟经济机构多,业务复杂,众多的投资者抱有不同的营利目的,由于虚拟经济市场经营主体纷繁复杂,信息不充分和各类市场主体的非理性行为,导致整个虚拟经济业系统内存在非常多的混沌现象,在国际执法理念无法达成一致时使得监管机构显得无能为力。因此在关注虚拟经济运行安全法律制度完善方面,应注意虚拟经济在发展中可能面临的国际合作与协调,加强与其他地区、国家之间的司法协助、监管合作,保证监管有力。同时制度安排是其中的一方面,还应该注意到与其他国家在监管过程中的信息共享,完善多边交流机制。保证各个主权国家的监管主体能获知足够信息,实现有效监管。稳固虚拟经济行业的国际合作,共同维护虚拟经济市场的稳定发展。[①]

中国通过制度供给控制住了虚拟经济的自由投资和无序扩张,避免了经济危机的产生和经济衰退。生产关系一定要符合生产力发展需要,面对全球化秩序和贸易自由化,应保留当前我国虚拟经济秩序中的合理因素并调整不合理因素,用制度推动实体经济发展,革除虚拟经济的投机性。当前美欧已经出现了反对虚拟经济自由化的浪潮,如美国没有兑现中国加入世贸组织谈判时的承诺,没有承认中国的市场经济地位,并对中国投资设置了种种障碍。美欧不断恢复和加强虚拟经济监管,出台诸多虚拟经济监管法规,中国更应该与时俱进、抓住机会积极推动国内外虚拟经济秩序改革,加强法律制度供给,建立虚拟经济有限发展、适度发展的制度体系,这样才能避免爆发系统性的虚拟经济危机,顺利实现民族复兴。

---

① 王博文.全球化背景下金融监管国际合作研究[D].长春:吉林大学,2019:84-86.

结　语

诚如开篇所言,本书是国家社会科学基金重大项目"开放经济条件下我国虚拟经济运行安全法律保障研究"(项目号:14ZDB148)研究过程中拟重点展示本课题"问题意识"的部分,尤其是回答改革开放以来我国法律制度为什么能够保障虚拟经济运行安全的问题。为了保证对我国法律制度的成功经验作出一个客观而系统的评价,本书特地引入了立法评估技术,通过立法后评估的理论与实践经验的总结构建起了包括文本质量评估和实施绩效评估两个分别涵盖法律制度规范性与实效性的评估标准。从理论上来看,本书所涉及的这一体系的确能够较为全面系统地总结我国虚拟经济运行安全法律制度的成效与得失。从本书的结论来看,我们也在文本质量评估和实施绩效评估两套评估体系之下发现了我国虚拟经济运行安全法律制度实际存在文本质量不够好但在保障虚拟经济安全这一绩效目标方面表现较好的情况,这也说明我们国家在应对开放经济条件下我国虚拟经济运行安全问题上已经具有一定的制度基础和制度实效,但也存在相应的改进与优化空间。

当然,本书虽致力于能够科学而全面地评估我国的虚拟经济运行安全法律制度,但在具体实施过程中仍然存在一些难点,这也使得我们的研究推进遇到了一些困难,这不可避免地影响到了我们的研究结论,主要有:其一,虚拟经济运行安全法律制度是一个新兴的学术概念,此与实践中惯常使用的"金融"等概念存在差异,相应的制度规范也就无法一一对应,虽然本书尽可能将实践层面的制度规范分门别类地归入这一概念体系之中，但仍难以避免错漏，进而对后文的文本质量评估有着一定的影响；其二，立法后评估技术源自发达国家的规制影响评估，我国虽也在大力倡导立法评估，但却有"雷声大、雨点小"之嫌，此种大环境的局限也束缚了本书的绩效评估效果，尤其是缺乏具体而充分的制度运行数据作为支撑，相关部分的论证和说理可能有所欠缺。要言之，本书的评估还存在些许不完美之处，有待于后续研究的推进，我们也期待能够有更多的理论界和实务界人士参与。

最后，需要说明的是，"虚拟经济有限发展法学理论"是本课题提出的核心理论，前文也提及了本书的评估是以"虚拟经济有限发展法学理论"为基准展开的，而本书在评估中所发现的一些现象又进一步印证了"虚拟经济有限发展法学理论"的正确性。譬如，我国关于虚拟经济的相关立法经历了一个从管制到逐步开放的过程，所以我们国家的虚拟经济的发展并不全面，虚拟经济的开放程度也不够高，这实际上确保了我国虚拟经济在较长一段时间内都处于有限发展的状态，事后我们也发现虚拟经济的有限发展是我国能够在历次虚拟经济危机中抵御住冲击的一个重要原因。当然，我们也应该承认，我国虚拟经济的有限发展在过去很长时间内并不是依靠规范之治实现的。在经济全球化的今天，扩大对外开放已是大势所趋，我国虚拟经济面临的挑战会越发增多，故而继续依靠过去传统的虚拟经济保障措施和有限发展状态已经不可取。那么，通过法治化建立起虚拟经济发展的安全轨道和边界也刻不容缓。有鉴于此，"虚拟经济有限发展法学理论"并不是要绝对限制虚拟经济的发展，而只是在法治语境下确保虚拟经济运行的整体安全，这与传统的直接约束和限制的管制模式是不同的。

参考文献

（一）著作类

[1] 伯恩·魏德士.法理学[M].北京:法律出版社,2013.

[2] 康德.法的形而上学原理:权利的科学[M].沈叔平,译.北京:商务印书馆,1991.

[3] 魏德士.法理学[M].丁晓春,吴越,译.北京:法律出版社,2005.

[4] E.博登海默.法理学:法律哲学与法律方法[M].邓正来,译.北京:中国政法大学出版社,1999.

[5] E.博登海默.法理学:法律哲学与法律方法[M].修订版.邓正来,译.北京:中国政法大学出版社,2004.

[6] 凯斯·R.桑斯坦.权利革命之后:重塑规制国[M].钟瑞华,译.北京:中国人民大学出版社,2008.

[7] 威廉·M.兰德斯,理查德·A.波斯纳.侵权法的经济结构[M].王强,杨媛,译.北京:北京大学出版社,2005.

[8] 庞德.通过法律的社会控制[M].沈宗灵,译.北京:商务印书馆,2013.

[9] 乔安妮·凯勒曼,雅各布·德汗,费姆克·德弗里斯.21 世纪金融监管[M].张晓朴,译.北京:中信出版社,2016.

[10] 哈特.法律的概念[M].2 版.北京:法律出版社,2011.

[11] 哈特.法律的概念[M].张文显,等,译.北京:中国大百科全书出版

社,1996.

[12] 中共中央马克思恩格斯列宁斯大林著作编译局.马克思恩格斯文集:第8卷[M].北京:人民出版社,2009.

[13] 中共中央关于全面深化改革若干重大问题的决定[M].北京:人民出版社,2013.

[14] 曾筱清,杨益.金融安全网法律制度研究[M].北京:中国经济出版社,2005.

[15] 曾筱清.金融全球化与金融监管立法研究[M].北京:北京大学出版社,2005.

[16] 陈振明.公共政策分析[M].北京:中国人民大学出版社,2003.

[17] 崔卓兰,于立深,孙波.地方立法实证研究[M].北京:知识产权出版社,2007.

[18] 董皞.司法解释论[M].北京:中国政法大学出版社,1999.

[19] 高保中.中国资产证券化的制度分析[M].北京:社会科学文献出版社,2005.

[20] 顾培东.法学与经济学的探索[M].北京:中国人民公安大学出版社,1994.

[21] 何德旭,张军洲,张雪兰,等.中国金融安全的多向度解析[M].北京:社会科学文献出版社,2012.

[22] 胡光志.人性经济法论[M].北京:法律出版社,2010.

[23] 胡光志.虚拟经济及其法律制度研究[M].北京:北京大学出版社,2007.

[24] 胡光志.中国预防与遏制金融危机对策研究:以虚拟经济安全法律制度建设为视角[M].重庆:重庆大学出版社,2012.

[25] 刘作翔,冉井富.立法后评估的理论与实践[M].北京:社会科学文献出版社,2013.

[26] 黄韬."金融抑制"与中国金融法治的逻辑[M].北京:法律出版

社,2012.

[27] 李昌麒.经济法学[M].3 版.北京:中国政法大学出版社,2007.

[28] 刘斌.国家经济安全保障与风险应对[M].北京:中国经济出版社,2010.

[29] 刘克希.当代中国的立法发展[M].北京:法律出版社,2017.

[30] 刘庆飞.多重背景下金融监管立法的反思与改革[M].上海:上海人民出版社,2015.

[31] 卢现祥.西方新制度经济学[M].北京:中国发展出版社,2003.

[32] 鲁篱.行业协会经济自治权研究[M].北京:法律出版社,2003.

[33] 马国贤,任晓辉.公共政策分析与评估[M].上海:复旦大学出版社,2012.

[34] 史晓琳.中国金融安全网:理论分析与制度设计[M].北京:社会科学文献出版社,2012.

[35] 孙晓云.系统性风险管理和国际金融监管体系改革[M].上海:格致出版社,2014.

[36] 汪全胜.法律绩效评估机制论[M].北京:北京大学出版社,2010.

[37] 汪全胜.立法后评估研究[M].北京:人民出版社,2012.

[38] 王柏荣.困境与超越:中国立法评估标准研究[M].北京:法律出版社,2016.

[39] 王煜宇.农村金融法律制度改革与创新:基于法经济学的分析范式[M].北京:法律出版社,2012.

[40] 肖江平.中国经济法学史研究[M].北京:人民法院出版社,2002.

[41] 谢赤,孙柏,汪寿阳.新农村建设的金融支持研究[M].长沙:湖南大学出版社,2009.

[42] 严存生.法律的价值[M].西安:陕西人民出版社,1995.

[43] 应松年.行政行为法:中国行政法制建设的理论与实践[M].北京:人民出版社,1993.

[44] 贠杰,杨诚虎.公共政策评估:理论与方法[M].北京:中国社会科学出版社,2006.

[45] 张守文.经济法学 [M].7 版.北京:北京大学出版社,2018.

[46] 张文显.法学基本范畴研究[M].北京:中国政法大学出版社,1993.

[47] 郑宁.行政立法评估制度研究[M].北京:中国政法大学出版社,2013.

[48] 中国人民银行金融稳定分析小组.中国金融稳定报告 2021[M].北京:中国金融出版社,2021.

[49] 周旺生,张建华.立法技术手册[M].北京:中国法制出版社,1999.

[50] 朱小黄,林嵩,王林.中国债务拐点研究[M].北京:经济管理出版社,2017.

[51] 卓泽渊.法的价值论 [M].2 版.北京:法律出版社,2006.

（二）论文类

[1] 人民银行启动金融科技创新监管试点工作[J].中国信用卡,2020(1):87.

[2] 艾洪德,武志.中国证券市场制度供给不连续性的研究[J].改革,2002(1):98-102.

[3] 艾尚乐.全球化背景下我国金融安全网结构构成与制度设计[J].社会科学家,2013(2):73-77.

[4] 安东.论法律的安全价值[J].法学评论,2012,30(3):3-8.

[5] 白倩.宏观审慎政策工具和框架:向二十国集团财长和央行行长提供的最新报告[J].金融会计,2011(5):59-66.

[6] 白雪梅,石大龙.中国金融体系的系统性风险度量[J].国际金融研究,2014(6):75-85.

[7] 姜述弢.地方立法后评估制度的法治化及对策[J].学术交流,2016(4):88-94.

[8] 卞耀武.中国财税金融立法回顾与前瞻[J].中央财经大学学报,2003(2):1-3,35.

[9] 陈春龙.中国司法解释的地位与功能[J].中国法学,2003(1):24-32.

[10] 陈林林,许杨勇.司法解释立法化问题三论[J].浙江社会科学,2010(6):33-38,76,126.

[11] 陈庆柏.德国对银行业的法律管理[J].金融科学,1993(1):87-92.

[12] 陈生强.金融科技的全球视野与实践[J].中国银行业,2017(5):46-49.

[13] 陈婷.制度与人的发展研究[J].马克思主义理论学科研究,2018,4(6):174-180.

[14] 陈伟斌.地方立法评估的立法模式与制度构建[J].法学杂志,2016,37(6):44-53.

[15] 陈忠林."常识、常理、常情":一种法治观与法学教育观[J].太平洋学报,2007,15(6):16-19,25.

[16] 丁贤,张明君.立法后评估理论与实践初论[J].政治与法律,2008(1):131-137.

[17] 董骥,田金方.金融开放的风险效应测度与中国经验特征——基于85个国家和地区的面板门限模型检验[J].制度经济学研究,2021(1):190-214.

[18] 杜庆昊.数字经济协同治理机制探究[J].理论探索,2019(5):114-120.

[19] 范卫红,王廷兴.数字经济下不正当竞争行为分析:兼评新《反不正当竞争法》[J].电子科技大学学报(社科版),2019,21(5):31-36.

[20] 冯果.金融法的"三足定理"及中国金融法制的变革[J].法学,2011(9):93-101.

[21] 付妍妍.银行监管法律制度研究[D].哈尔滨:黑龙江大学,2007.

[22] 顾培东.为什么我的眼里常含着泪水(下):一个非典型学者的自述[J].中国律师,2003(10):37.

[23] 郭金良.系统重要性金融机构危机市场化处置法律制度研究[D].沈阳:辽宁大学,2014.

[24] 韩博天,奥利佛·麦尔敦,石磊.规划:中国政策过程的核心机制[J].开放时代,2013(6):8-31.

[25] 何德旭.注重防范区域金融风险[J].中国金融,2015(5):44-45.

[26] 侯怀霞,李虎.论经济法的价值取向[J].中国海洋大学学报(社会科学版),2005(4):54-57.

[27] 胡滨,全先银.法治视野下的中国金融发展:中国金融法治化进程、问题与展望[J].财贸经济,2009(5):12-17,136.

[28] 胡滨,全先银.法治视野下的中国金融发展:中国金融法治化进程、问题与展望[J].财贸经济,2009(5):12-17,136.

[29] 胡光志,靳文辉.金融危机背景下对宏观调控法治化的再思考[J].西南民族大学学报(人文社会科学版),2011,32(3):99-104.

[30] 胡光志,靳文辉.论法律的不完备性及其克服[J].理论与改革,2009(2):127-130.

[31] 胡光志.宏观调控法研究及其展望[J].重庆大学学报(社会科学版),2008,14(5):110-113.

[32] 胡光志.虚拟经济背景下构建和谐社会的法律制度变革[J].法学家,2006(4):94-102.

[33] 胡光志.虚拟经济法的价值初探[J].社会科学,2007(8):105-113.

[34] 胡光志.中国虚拟经济制度供给模式之转变[J].西南民族大学学报(人文社科版),2006,27(9):67-74,249.

[35] 胡健.改革开放四十年国家立法[J].地方立法研究,2018,3(6):89-98.

[36] 黄韬."金融安全"的司法表达[J].法学家,2020(4):68-82,193.

[37] 戢浩飞.立法第三方评估:创新与方法[J].人民政坛,2015(1):42-43.

[38] 简资修.法律定性与经济分析:评兰德斯与波斯纳的《侵权法的经济结

构》[J].法制与社会发展,2007,13(4):123-128.

[39] 蒋银华.立法成本收益评估的发展困境[J].法学评论,2017,35(5):95-106.

[40] 金振豹.论最高人民法院的抽象司法解释权[J].比较法研究,2010(2):55-66.

[41] 靳文辉.法权理论视角下的金融科技及风险防范[J].厦门大学学报(哲学社会科学版),2019(2):1-11.

[42] 卡塔琳娜·皮斯托,许成钢.不完备的法律(上)一种概念性分析框架及其在金融市场监管发展中的应用[J].比较,2003(3):111-128.

[43] 卡塔琳娜·皮斯托,许成钢.不完备的法律(下)一种概念性分析框架及其在金融市场监管发展中的应用[J].比较,2003(4):97-128.

[44] 赖娟.我国金融系统性风险及其防范研究[D].南昌:江西财经大学,2011.

[45] 黎四奇.对我国金融危机预警法律制度构建的思考[J].甘肃政法学院学报,2010(1):79-85.

[46] 黎四奇.后危机时代"太大而不能倒"金融机构监管法律问题研究[J].中国法学,2012(5):87-102.

[47] 李昌麒,胡光志.宏观调控法若干基本范畴的法理分析[J].中国法学,2002(2):3-15.

[48] 李东方.证券监管法的理论基础[J].政法论坛,2019,37(3):78-88.

[49] 李海海.效率与安全:金融制度的选择困境:来自美国的经验与教训[J].中央财经大学学报,2011(5):22-27.

[50] 李昊.监管沙盒的国际实践、效果分析及我国推行的路径选择[J].南方金融,2019(7):3-10.

[51] 李启家.中国环境立法评估:可持续发展与创新[J].中国人口·资源与环境,2001,11(3):23-26.

［52］李秦.美国 EESA 法案系统性金融风险处置的反思与启示［J］.金融发展研究,2019(8):46-52.

［53］李瑞峰.银行监管法律制度的国际比较以及对我国的借鉴［D］.北京:对外经济贸易大学,2005.

［54］李世美,韦振锋,狄振鹏.经济"虚实背离"与实体经济资本配置效率:文献述评［J］.财会月刊,2019(21):111-118.

［55］李薇辉.论我国虚拟经济的适度发展［J］.上海师范大学学报(哲学社会科学版),2009,38(5):62-67.

［56］李文泓,王刚.美国实施沃尔克规则的最新进展与启示［J］.国际金融研究,2011(9):85-89.

［57］栗峥.国家治理中的司法策略:以转型乡村为背景［J］.中国法学,2012(1):77-88.

［58］刘剑文,杨君佐.关于宏观调控的经济法问题［J］.法制与社会发展,2000,6(4):15-23.

［59］刘骏.金融制度的地方性供给:源自民间金融的制度经验［J］.社会科学,2018(8):55-64.

［60］刘骏.小额贷款公司法律制度的立法后评估［D］.重庆:西南政法大学,2016.

［61］刘莉亚,梁琪.系统性风险的防范与化解［J］.经济学动态,2019(6):83-91.

［62］刘梅.我国系统性金融风险:防范思路与政策框架［J］.西南民族大学学报(人文社科版),2018,39(10):116-121.

［63］刘少军."虚拟经济法"的理论思考［J］.中国政法大学学报,2009(6):73-86,159.

［64］刘嵩一.银行安全与效率的法制研究［D］.长春:吉林大学,2006.

［65］刘绪光,肖翔.金融科技影响金融市场的路径、方式及应对策略［J］.金

融发展研究,2019(12):79-82.

[66] 刘雁鹏.地方立法后评估指标的反思与重建[J].朝阳法律评论,2019(14):1.

[67] 刘长云.部门利益与地方保护主义法律化的规制研究[D].长沙:湖南大学,2017.

[68] 马守荣,许涤龙.区域金融风险对宏观金融的危害与对策研究[J].调研世界,2014(3):53-56.

[69] 马雪娇.美国经济虚拟化的教训[J].中国金融,2017(10):82-83.

[70] 倪铁,兰天.非传统国家安全法律体系框架建构论纲[J].犯罪研究,2019(1):2-9.

[71] 庞正.法治秩序的社会之维[J].法律科学(西北政法大学学报),2016,34(1):3-15.

[72] 钱鹤群.欧盟规制影响评估制度及其对我国规制改革的启示[J].学习与探索,2019(2):93-100.

[73] 邱兆祥,安世友.完善金融制度 维护金融安全[J].理论探索,2012(5):62-65.

[74] 瞿小丰.防范和化解区域金融风险的对策建议[J].中国集体经济,2019(23):95-97.

[75] 冉光和,赵倩.中国农村金融制度效率的测度及其空间差异研究[J].农村经济,2012(1):3-6.

[76] 沈鹏.证券监管的限度[D].北京:中国政法大学,2003.

[77] 盛学军.后危机时代下对金融监管法价值的省思[J].重庆大学学报(社会科学版),2011,17(1):97-101.

[78] 史际春,邓峰.经济法的价值和基本原则刍论[J].法商研究(中南政法学院学报),1998,15(6):9-14.

[79] 舒国滢.战后德国法哲学的发展路向[J].比较法研究,1995(4):

337-355.

[80] 舒颖.立法后评估:为高质量立法助力添彩[J].中国人大,2019(13):
45-46.

[81] 苏黎兰,张紫薇,张志.基于定量分析的立法后评估方法[J].理论月刊,
2012(3):113-117.

[82] 田春雷.金融资源公平配置的法学分析:兼论中国金融法的新价值[J].
法学评论,2013,31(3):112-119.

[83] 童强.美国证券监管制度研究[D].长春:吉林大学,2004.

[84] 汪全胜,黄兰松.立法成本效益评估的质量及保障机制[J].中南民族大
学学报(人文社会科学版),2015,35(5):116-120.

[85] 汪全胜,金玄武.论构建我国独立第三方的立法后评估制度[J].西北师
大学报(社会科学版),2009,46(5):96-101.

[86] 汪全胜.加拿大立法的成本效益分析制度探讨[J].法治研究,2014(8):
27-37.

[87] 汪全胜.立法成本效益评估制度的适用范围考察[J].法学论坛,2016,
31(1):23-30.

[88] 汪全胜.立法的合法性评估[J].法学论坛,2008,23(2):44-50.

[89] 汪全胜.立法后评估对象的选择[J].现代法学,2008,30(4):11-17.

[90] 汪全胜.立法后评估概念阐释[J].重庆工学院学报(社会科学版),
2008,22(6):11-14.

[91] 汪全胜.论立法的可操作性评估[J].山西大学学报(哲学社会科学版),
2009,32(4):102-108.

[92] 汪全胜.论立法后评估主体的建构[J].政法论坛,2010,28(5):42-49.

[93] 汪全胜.美国行政立法的成本与效益评估探讨[J].东南大学学报(哲学
社会科学版),2008,10(6):62-67,135.

[94] 汪艳秋,成春林.中国银行业改革与发展的若干思考:基于美、日、德三

国银行业的经验[J].改革与开放,2005(4):15-16.

[95] 王爱俭,陈杰.中国虚拟经济规模适度性研究:基于资本市场效率视角的分析[J].财贸经济,2006(8):16-20,96.

[96] 王博文.全球化背景下金融监管国际合作研究[D].长春:吉林大学,2019.

[97] 王称心.立法后评估标准的概念、维度及影响因素分析[J].法学杂志,2012,33(11):90-96.

[98] 王健.宏观调控法律体系构造论[J].法律科学(西北政法学院学报),1998,16(2):41-47.

[99] 王仁富.竞争法律体系协调性的内涵及其标志[J].法学论坛,2011,26(1):66-71.

[100] 王维平,靳永茂.基于虚拟经济与实体经济协调发展的四维度信用体系构建[J].理论探索,2018(6):82-88.

[101] 王伟.国家金融安全法治体系研究:逻辑生成与建构路径[J].经济社会体制比较,2016(4):192-203.

[102] 温涛,董文杰.财政金融支农政策的总体效应与时空差异:基于中国省际面板数据的研究[J].农业技术经济,2011(1):24-33.

[103] 吴迪,陈耀东.我国房产税试点分析与立法展望[J].延边大学学报(社会科学版),2018,51(6):84-91,142.

[104] 吴占英,伊士国.我国立法的价值取向初探[J].甘肃政法学院学报,2009(3):10-15.

[105] 席涛.立法评估:评估什么和如何评估(上):以中国立法评估为例[J].政法论坛,2012,30(5):59-75.

[106] 肖健明.开放条件下我国银行业金融安全法律制度的构建:以国际法与比较法为视角[D].武汉:武汉大学,2010.

[107] 邢会强.金融危机治乱循环与金融法的改进路径:金融法中"三足定

理"的提出[J].法学评论,2010,28(5):46-53.

[108] 邢会强.政策增长与法律空洞化:以经济法为例的观察[J].法制与社会发展,2012,18(3):117-132.

[109] 徐冬根.论法律语境下的金融科技与监管科技:以融合与创新为中心展开[J].东方法学,2019(6):106-113.

[110] 徐娟.地方立法的治理功能及其有效发挥[J].学术交流,2019(5):74-82.

[111] 徐澜波.宏观调控法治化问题研究[D].长沙:中南大学,2013.

[112] 徐孟洲,杨晖.金融功能异化的金融法矫治[J].法学家,2010(5):102-113,178.

[113] 徐孟洲.金融立法:保障金融服务实体经济:改革开放四十年中国金融立法的回顾与展望[J].地方立法研究,2018,3(6):62-73.

[114] 徐梦醒.法律规范的话语向度:基于语用的视角[J].华北水利水电学院学报(社科版),2013,29(5):46-48,181.

[115] 宣頔.金融法价值的"新二元化"均衡构造[J].广西社会科学,2015(12):102-108.

[116] 阎佳佳.我国保险监管法律制度研究[D].长春:吉林大学,2011.

[117] 杨东.论金融法的重构[J].清华法学,2013,7(4):128-143.

[118] 杨佩娟,陈少凌.中国经济"脱实向虚"了吗?——基于资本市场板块指数的网络测度与分析[J].南方金融,2019(12):22-32.

[119] 杨秀云,史武男.我国金融安全网的制度设计与现实选择[J].甘肃社会科学,2017(3):207-212.

[120] 杨长岩,赖永文,郑境辉,等.系统重要性金融机构的识别及其监管研究:基于国际经验的分析[J].福建金融,2016(8):4-11.

[121] 杨子晖,周颖刚.全球系统性金融风险溢出与外部冲击[J].中国社会科学,2018(12):69-90,200.

[122] 杨宗科.论《国家安全法》的基本法律属性[J].比较法研究,2019(4):1-15.

[123] 尹奎杰.地方立法中的问题及其破解思路[J].学术交流,2019(10):79-87,191.

[124] 应飞虎,熊帅.错误假设与法律绩效[J].广东社会科学,2005(3):190-195.

[125] 尤俊意.国家强制性、强制性规范与制裁:也论法的强制性问题[J].法学,1996(3):8-11.

[126] 尤乐.论地方行政立法后评估之对象[J].贵州大学学报(社会科学版),2007,25(3):56-60.

[127] 俞荣根.不同类型地方性法规立法后评估指标体系研究[J].现代法学,2013,35(5):171-184.

[128] 张皓.政府职能模式及其选择性因素探析[J].领导科学,2013(14):8-10.

[129] 张洪波.以安全为中心的法律价值冲突及关系架构[J].南京社会科学,2014(9):89-95.

[130] 张华麟.回应型立法模式论[D].济南:山东大学,2012.

[131] 张克.新中国70年改革试点复制推广机制:回顾与展望[J].南京社会科学,2019(10):11-17.

[132] 张乐.法律实施效果的评估方法与技术:一个混合方法论视角[J].云南师范大学学报(哲学社会科学版),2013,45(2):85-93.

[133] 张丽娟,张振安.论地方行政立法后评估主体制度的完善[J].经营与管理,2019(8):8-11.

[134] 张庆.论德国银行监管体制与结构模式[D].成都:西南财经大学,2008.

[135] 张守文.回望70年:经济法制度的沉浮变迁[J].现代法学,2019,41(4):3-17.

［136］张伟.当代美国金融监管制度实施效果的实证研究［J］.国际金融研究,2012(7):39-48.

［137］张晓斌.法律实施效果的定量评价方法［J］.法商研究,2006,23(2):154-160.

［138］张宇润.金融自由和安全的法律平衡［J］.法学家,2005(5):91-99.

［139］张忠军.金融立法的趋势与前瞻［J］.法学,2006(10):39-50.

［140］张忠军.论金融法的安全观［J］.中国法学,2003(4):109-117.

［141］章志远.地方政府规章立法后评估实证研究［J］.中国法律评论,2017(4):40-46.

［142］章志远.迈向公私合作型行政法［J］.法学研究,2019,41(2):137-153.

［143］赵海怡,钱锦宇.稳定性预期的制度维护——论《立法法》与《监督法》的制度价值与不足［J］.理论导刊,2010(3):93-95.

［144］赵海怡.中国地方经济发展法治环境及其制度载体［J］.西北大学学报(哲学社会科学版),2019,49(1):141-148.

［145］赵雷.行政立法评估之成本收益分析:美国经验与中国实践［J］.环球法律评论,2013,35(6):132-145.

［146］郑宁.我国行政立法评估制度的背景与价值探析［J］.行政法学研究,2010(4):127-132.

［147］郑文睿.立法后评估的体系化思考:解构与重构［J］.江汉论坛,2019(8):131-137.

［148］中国人民银行成都分行课题组,李明昌.贫弱地区农村金融制度绩效研究:甘孜州案例分析［J］.金融研究,2006(9):15-29.

［149］周海林.金融监管法的价值:自由竞争与金融安全［J］.福建金融管理干部学院学报,2007(4):38-47.

［150］周琬,杜正艾.建立健全财权、财力与事权相匹配的机制［J］.行政论坛,2011,18(5):38-43.